全国职业教育旅游服务与管理专

U0592353

会展旅游实务

贾晓龙　主编　／　蔡洪胜　蔡丽伟　副主编

清华大学出版社
北京

内 容 简 介

本书根据会展旅游的特点,结合国际会展旅游发展的新形势,依照会展旅游各服务项目的工作流程和职业岗位的具体技能要求,介绍了会议旅游、展览旅游、节事旅游、奖励旅游以及会展旅游营销管理、会展旅游服务管理、会展旅游危机与安全管理、会展相关政策法规等知识,并通过指导学生实训、强化应用技能培养,以达到学以致用的目的。

本书融入了会展旅游最新的实践教学理念,突出以典型工作任务、以服务过程为导向,强化学生实际工作与操作能力的锻炼,有助于提高学生的职业素质和业务水平。

本书既可作为职业院校旅游服务与管理专业的教材,也可作为会展旅游在职从业者及管理人员的岗位培训教材。

图书在版编目(CIP)数据

会展旅游实务/贾晓龙主编. —北京:清华大学出版社,2012.2(2019.12重印)
(全国职业教育旅游服务与管理专业系列规划教材)
ISBN 978-7-302-27199-4

Ⅰ.①会… Ⅱ.①贾… Ⅲ.①展览会—旅游—职业教育—教材 Ⅳ.①F590.7

中国版本图书馆 CIP 数据核字(2011)第 222713 号

责任编辑:金燕铭
封面设计:傅瑞学
责任校对:刘 静
责任印制:杨 艳

出版发行:清华大学出版社
　　　　网　　　址:http://www.tup.com.cn,http://www.wqbook.com
　　　　地　　　址:北京清华大学学研大厦 A 座　　　邮　　编:100084
　　　　社 总 机:010-62770175　　　　邮　　购:010-62786544
　　　　投稿与读者服务:010-62776969,c-service@tup.tsinghua.edu.cn
　　　　质 量 反 馈:010-62772015,zhiliang@tup.tsinghua.edu.cn
印 装 者:北京虎彩文化传播有限公司
经　　销:全国新华书店
开　　本:185mm×260mm　　　印　张:14.25　　　字　数:343 千字
版　　次:2012 年 2 月第 1 版　　　印　次:2019 年 12 月第 6 次印刷
定　　价:29.00 元

产品编号:042497-01

编审委员会

序

　　随着我国改革开放进程的加快和国民经济的高速发展,随着交通管理和通信技术的不断进步,随着旅游景区的开发维护和对旅游文化的深度挖掘,随着旅游服务接待设施设备的不断更新与完善,随着居民收入的大幅度提高和节假日闲暇时间的增多,旅游正在日益成为现代社会人们的主要休闲方式和社会经济活动。大众化旅游时代已经到来,旅游业也在以其强劲发展势头而成为全球经济中最具活力的绿色朝阳产业。

　　根据国家旅游局近年来发布的《中国旅游业统计公报》显示,2007年我国旅游业总收入首次突破1万亿元;2008年全国旅游人数达1.71亿;2009年在受到金融危机影响、全球旅游需求下滑的情况下,国内旅游业依然有11.7%的增幅,出境游也在持续回升。目前中国继续保持着全球第四大入境旅游接待国、亚洲最大出境旅游客源国的地位。另据国家旅游协会针对旅游经济的调查统计,居民因为旅游而每花1元就可以带动相关消费5元,直接或间接地刺激行业经济,促进140多个相关产业的连带发展。

　　旅游作为文化创意产业的核心支柱,在国际交往、商务活动、文化交流、拉动内需、解决就业、促进经济发展、丰富社会生活、构建和谐社会、弘扬中华文化、加深世界各国人民的友谊等方面发挥着越来越大的作用,因而已经成为我国服务经济发展的重要产业,在我国经济发展中占有举足轻重的地位。近年来,随着全球旅游业的快速发展,特别是北京奥运会、上海世博会、广州亚运会陆续在我国举办,不仅使我国的国际交往更加频繁,还为我国旅游业的大发展提供了一个难能可贵的良好机遇。为此,2009年国务院常务会议讨论并通过了《关于加快发展旅游业的意见》,旅游业被正式确立为国民经济的战略性支柱产业,这是党中央和中国政府的伟大战略决策。

　　当前,随着全球旅游业的快速发展,旅游观念、旅游产品设计开发、旅游营销模式、旅游企业的运营方式与管理手段及用人标准等都在发生着巨大的变化,对旅游操作人才的需求也提出了更高的要

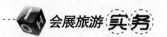

求。面对国际化旅游业激烈的市场竞争,旅游行业的从业人员急需更新观念、提高服务技能、提升业务水平与道德素质,旅游行业和企业也在呼唤"懂知识、会管理、能操作"的专业性实用型人才。加强旅游经营管理模式的创新,加速旅游经营管理专业技能型人才的培养,已成为当前亟待解决的问题。

针对我国职业教育旅游服务与管理专业知识老化、教材陈旧、重理论轻实践、缺乏实际操作技能训练等问题,为适应社会就业发展急需,满足日益增长的旅游市场需求,我们组织了北京联合大学旅游学院、北京财贸职业学院、黑龙江工商职业技术学院、佛山职业技术学院、广州市商业学校、扬州江海职业技术学院、上海建桥学院、福州职业技术学院及中国旅行社、中国环境旅行社、哈尔滨俄风行国际旅行社、青岛牵手国际旅行社、杭州西湖旅行社、青海省旅行社、北京长富宫中心、青岛红日宾馆、成都顺达旅行社、江西九江飞扬旅行社、首旅集团公司培训部等全国各地区的近百余所职业院校和在旅游企业多年从事旅游职业教育教学和旅游实践活动的国内知名专家、教授与旅游企业经理共同精心编撰了本系列教材,旨在迅速提高职业院校学生和旅游从业者的专业素质,更好地掌握旅游服务技能,更好地为我国旅游事业作出贡献。

作为职业教育旅游服务技能培养的特色教材,本系列教材融入了旅游运营管理与实操实训的最新教学理念,坚持以科学发展观为统领,力求严谨,注重与时俱进;依照旅游活动的基本过程和规律,根据旅游业发展的新形势和新特点,全面贯彻国家新近颁布实施的旅游法律、法规和旅游业管理规定,按照旅游企业对用人的需求模式,注意解决学生就业、强化理论知识与实践应用的紧密结合,注重实践技能与岗位应用的培养训练,采取通过实证案例解析与应知应会讲解的方法,并注重教学内容和教材结构的创新。

本系列教材依据职业教育旅游服务与管理专业的教学大纲和课程设置,以旅游知识和旅游服务岗位技能实训为主线,对帮助学生尽快熟悉旅游服务各工作岗位的操作规程与业务管理和毕业后能够顺利走上社会就业具有特殊意义。

编委会

2010 年 7 月

前 言

　　旅游是文化创意产业的核心支柱,而会展旅游既是旅游业的重要组成部分,也是旅游业发展中的一种新兴业态。会展旅游是继观光旅游、度假旅游、探亲旅游、购物旅游、专项旅游等之后新兴起的旅游项目,是集商务活动、会议展示、观光游览、对外宣传"四位一体"的高端旅游产品。会展旅游在国际商务交往、丰富社会生活、促进经济发展、拉动内需、弘扬中华文化等方面发挥着极其重要的作用。

　　随着我国改革开放进程的加快,陆续主办了奥运会、世界博览会及各种国际会议与商务活动;而随着旅游事业的蓬勃发展,我国每天都在迎接大量来自世界各个国家不同民族的客人,借会展交易、交流,通过商务活动开展会展旅游已成为我国对外开放和展示形象的重要窗口。

　　随着全球会展旅游业的快速发展,面对国际会展旅游业的激烈市场竞争,加强会展旅游经营管理模式的创新,加速会展旅游服务质量与管理专业人才的培养,已经成为当前亟待解决的问题。为了满足日益增长的会展旅游市场需求,培养社会急需的会展旅游服务与管理实用型、操作型人才,我们组织了多年在一线从事会展旅游理论教学和实践活动的专家、教授,共同编撰了此教材,旨在迅速提高广大学生和会展旅游从业者的专业素质,更好地服务于我国旅游事业。

　　本书作为职业院校旅游服务与管理专业的特色教材,以学习者应用能力培养为主线,根据会展旅游的特点,结合国际会展旅游服务与管理发展的新形势,围绕会展旅游的业务环节和工作流程及职业岗位技能要求,依照应用型人才的培养目标,具体介绍了会议旅游、展览旅游、节事旅游、奖励旅游以及会展旅游营销管理、会展旅游服务管理、会展旅游危机与安全管理、会展相关政策法规等知识,并通过指导学生实训、强化应用技能培养,以达到学以致用的目的。

　　本书融入了会展旅游最新的实践教学理念,突出以典型工作任

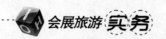

务、以服务过程为导向,力求严谨,注重与时俱进,强化学生实际工作与操作能力锻炼,有助于提高学生的职业素质和业务水平。本书既可作为职业院校旅游服务与管理专业的教材,也可作为会展旅游在职从业者及管理人员的岗位培训教材。

本书由李大军进行总体方案策划并具体组织,贾晓龙主编并统稿,蔡洪胜和蔡丽伟为副主编,由具有丰富会展旅游教学与实践经验的时永春教授审定。具体编写分工如下:贾晓龙(第一章、第三章、第五章),蔡洪胜(第二章、第八章),丁玉书(第四章),刘宏申(第六章),田建涛(第七章),蔡丽伟(第九章),温智(第十章),侯雪艳、周鹏、马瑞奇(附录);华燕萍负责本书的修改和版式调整,李晓新负责制作课件。

在编写过程中,我们参考、借鉴了大量有关会展旅游方面的最新书刊资料,翻阅了国家历年出台的会展法律、法规和会展旅游统计数据,并得到编委会及业内专家教授的具体指导,在此一并致谢。为了方便教师教学和学生学习,本书配有教学课件,读者可以在清华大学出版社网站免费下载使用。由于编者水平有限,书中难免存在疏漏和不足之处,恳请各位专家和广大读者批评指正。

编　者
2011 年 4 月

目 录

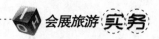

第一章

绪 论

引导案例

旅游业新的增长点——会展旅游

继观光旅游、度假旅游、购物旅游、生态旅游、探险旅游之后,会展旅游以其兼容性强、辐射面广、消费档次和文化含量高等特性,成为一种新兴的旅游形态,在全球范围内迅速兴起,并日益成为各地提高旅游产业质量、加快产业结构调整和国际化发展的一个新的突破点。

当今,会展业是世界上一个非常巨大的产业,根据国际展览业权威人士估算,国际展览业的产值约占全世界各国 GDP 总和的 1%,如果加上相关行业从展览中的获益,展览业对全球经济的贡献则达到 8% 的水平。国际会议同样是一个巨大的市场,根据国际大会和会议协会(ICCA)统计,每年国际会议的产值约为 2800 亿美元。在德国、中国香港等会展业发达的国家和地区,会展业对经济的带动作用达到 1∶9 的水平。

目前会展旅游对旅游业发展巨大的拉动作用及其创造出的经济和社会效益,已广为世界各地所重视。日内瓦、汉诺威、慕尼黑、芝加哥、巴黎、伦敦及新加坡、中国香港等著名的会展城市,都非常重视会展旅游的发展,将会展旅游作为支柱产业加以扶持。上海、北京、广州等城市的会展旅游已形成气候,重庆、武汉、昆明等城市也在全力打造会展旅游。

会展旅游发展面临三大机遇。虽然我国的会展旅游起步比较晚,但发展迅速,特别是20 世纪 90 年代以来,每年以 20% 左右的速度递增,大大高于其他领域经济总量的增长。国际大会和会议协会主席曾预测,中国有可能成为 21 世纪国际会展旅游的首要目的地。尤其是会展旅游面临 2006 年杭州世界休闲博览会、2008 年北京奥运会、2010 年上海世界博览

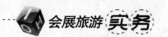

会,这被誉为 21 世纪初由中国城市举办的三大国际盛会,是良好的发展机遇。

2006 年杭州世界休闲博览会。据有关部门预计,世界休闲博览会为杭州带来 1500 万人次国内游客、100 万人次境外游客,有近 60 个以上国家和地区的 5000 家海外客商赴会。

2008 年北京奥运会。据预测,从 2002 年起到奥运之年,我国旅游业每年会有 50 亿元的收入增量,旅游收入年增长率达到 18%,到举办当年,旅游收入会增加 100 亿美元,来华游客会增加 100%,因奥运会直接增加的旅游收入超过 1500 亿元人民币。奥运会的举办,必将在全国各地掀起发展会展旅游、争创会展旅游品牌的热潮。

2010 年上海世界博览会。据预测,2010 年上海世博会将给上海带来 7000 万人次的游客,其中有近 35%的人会顺道去上海周边城市旅游。上海世博会的举办,必将打造一个长三角的"世博圈"。中国国际贸促会南京分会副会长李虹则大胆地预计,以上海、南京、杭州、宁波、苏州为代表的长江三角洲城市群,将会和德国的慕尼黑、法兰克福、杜塞尔多夫和科隆等一样,成为亚洲最大的会展城市群。

旅游企业积极介入会展服务。由于会展业本身的高速发展及其对经济的巨大带动作用,20 世纪 90 年代以来,特别是 90 年代后期,各地政府非常重视会展业的发展,具体表现为:首先,各地会展企业在政府的主导下,开始组建行业自律性的会展协会;其次,全国掀起展览场馆的建设高潮;再次,按照会展市场的发展规律,会展业开始向主要大城市集中,现在已经初步形成北京、上海等国际会展中心城市;最后,会展产业分工体系正在形成。

我国的会展业曾经主要由经贸部门管理和经营,科研、学术单位等也各自为战,从事会展服务工作。这种情形的形成主要是由于我们国家各个部门画地为界,没有形成社会化服务。随着第三产业的发展,服务业逐步从传统产业中分离出来,会展业也逐步成为一个独立的产业。而我国旅游企业由于较早与国际接轨,服务水平起点高,非常适宜高水准的会展接待服务工作。目前,北京、上海等大城市在政府主导会展业的发展中,将会展业与旅游业密切结合在一起。

我国的很多旅游企业也纷纷加入国际会展协会,全面深入地涉足会展业务。截至 2010 年 8 月,我国有 14 家单位加入 ICCA 组织,其中北京市旅游局、上海旅游委、华亭宾馆、春秋旅行社、山东国际旅行社、锦江会展公司等都是该组织的单位。此外,中青旅等单位还参加国际航协(IATA)、美国旅行代理人协会(ASTA)、亚太旅游协会(PATA)等国际会展组织。

会展服务的分工体系也正在形成。目前国旅总社等单位已经开始通过国际会展组织培训自己的职业 PCO,首旅集团所属的北京展览馆则开始不满足于简单地出租场地,已经向类似目的地管理公司(DMC)的业务转变。国际会展组织也开始在我国进行职业 PCO 培训,一些旅游学院正在准备会展服务方面的专门课程。

(资料来源:世博网,http://www.expo2010china.com.)

第一节　会展概论

进入 21 世纪以来,伴随着经济全球化的浪潮,世界经济稳定发展,各国之间的技术、贸易、文化、经济等往来日益频繁,为全球会展业的发展提供了巨大的机遇,会展业也在国际交往中占据着越来越重要的作用。

特别是中国的会展业获得了前所未有的发展,以年均20％左右的速度递增。由此,会展业被称为21世纪的朝阳产业。同时,由于会展业的发展能够带动交通、旅游、餐饮、住宿、通信、邮政商业、物流等行业的发展,因此会展业又被视为国民经济新的经济增长点或经济发展的晴雨表。

一、会展的概念

会展是会议、展览和大型节事活动的统称,是指以会议、展览为媒介,以在一定时期内聚集大量的人流、物流、资金流和信息流为手段,达到经济、社会等方面发展的行业。

会展的内容很多,主要有各种类型的专业会议、博览会、奖励旅游和各种节事活动,如庆典活动、节庆活动、文化活动、科技活动和体育活动等。

二、会展的类型

会展一般可分为会议和展览两部分,这可以通过两方面表现出来:①在欧美国家,人们一般称会展业为会议与展览业;②展览场地大多兼有接待会议和举办展览的功能,因此被称为会展中心。

(一)会议

1. 会议的概念

会议是泛指在一定的时间和空间内,为了达到一定的目的所进行的有组织、有主题的议事活动。作为会展业的主要组成部分,会议,特别是大型的国际会议往往会在提升城市形象、促进城市建设、创造经济效益和社会效益等方面具有特殊的作用。

2. 会议的类型

会议的类型很多,可以按照以下不同的标准进行划分。

(1) 按规模大小划分

根据会议的规模,即参加会议的人数多少,可分为国际会议、洲际会议、国内会议。据国际大会和会议协会(ICCA)规定,国际会议的标准是至少有20％的外国与会代表,与会人员总数不得少于50名。

(2) 按会议性质和内容划分

根据会议的性质和内容,可分为大会或年会(convention)、代表会议(congress)、论坛(forum)、专题学术讨论会(symposium)、讨论会(workshop)和座谈会(panel discussion)。

(3) 按会议活动特征划分

根据会议的活动特征,可分为商务型会议、展销会议、文化交流会议、度假型会议、专业学术会议、政治性会议和培训会议。

(4) 按举办主体划分

根据会议的举办主体,可分为社会团体会议、公司(企业)会议和其他组织会议。社会团体会议主要包括协会会议和社交团体会议两类,其中协会会议是最主要的类型。协会会议有多种类型,主要有贸易性行业协会会议、专业和科学协会会议。

另外公司(企业)会议近几年来发展迅速,与协会会议一起,成为会议的主要类型。公司会议,一般包括全国和地区性销售会议、技术会议、管理者会议、培训会议、代理商会议、股东

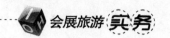

会议、奖励会议等。其中销售会议是公司会议中最重要的部分。

（二）展览

1. 展览的概念

展览往往是展中有会，会中有展，展会结合，所以也被称为展览会。展览会是一种具有一定规模和相对固定的举办日期，以展示组织形象或产品为主要形式，以促成参展商和贸易观众直接的交流洽谈为最终目的的中介性活动。

结合实际情况，所谓展览，是指参展商通过物品或图片的展示，集中向观众传达各种信息，实现双向交流，扩大影响，树立形象，达成交易、投资或传授知识、教育观众目的的一种活动。

2. 展览的类型

展览的类型很多，可以按照不同的标准进行划分。

（1）按展览内容划分，可分为综合展和专业展。其中专业展在目前的展览中所占比例较大。

（2）按展览目的划分，可分为宣传类展览和贸易展览。

（3）按展览面向的对象划分，可分为贸易展览、消费者展览和综合展览。

（4）按展览展品的来源划分，可分为单独展览、多边展览和世界博览会。

（5）按展览地域划分，可分为国际性展览会、地方性展览会、全国性展览会和本地展览会。

除了以上几种分类标准外，按是否赢利划分，展览可分为营利性展览和非营利性展览；按时间划分，展览可分为定期展览和不定期展览。定期展览有一年 4 次、2 次、1 次，两年 1 次等。不定期展览则是根据需要而定。按场地划分，展览可分为室内展览、室外展览和网上展览。

三、会展经济

会展经济简单地理解比较容易，但实际上国内外迄今对什么是会展经济尚没有一个公认的科学而权威的定义。会展经济的概念在我国出现是最近七八年的事，相关系统研究成果还比较少。比较有代表性的主要有以下三种。

（1）会展经济是以会展业为支撑点，通过举办各种会展活动，传递信息、提供服务、创造商机，并利用其产业连带效应带动相关产业等发展的一种经济。

（2）会展经济是伴随着人类会展经济活动、会展业发展到一定历史阶段形成的跨产业、跨区域的综合经济形态。通过举办各类会展活动，在取得直接经济效益的同时，带动一个区域相关产业的发展，达到促进经济和社会全面发展的目的。

（3）会展经济是以会展业为依托，通过举办各种会展活动，形成信息流、资金流、物流、人流，创造商机，实现商品和技术信息的交流，并带动商贸、旅游、物流、餐饮、交通、通信等相关产业发展的一种经济。

综上所述，会展经济就是某一特定地区，通过举办会展活动，发展会展业，能够为本地区带来直接或间接经济效益社会效益的一种经济现象和经济行为，是一种综合的经济效应。

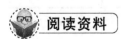 小 贴 士

国际博览会联盟(UFI)发表的报告认为:"一个城市或地区如果基础设施相对完备、人均收入处于世界中等水平以上,服务业在 GDP 中的比重接近或超过10%,行业协会的力量相对较强,那么会展经济就会在该城市或地区得到强势增长,并发挥作用。"

四、会展业的作用

当今,由于会展业的高速发展及其对经济的巨大带动作用,各国政府都非常重视对会展业的发展。遍及全球的各角落,各国各大小城市都有会展活动的举办。世界各地之所以争相举办各种会展活动,其重要原因是会展活动能够给举办地带来巨大的综合效益。

1. 拉动举办地经济增长

会展业具有较强的产业关联性,涉及交通、旅游、通信、建筑、广告、装饰等诸多部门和行业。也正因为如此,会展业越来越受到各地政府的重视,上海、北京、大连等城市已将会展业列为地方政府重点扶持和发展的产业。

2. 扩大就业

会展业作为服务业,直接、间接涉及的行业很多,因而就业乘数效应显著,能够吸纳较大数量的就业人员。

3. 促进经贸合作

在大多数交易会、展览会和贸易洽谈会上都能签署一定金额的购销合同,以及投资、转让和合资意向书。

4. 带动城市基础设施建设

会展是一种大型的群众活动,它要求有符合条件的会展场所,有一定接待能力、高中低档相配合的旅行社和酒店,便捷的交通和安全保障体系以及优雅的旅游景点等。

5. 提升举办城市的知名度

在国际上会展业被称为"触摸世界的窗口"和"城市的面包",是联系城市与世界的桥梁。会展活动可以展示城市形象,提高城市在国际、国内的知名度。在国际上,衡量一个城市能不能跻身于国际知名城市行列,一个重要标志是看这个城市召开国际会议和举办国际展览的数量和规模,一次国际会议或展览不仅可以给举办城市带来相当可观的经济效益,更能带来无法估量的社会效益。

阅读资料

1851—1940 年世博会历史记录(如表 1-1 所示)。

表 1-1　1851—1940 年世博会历史记录

年份	名　称	获　奖	备　注
1851	伦敦世界博览会	"荣记湖丝"获大奖	在华的英国官员和商人组织中国商品参展,代表是外国人

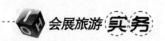

年份	名　称	获　奖	备　注
1867	巴黎世界博览会	获得一些奖项	中国民间商人和一些外商以私人身份参加,代表是外国人
1873	维也纳世界博览会		上海、天津、宁波、杭州、广州等 14 个城市组织展品参展,带队的是英国人;展览会期间召开了大小科学会议 12 次
1876	费城世界博览会	丝、茶、瓷器、绸货、雕花器和景泰器在各国产品中被推为第一,铜器、漆器、银器、藤竹器等颇受欢迎	第一次由中国人带队
1878	巴黎世界博览会	最受欢迎的是广东绣屏和象牙折扇	作为参加国之一,有自己的独立展馆"中华公所"
1900	巴黎世界博览会		中国馆有 3300m²,共有 5 座建筑,外形分别模拟北京城墙、万里长城、孔庙等中国著名建筑
1904	圣路易斯世界博览会	获得多项金、银奖项	清政府正式颁布了《出洋赛会通行简章》20 条,被认为是"中国政府正式登上世博会舞台的开端"
1905	列日世界博览会	超等荣誉奖及金、银各等奖牌共 100 枚	整个参赛组织工作主要由中国海关承担,即许多工作为外国人控制
1906	米兰世界博览会	得奖牌、奖凭百余张	依照《出洋赛会通行简章》第 20 条,由官方和民间联合自行参加
1911	都灵世界博览会	获奖共计 299 个:4 个卓绝大奖、58 个超等奖、79 个优等奖、65 个金牌奖、60 个银牌奖、17 个铜牌奖和 16 个纪念奖	
1915	旧金山世界博览会	共获 1211 项奖:大奖章 57 枚、荣誉奖 74 枚、金牌奖 258 枚、银奖 337 枚、铜牌奖 258 枚、奖词奖 227 枚	民国政府派出 40 多人的庞大代表团,获得奖项名列各参展国之首
1926	费城世界博览会	获得多种奖项	由于中国连年的内战,科学技术落后,传统的中国展品已失去了原有的吸引力

(资料来源:上海图书馆.中国与世博历史记录 1851—1940.上海:上海科技文献出版社,2002.)

第二节　会展旅游概述

　　会展旅游是会展业与旅游业结合的产物,是当今世界都市旅游的重要组成部分。会展旅游作为一种新型的、高端的旅游形式,其众多优点正日益引起世人的关注,也成为许多重要旅游目的地的旅游核心市场。近几年来,会展旅游在我国异军突起,成为我国旅游业发展的新亮点。

一、会展旅游的概念

国内外许多学者对会展旅游也做出了各种界定,但目前仍未有统一的内涵。如以研究事件旅游而闻名的学者盖茨(Getz)就认为,展览会、博览会、会议等商贸及会展事件是会展业(meeting industry)的最主要的组成部分。同时,有许多学者主张将会展旅游概念泛化。

本书所讨论的会展旅游的概念主要根据国际上通行的概念 MICE,即会展旅游就是会议(meeting)、展览(exhibition)、奖励旅游(incentive)、综合性会展(convention)、节事(event)。

目前,我国旅游界普遍将会展旅游定义为:通过举办各种类型的大型展览、博览会、交易会、运动会、招商会等,吸引大量游客前往洽谈贸易,旅游观光,进行技术合作,信息沟通,人员互访和文化交流,以带动相关产业的发展,是一种综合性的旅游服务形式。

由此可见,会展旅游包括会议旅游、展览旅游、节事旅游和奖励旅游。

1. 会议旅游

会议旅游是指人们有组织地聚集在一起进行交流信息、联络感情和制定决策的活动,这里不包括带有展览、交易或竞技性质的展览会、博览会、交易会和运动会等。

2. 展览旅游

展览旅游是为参与产品展示、信息交流和经贸洽谈等商务活动的专业人士和参观者而进行的一项专门的旅行和游览活动。

3. 节事旅游

节事旅游是非定居者出于参加节庆和特殊事件的目的而引发的旅游活动。

4. 奖励旅游

奖励旅游是基于工作绩效对优秀员工及利益相关者进行奖励的管理方法和以旅游方式进行的商务活动。

二、会展业与旅游业的关系

会展业与旅游业既有联系,又有区别。虽然两者有着极强的交融互动关系,但是会展业并不等同于旅游业,会展业和旅游业仍然是两个不同的产业群体。会展活动也不等同于旅游活动,它们在很多方面存在明显区别(如表 1-2 所示)。

因此,会展业与旅游业是两个既相互交叉、相互渗透,又有所区别的产业。也正是因为这些区别和联系,使得会展业和旅游业的发展都提升到了一个更高的层次。

表 1-2　会展活动和旅游活动的区别

项　目	会 展 活 动	旅 游 活 动
主要目的	促进经济贸易往来,促进特定资源和信息的交流	休闲游览、调节身心、文化交流、增长见闻等
依托资源	产业资源	休闲时间和旅游资源

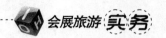

续表

项　目	会 展 活 动	旅 游 活 动
经济性质	前瞻性经济,是一个区域经济发展的风向标之一	体验经济,激活旅游者内在的消费需求,拉动经济增长
经营产品	信息交流、展示产品和服务,销售会议和展览的参与权	销售旅游产品和相关服务,提供精神方面的体验
服务领域	对应流通领域和信息领域	对应消费领域
服务对象	参会参展商,专业群体	旅游者
服务内容	提供展位、洽谈服务、信息交流	提供食、住、行、游、购、娱等综合服务
竞争焦点	争夺参展商资源和展出场所资源	争夺旅游客源
操作流程	选择主题—市场调研—寻求支持单位(如新闻媒体、行业协会、相关政府部门等)—联系会展活动场地—向相关行政管理部门办理展会申请、报批等手续—展会进行中对参会、参展方的服务与危机管理—会后、展后的后续工作(包括跟踪会展活动的质量及经验总结)	旅游资源的规划与开发立项—市场调研—旅游产品设计及其宣传促销—为旅游者提供食、住、行、游、购、娱等服务—服务质量调查反馈及评价
社会分工体系	专业会议公司、专业展览公司、目的地管理公司、旅游公司	旅游批发商、零售商、代理商
企业组织形态	专业技能员工、专业化的组织者	劳动密集型员工队伍
相关部分与产业链	产业链较长(如酒店、设计、礼仪、广告等)	产业链较短(如酒店、景点等)

(资料来源:张显春.会展旅游.重庆:重庆大学出版社,2007.)

三、会展旅游的特征

作为一种新兴的旅游类别,会展旅游以其产业的结合性、行业的带动性、消费的集中性、收益的显著性和服务的关联性等优势得到了旅游业的普遍重视。在会展与旅游及其他一些行业的交互作用下,会展旅游已经在当前的经济条件下繁荣发展,且充满活力。从旅游业的角度来看,会展旅游具有以下特点。

1. 消费能力强

会展是一种高规格的经济活动,参加会展旅游活动的人员大多为企业实体或政府机构,消费绝大多数为公费开支,其经济能力、购买能力都是一般旅游者难以达到的,他们对于会展旅游消费的要求是住宿条件好、服务周到、交通条件舒适、餐饮能够满足个性化需求等。

小 贴 士

据统计,会展旅游者在一个城市的支出是一般旅游者的三倍,平均逗留时间是一般旅游者的两倍。

2. 经济效益好

正是由于会展旅游者的高消费水准,他们给旅游会展举办地带来的经济效益就显而易见了,会展旅游经济已成为行业新的经济增长点。如中国香港每年的会展人员人均消费额是 24 826 港币,为度假旅游消费的三倍;新加坡一般旅游者平均逗留 3 天,消费 710 新加坡元,而会议客人则平均逗留 7.7 天,消费达 1700 新加坡元。会展旅游已经发展成为旅游业的"拳头产品"。

3. 带动效应强

在现代服务业中,旅游业和会展业都是带动性很强的产业,特别是旅游业和会展业的有机结合,会同时发挥出两个产业的联合优势,全面带动交通、住宿、餐饮、商业、金融和科教文化等第三产业的发展。如果旅游会展本身效益收入为 1 的话,那么它带动的其他产业的经济收入将达到 10。这种高效、无污染和带动性强的产业必然成为旅游目的地新的增长点。

4. 停留时间长,出游机会多

一般来说,会展旅游的实际安排依会展活动的举办而定,持续时间较长,这就为参会人员在工作之余提供了休闲娱乐的机会。特别是对于初次到会展举办地的人来说,更是强烈希望能够到当地的风景名胜区参观游览。这就为旅游目的地的旅行社和旅游景区提供了市场开发的机会。

四、会展旅游的功能

旅游业以其服务对象的异地流动、异地消费特征和受季节更替的影响,被形象地称为"候鸟经济",而会展活动也因为商品的流动、贸易与交换具有同样的特征。

在世界范围内,会展和旅游的互动是不乏成功案例的,比如瑞士达沃斯、黑龙江亚布力、海南博鳌等。在这里面,会议、展览以及文化活动等均扮演着"旅游吸引物"的角色,试图把"眼球"吸引过来,其实质是希望通过展览展示来扩大知名度、吸引投资和创造持续消费等目的,尤其是会展的商务特性和其产生的注意力,以及集中的、高档次的消费是其他公共服务产品难以比拟的。

会展与旅游的互动性可以更为充分地利用当地的旅游资源,全面地展示所在地的经济、文化和社会风貌,扩大对外的影响力和知名度,促进当地经济的繁荣与发展。在会展与旅游的互动发展中,旅游是会展旅游发展的基础,旅游业的繁荣必将为会展活动提供更为完善的服务,加速会展业的发展。会展业的进步可以优化社会资源的组合,带动其他行业更快地发展,也为旅游业带来更多的客人、更多的消费,延长客人的逗留期,增加旅游业淡季时设施设备的利用率。因此,我们要十分注重会展业与旅游业的互动性,利用它们的放大效应以谋求会展旅游更快地发展。

1. 有助于提升目的地旅游形象

会展或者大型活动的举办对东道主地区或国家来说就是地区的外交活动,对地区的形象塑造产生积极影响,有助于形成其作为潜在旅游目的地的良好形象。尽管活动在一个相对短的时间内举办,但是由于全球媒体的关注,这种宣传效应和产生的吸引力巨大。会展在短时间内将人流、物流、资金流、信息流聚集到举办地,成为当地、全国乃至世界关注的亮点。这种积聚性将推动举办地旅游业的快速发展,对展会举办地的知名度和美誉度会有一个大的提升,尤其发展成为名优品牌的展会,其辐射带动作用更是强大。

当优秀的旅游资源与知名的会展品牌相结合,将会产生共振效应,使旅游与会展的潜力得以完全释放。如海南的博鳌,虽为名不见经传的小镇,但因"博鳌亚洲论坛"的举办而举

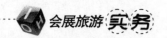

世皆知,成为对外宣传的金字招牌。正是这一招牌,使当地的旅游业在短期内获得了快速发展,慕名参观游览的客人也络绎不绝。

2. 有助于改善地区旅游吸引力

会展旅游重要的也是最基本的作用就在于吸引旅游者。吸引旅游者前往某特定地区的引力就是旅游吸引力,旅游吸引力一方面是从本源上吸引旅游者前往某个地区进行旅游活动;另一方面是旅游者在某地进行相关的旅游或旅行活动时提供某些活动或者会展项目以便其参与。对于会展或者节庆活动而言,其吸引力问题需引起特别注意,因为吸引力不仅与特定的设施有关,而且其他诸如拥挤的人群、服务和娱乐等因素也可能会影响其氛围。

每举办一次大型活动,都必须建造能够适应所需活动的场馆以及活动所需的配套设施。这些场馆和设施在活动使用完后,一般就会成为一个新的旅游点。

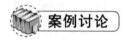

广州为九运会所建的广东奥林匹克体育中心和广州新体育馆已成为广州新的城市标志,"九运体育场馆游"也成为"广州一日游"的经典线路。还有昆明举办的世界园艺博览会,在会后,其整个会址及配套设施被整体保留下来并转为企业化经营,作为一旅游景区被利用起来并使云南省很多"养在深山人未知"的旅游景点迅速驰名于国内外,极大地促进了云南省旅游业的发展。

3. 有助于降低目的地季节性

季节性问题是许多旅游目的地一直非常困惑的问题,从现在旅游经济发展实践来看,已经有许多旅游目的地通过在旅游淡季举办相关会展活动的方法来解决这一问题,会展项目和大型活动甚至还成为目的地延长旅游旺季或者形成一个新的"旅游季"的重要手段。比如在北方地区,通过在冬季举办一些冬季竞技体育活动、冬季节庆活动等,完全有可能形成一个新的旅游旺季。因此,会展或者大型活动在缓解目的地旅游发展过程中季节性问题方面具有独特的作用。

案例讨论

杭州会展业何去何从

1. 杭州会展业的发展概况

2000年以来,杭州以举办西博会为抓手,带动会展业发展。"十五"前两年,展览业处于"上半年冷、下半年热"的状况,全市年展览总面积不足55万平方米。到"十五"中期,展览业发展趋于基本均衡,展出总面积年均递增20%左右。

2006年杭州市全年共举办展会238个,展出总面积突破100万平方米,办展直接收入1.19亿元,总量位居全省前列,其中面积在1万平方米以上的展览有21个,冠有"国际"名称的30个,外地来杭举办展览9个。农林业类、加工制造类、服务业类等专业性展会数量明显上升,专业化、国际化水平逐步提高。培育了诸如"浙江国际家用纺织品展"、"中国国际丝绸博览会"、"中国国际妇幼婴童产业博览会"、"杭州国际汽车工作博览会"、"浙江国际自行车、电动车展览会"、"浙江国际家具展览会"、"西湖艺术博览会"等紧密结合浙江优势产业和文化特色的专业性展会。

会议业进入快速发展期。随着杭州城市环境改善和经济的快速发展,尤其是实施旅游西进发展战略和西湖综合保护工程后,我市办会环境不断优化,先后承办了有重大影响的世界华商大会、世界佛教论坛、中国投资环境论坛、国际茶业大会、国际基因组学大会等一批大型国际性会议。据市旅委对来杭游客的抽样调查,2006年我市接待的游客中,商务会议旅游的比重已达到23.5%。2006年杭州会展业协会所属7家宾馆饭店(世贸大酒店、黄龙饭店、花港饭店、维景大酒店、新侨饭店、望湖饭店、第一世界大酒店)共承接各类会议4027个,共接待参会代表21.7万人,实现营业收入1.3亿元。

节庆文化活动得到蓬勃发展。依托城市文化特色,培育了一批像国际烟花大会、玫瑰婚典、美食节、观潮节、杨梅节、吴山庙会、丝绸时尚节、茶文化博览会等具有浓郁地方特色的旅游与文化节庆活动品牌,其中烟花大会参与人数突破百万人。节庆活动快速增长,丰富了群众的文化生活,同时也形成杭州的节庆旅游产品。

2. 场馆建设以及会展企业概况

由于市场需求的快速增长,吸引了社会资金对会展设施的投入。目前,我市拥有4个专业性展览场馆(世贸中心、和平会展中心、杭州国际会展中心、浙江展览馆),已建室内展览面积近10.4万平方米,可提供5000个国际标准展位。2004年后,我市新建宾馆饭店大都建设配备有规模较大、设施较全的会议室,现拥有最大容量在800人以上、符合国际标准的会场。

此外,还有省人民大会堂、浙江图书馆、杭州工人文化官、浙江科技馆以及浙江大学永谦活动中心、邵逸夫科技馆、邵逸夫科学馆等中小型会展场所。我市现拥有星级宾馆241家、客房30 321间、床位56 850张,可为大型会展活动提供相应配套。

按照市场运作要求,基本形成项目策划、展馆管理、设计布展、设备租赁等相配套的专业队伍。杭州现有独立办展、办会的专业会展公司50余家,其他从事会展相关配套服务企业,如场馆单位、策划与广告公司、展览设计施工公司、设备租赁公司等有200余家,从业人员上万人,注册资金在1000万元以上的有两家,50万元以上的10余家。

3. 存在的问题

该市会展业总体上仍处于产业初创阶段,与国内外会展发达城市相比还有明显差距。

(1) 有影响力的会展项目不多

杭州的会展业整体品牌在国内外的影响力还不大,多数项目处于品牌初创期和培育期,知名度不高、规模小。许多会展企业规模较小、实力较弱,难以独立承办大型的、有影响力的会展活动。

(2) 会展基础设施不完善、不配套

杭州会展场馆设施在规模、档次、设施配套方面与周边城市相比明显落后。杭州国际会议展览中心内部设施不到位,致使利用率低,现已转为汽车汽配市场。杭州和平国际会展中心展区建设标准不高,三层已改作商务出租和餐馆,展览功能退化。浙江世贸中心、浙江展览馆面积小,内部展区布局不合理,只能举办小型展览。目前,我市展览的数量和规模平均每年以20%的速度递增,而实际可供同时使用的展览面积反而下降。截至2006年年底已下降为3.4万平方米。

会议方面,缺乏按国际标准设计和配套的会议厅,难以满足承办2000人以上大型国际会议的需要。活动方面,一些大型活动因为缺少固定的专门场地,而难以作为专项旅游产品

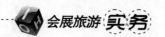

对外推广。

（3）社会化运作机制不够健全

党政机关直接运作项目较多，同时又缺乏有效的市场管理手段。会展行业协会的职能尚未充分发挥。会展企业策划水平不高、市场开拓能力较弱。

（4）国际化程度较低

目前，我市有能力到国外办展、组展的企业很少，利用外资的工作尚未起步，会展业的国际化合作程度低。国际性展览偏少、偏小，境外展位数和客商比重不高，国际性会议档次偏低、规模偏小，节庆活动的国际影响力较弱。

4．面临的主要挑战

（1）国内竞争加剧

随着我国在国际经济贸易中所占份额的增长，加速了跨国公司和国外会展企业进入中国市场，将进一步增强上海、北京、广州等中心城市对国内外会展资源的吸引力。特别是杭州毗邻上海，受上海信息、资金、技术等要素集聚影响较大，会展活动对专业客商吸引力不足。长三角其他周边城市如南京、苏州等近年来也加大会展业投入，对我市形成了有力的竞争态势。

（2）省内竞争激烈

省内宁波、义乌、温州近年来依托本地产业优势，通过规划引导、政策跟进、硬件建设、资源争夺，并得到国家有关部委和省政府支持，会展业发展迅速，对杭州形成了有力挑战。

（3）制约因素明显

我市会展设施不完善、不配套，瓶颈制约明显，客观上造成了一批规模大、档次高、国际性的会展活动难以进入，也影响了自身对大型会展项目的培育，行业整体水平无法进一步得到提高。同时，项目多而不精、品牌不足、国际化程度低，企业小而不大，策划水平不高、市场运作能力弱等问题，也对未来发展产生了约束。

5．未来发展的各家之言

"在杭州开会，观光、商务、休闲一样都不落下。"杭州市休博办副主任郭初民提出的"会展+休闲"的模式成了关注的热点。在杭州举办大型会展，应该有休闲旅游活动参与其中，同时一系列的旅游线路、交通服务都尽量融入到会展活动中来。让会展体现休闲的特色，利用杭州作为东方休闲之都的资源优势，把杭州从观光游一枝独秀向观光游、会展游、休闲游三位一体转变。

然而，目前国内提出建设国家级或区域性会展中心的城市不少于30个，在新一轮竞争中，杭州能否有胜出的把握？"在长三角会展经济带，大型会展第一选择会去上海，杭州应该怎么发展？"面对杭州市红火的展会经济，专家也提出了自己的忧虑。

对此，浙江大学旅游科学研究院副院长潘立勇指出"错位发展"是杭州会展业必走之路。在他眼里，杭州城特有的休闲文化氛围决定了精致的专业性展会更适合杭州。浙江大学人文学院副教授何春晖更是形象地把上海称为长三角会展经济带的"龙头"，他说："会展大了未必好，杭州体现出区别于上海的特色，甘做龙尾一样能出彩。而正在举行的休博会便是体现杭州特色会展的最佳载体。"专家的思想交锋，观点对撞，但是杭州会展业到底应该何去何从？

（资料来源：中国会展在线，http://www.cce.net.cn.）

【讨论】
1. 试以杭州会展市场为例,分析会展企业如何运用会展市场细分依据进行市场细分。
2. 杭州如何在分析自身优、劣势的基础上,对该市的会展业进行准确的市场定位?

第三节　国内会展旅游的发展现状和趋势

近年来,随着经济的发展,各类以会议、奖励、展览为特征的商务旅游在国内各城市发展迅速,并逐渐形成规模,各旅游相关企业及城市地区对会展旅游的重视程度越来越高,会展旅游成为城市新的经济增长点。

一、国内会展旅游业的发展现状

会展旅游是会展经济发展的必然产物,是一种高级的、特殊的旅游活动表现方式。国外会展旅游业发展历史悠久、水平高、规模大,特别是从 20 世纪 50 年代以来,由于可支配收入增加、旅游愿望增强、休闲时间增多、交通及技术改善等原因(如图 1-1 所示),会展旅游发展迅速。目前,会展旅游在国外已经发展成为一个比较成熟的产业。

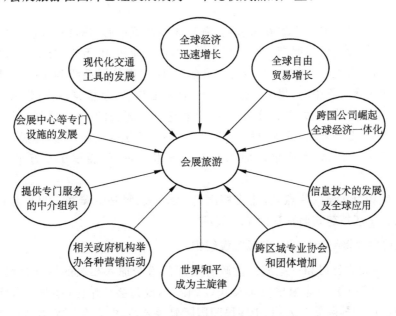

图 1-1　会展旅游快速发展的影响因素

(资料来源:张显春. 会展旅游. 重庆:重庆大学出版社,2007.)

我国会展旅游业的起步比较晚,但发展却非常快,特别是会展旅游业的硬件设施建设大有超前发展的态势。

(一)会展业成为带动经济发展的新的增长点

近年来我国会展业发展迅速,据不完全统计,2000 年以来,我国会展业每年以约 25% 左右的速度递增,每年举办的具有相当规模的展览会总数达到 4000 个,如北京国际会议中

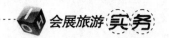

心(近年来),每年接待的超过千人的国际会议有数十次之多。会展业已经成为我国经济的新亮点。

（二）各地政府积极参与主导会展业的发展

由于会展业本身的高速发展及其对经济的巨大带动作用,各地政府非常重视会展业的发展,形成了政府主导会展业发展的局面。比如,北京市组建了由副市长牵头的领导小组对会展业进行全面研究,包括组建课题组,撰写了《北京会展业发展研究报告》,责成北京市统计局会同有关单位制订一套会展业统计指标体系等。上海、杭州等地也在政府的主导下,制订了会展业发展的规划。

（三）建立会展的行业协会组织

各地会展企业在政府的主导下,开始组建行业自律性的会展协会。早在 1998 年 6 月由北京市贸促会发起,组建了我国第一家国际会议展览业的协会——北京国际会议展览业协会。2002 年 4 月上海成立会展行业协会,2002 年 2 月山东成立国际展览业协会。

（四）掀起了展览场馆的建设高潮

我国会展业发展的最大特点就是硬件优先发展。"十一五"期间我国的展馆迅速增长,正式投入使用的全国室内展馆面积较"十一五"之前增长了一倍,场馆面积达到 800 余万平方米。

目前在建或已经建成的大型展馆有:上海新国际博览中心,总展览面积为室内 20 万平方米,室外 5 万平方米;杭州西湖国际会议中心,总建筑面积 49 万平方米,会议中心建筑面积 12 万平方米,设有大小会议厅 30 余个,配有 10 路同声传译系统和 7000 个国际标准展位;北京新中国国际展览中心,集国际会议中心、商务酒店、写字楼、参展商公寓、大型购物中心、仓储中心、办公接待、动力中心等为一体,甚至包括主题公园,是以展场为核心的展览综合体,建筑面积 28 万平方米,展场面积 20 万平方米;武汉国际会展中心,总投资9.3 亿元,总建筑面积 12.7 万平方米,其中展厅面积 5 万平方米,会议厅面积 1.5 万平方米,会议厅40 间。

总之,会展场馆建设的特点是,建设档次高、面积大、科技含量高。根据目前统计的 20 家场馆,平均每个场馆建筑面积达到 15 万多平方米。

（五）主要会议接待单位加入国际会议组织

各地经营会展的公司和一些旅游行政管理部门纷纷加入相关的国际会展组织。截至2010 年年底,我国共有 30 余家单位加入 ICCA 组织,成为会员单位,如北京国际会议中心、北京市旅游局、中国国际航空公司、中国民间国际旅游公司、中国会议及奖励旅游组织、浙江中国世贸中心、中国世贸中心、中旅国际会展公司等。此外,中青旅参加了国际航协(IATA)、美国旅行代理人协会(ASTA)、亚太旅游协会(PATA),国际展览中心参加了国际博览会联盟(UFI)、国际展览会管理(BIF)等。

（六）初步形成了北京、上海等国际会展中心城市

我国的一些大城市在发展国际会展业方面具有一定的优势,目前已经初步形成了以上海、北京、广州等大城市为核心的国际会展中心城市。这些大城市在接待国际会展方面的优势主要表现在以下几个方面。

1. 现有会展场馆多

北京市目前拥有大型展览场馆 17 座,总面积近 30 余万平方米;拥有 500 座以上的会馆 30 个以上。此外,北京市共有星级饭店 800 多家,客房数达到 13 万间,其中很多饭店的会议场馆都达到了国际标准。同样,上海目前展馆总面积为 28 万平方米,与北京相当,此外,上海市拥有饭店 600 多家,客房 10 余万间。由于饭店和会议、展览场馆比较健全,这些大城市开展会展业具有较好的基础。

2. 会展外部条件相对成熟

会展旅游业作为都市旅游的重要组成部分,其发展不仅需要良好的硬件设施,而且需要具备较高的城市总体环境和国际交往的综合能力。北京、上海等大城市的交通,如地铁、城市道路状况等比较好,接待国际国内旅游者人数在我国名列前茅。此外,北京已与 7 个国家的 23 个城市结为友好城市。147 个国家在京有驻华使馆,外国金融机构在京的代表机构近 300 家,17 家外资银行在京设立了分行,众多的跨国公司在京设立了办事处。

3. 举办会议展览总数多

2000 年以来,在京举办的国际会议数量可观,有万国邮联大会、世界建筑师大会、联合国保护大气臭氧层签约国第十一次会议、世界数学大会等国际会议,以及汽车展、电子展等国际展览。按照 ICCA 的统计口径,2009 年北京接待了 96 个大型国际会议,在全世界大城市中排名第十位,具体如表 1-3 所示。

表 1-3 2009 年举办的大量会议中统计的 ICCA 国家和城市排行榜

每个国家的会议数量			每个城市的会议数量		
排 名	国 家	会议数量	排 名	城 市	会议数量
1	美国	595	1	维也纳	160
2	德国	458	2	巴塞罗那	135
3	西班牙	360	3	巴黎	131
4	意大利	350	4	柏林	129
5	英国	345	5	新加坡	119
6	法国	341	6	哥本哈根	103
7	巴西	293	7	斯德哥尔摩	102
8	日本	257	8	阿姆斯特丹	98
9	中国	245	9	里斯本	98
10	奥地利	236	10	北京	96
11	荷兰	236	11	布宜诺斯艾利斯	90
12	瑞士	214	12	汉城	90
13	加拿大	213	13	布达佩斯	87
14	瑞典	184	14	马德里	87
15	韩国	176	15	布拉格	86
16	澳大利亚	169	16	伦敦	83
17	葡萄牙	168	17	伊斯坦布尔	80
18	丹麦	151	18	圣保罗	79
19	阿根廷	145	19	曼谷	76
20	比利时	130	20	雅典	75

(资料来源:迈点网,http://www.meadin.com。)

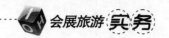
（七）会展产业体系正在形成

国际会展业在多年的实践中，形成了一整套接待服务体系，目前我国的会展业也正在形成自己的服务体系。如：会展组织者（PCO）、目的地接待者（DMC）正在建立中，很多经营会展的公司，都开始培训自己的PCO。

此外，会展业的教育培训也开始步入正轨。为顺应国际展览业发展的大趋势，缩短中国的国际展览业业务水平与发达国家的距离，北京国际会议展览业协会每年都会举办专业培训班，专门为展览业中、高级经理和从业人员开设培训课程，以促进国内展览业务的发展和展览水平的提升，培养高素质的展览专业人才。北京第二外国语学院将与国际特殊事件学会（ISES）、美国乔治·华盛顿大学、HOJONSON WALES大学联合开办"节庆会展管理"培训，解决会展人才不足的问题。

（八）网络参与性强

现代网络技术在我国会展业起步时就开始介入。目前，仅展览业的网站就有85家。这些网站有的介绍会展，有的已经开始直接经营网上会展业务。这说明我国会展业起步的科技含量较高。

（九）我国在国际会展业中的地位逐步提高

目前，我国在国际会展业中的地位还非常低。根据ICCA统计，2009年中国举办的国际会议在全球排名第9位，接待国际会议达到245场，其中北京是国内举办国际会议数量最多的城市，达到96场，全球排名第10位。这说明，我国展览业在国际展览业中所占的地位越来越重要，相当一部分展会具有很大的影响力。

二、我国会展旅游业的主要问题

虽然我国会展旅游业近几年取得了长足的发展，取得了令世人瞩目的成就，可在发展中也暴露出一些问题，其中既有经济发展的客观原因，也有行业发展的内在原因。具体可总结为以下几个方面。

（一）市场化和全球化程度不够

在我国会展旅游业的发展中，最重要的问题是市场化和全球化程度过低。

1. 尚未形成完整的PCO、DMC接待服务体系

国际会展业的成功经验表明，会展组织者（PCO）、目的地接待者（DMC）分工体系是会展旅游业发展的重要内容，但我国目前无论是会展旅游企业还是政府都较为关注目的地接待者，对于会展中最为重要的会展组织者缺乏足够的认识。

2. 大多数会展旅游由政府主导，行政干预较多

会展业在发展的初级阶段必须有政府的主导，但是政府在什么层次上主导，参与到什么程度，这些根本问题没有解决。政府干预过多，导致会展业非市场化，主要在对场馆建设等方面参与过多，而对会展管理体系、服务体系建立等方面参与较少。政府组织的一些会展不计成本，使得很多会展公司对这些会展业务敬而远之。

3. 会展市场的受众群过于单一

德国等会展大国的会展业之所以能够保持世界领先地位，一个重要原因就是其会展地本身就是国际大都市,开办展览的受众对象是国际化的。但我国的大都市还没有成为国际化的大都市,参观展会的受众几乎是清一色的国内客人,因此,不是针对国内买家的会展一般不会在我国举办。这是限制我国国际会展业发展的重要原因。

4. 会展业产业化程度不高

由于我国会展业曾经是由一些非市场化的发起单位和部门全部或部分垄断,这些单位和部门还没有意识到中介公司提供服务的效率会更高,因此,目前会展业还处于一定的垄断阶段,还不能成为一个独立的产业。

（二）外部环境急需改善

会展旅游业作为商务旅游的重要组成之一,其发展尤其依赖外部条件的完善,但目前我国会展旅游业发展的外部条件还不健全。

1. 法律、法规不完善

很多会展业发达的国家都制定了非常完善的法律、法规体系,以促进会展业的发展。但是,目前我国关于会展的法律、法规很少,仅有1995年9月22日对外经济贸易合作部的《关于出国(境)举办招商和办展等经贸活动的管理办法》。

由于法律、法规不健全导致目前我国会展业比较混乱,主要表现在:重复办展、会展内容混乱、受众对象不明确、举办会展的中介公司良莠不齐等方面。

2. 审批手续复杂

由于法律不健全,我国举办会展的审批中人为因素过多,审批手续繁杂,有的会展审批时间长达一年以上。这也是旅游企业不愿意介入会展旅游业的重要原因。

3. 城市环境有待改善

会展旅游业作为都市旅游业的重要组成部分,其发展受制于国际旅游城市的发展。目前,我国就连北京等城市距离国际旅游城市的标准还有相当大的差距,这严重阻碍了会展旅游业的健康发展。

（三）重硬件、轻软件,重展轻会

目前我国直辖市、省会城市和大型城市几乎都将会展业作为其经济发展的增长点,并将重点放在场馆等硬件设施的建设上。但会展旅游业的发展,绝不仅仅依赖于场馆的建设,其发展更依赖于软环境的规范化、国际化等,而这恰恰是国内会展城市发展的软肋之一。

（四）国际化品牌的会展少

世界上会展业发达的国家或地区,举办的大都是世界著名会展,如米兰国际博览会、巴黎博览会等;但在我国除广交会等会展有一定的世界性影响外,绝大多数会展都是临时的、国内的。

三、我国会展旅游的发展趋势

随着社会的发展,会展旅游作为一种交叉的、新型的旅游产业形态,正朝着生态化和人文化、地域特色化、多元化的趋势发展。

（一）举办会展的法律将进一步规范,并逐步向国际通行的登记制转化

目前,国家已经开始制定有关会展的法律、法规,今后几年有关会展业的法律、法规将相

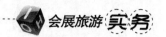

继出台,会展业的市场将进一步规范化。今后举办会展审批手续将会更简单,并将按照国际惯例逐步过渡到登记制惯例办法。这将促使会展业真正成为一个规范的市场。

(二) 自律性的协会将进一步规范会展行业的行为

自 1998 年 6 月由北京市贸促会发起,组建了我国第一家国际会展业的中介组织——北京国际会议展览业协会之后,2002 年上海、山东等省市也相继组建了国际会展业协会,制订了国际展览业协会章程,旨在支持公平、平等的竞争,反对不正当竞争及欺诈行为,改善、优化展览业市场环境,更好地协调、管理、规范会展业的市场秩序。

(三) 会展业将向几个大城市集中

通过对国际会展业发展的分析,会展业在特定城市的发展有"通吃"效应,即会展业的发展会自身加速,形成更大的规模,而不可能全国遍地开花。今后北京、上海、广州等重点城市将成为我国会展业的中心。

(四) 会展旅游中介组织将大批出现,会展业将形成独立的产业

目前我国从事会展的企业数量众多,但还没有形成专业化的会展组织者(PCO),或者仅仅处于 PCO 的初级阶段,对组织接待会展处于不规范的阶段。目的地接待公司(DMC)也仅仅是一些单独的会展场馆出租等单项服务,没有完全形成一条龙服务的目的地接待公司。今后随着国际会展的增加、会展业培训体系的建立和国际会展人才的引进,专门从事会展的专业化中介公司将会大批出现。

此外,我国的很多大型会展还垄断在一些非市场化的组织手中,这些组织自己举办国际会展,自己联系接待服务等一系列工作,还没有完全市场化。今后随着会展中介组织的完善,会展业必将成为一个专门的行业,并从那些部门垄断中独立出来,成为市场经济中的独立产业。

(五) 会展旅游市场将专业化细分

目前国际会展业已经形成了非常细致的市场分工,比如 ICCA 的市场范围包括 50 人以上的国际会议,而 UIA 则在 300 人以上等。目前我国的会展公司还处于发展初期,只要有会展就去接待服务,没有形成细分化的市场。今后随着市场的发展必将形成专业化的分工,形成专门经营展览业、会议业及其更细分市场的格局。

(六) 国际会展组织和会展中介公司将大批进入中国会展旅游市场

随着中国加入 WTO,国际会展组织和经营会展的大型公司将大批涌进我国,会展旅游业将形成更加激烈的竞争局面。由于目前我国的管理体制还不允许国外公司单独经营会展业务,外国会展公司主要是通过与中方合资的形式进入中国市场。上海的国际会展中心就有德国的汉诺威展览公司、德国杜塞多夫展览公司、德国慕尼黑国际展览有限公司这样的世界顶级会展公司加盟。ICCA 2002 年在上海开办了会展培训班,通过这种形式介入中国会展旅游市场。今后国际会展公司将从会议、展览、组织、接待等方面全方位地进入中国市场。

(七) 展览场馆将可能全面过剩

国际会展业是社会经济发展推动的结果,绝不是简单建几个会展场馆的问题。此外,从国际会展业向大城市集中的发展趋势来看,今后几年除北京、上海等国际大都市的会展

场馆效益稳定以及一些具有独特资源的中等城市发展特种会展外,许多小城市的大型国际会展中心将面临生存危机。从总体上看(非从结构上看),我国的会展场馆将会全面过剩。

◀◀ 本 章 小 结 ▶▶

本章首先从基本概念、类型、作用、现状和问题介绍了会展的一些基本知识,然后主要阐述了会展旅游的概念和特征,进而概括性地说明了我国会展旅游业的发展现状和趋势。通过本章的学习,使读者对会展旅游有一个初步的了解和认识。

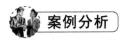

复习思考题

1. 什么是会展?它有哪些类型?
2. 发展会展业能起到哪些作用?
3. 简述我国会展业的发展现状和趋势。
4. 什么是旅游会展?其特征表现在哪些方面?
5. 我国会展旅游业现状如何?存在哪些问题?
6. 试说明我国会展旅游业的发展趋势。

案例分析

案例分析一:会展旅游得天独厚的城市——北京

我国会展旅游得天独厚的城市,毫无疑问应该首推北京。作为中国的首都、保存最为完整的历史文化名城,经济和商业中心,北京的会展旅游资源可谓丰富多彩、取之不竭。然而近年来北京会展旅游经济虽有长足发展,但对于其自身所拥有的巨大市场潜力而言,是极不相称的。特别是在国内会展旅游中心城市的竞争中,大有被上海超越的危险。

自 20 世纪 90 年代开始迅速崛起的上海,如今已初具国际经济、金融、贸易中心城市雏形。去年上海的人均 GDP 已超过 4500 美元,达到中等发达国家水平,服务业在 GDP 中占据半壁江山,具备了国际博览会联盟认定的会展业"强势增长"的条件。

上海很早就意识到会展经济在其建设国际化大都市进程中可能会发挥至关重要的作用,因而将其列入了重点扶持和发展的都市型服务业序列,在市场准入、场馆建设、行业管理、人才培养、国际交流等方面加大了开放与投入的力度。

近十几年来,上海全国性或国际性会展的数量以每年近 20% 的速度递增。1990 年,上海举办的展览会只有 40 个,展览面积 10 万平方米。到了 2000 年,上海会展猛增至 270 个,直接成交额超过 450 亿元。而 2003 年,上海会展业交易额突破 550 亿元,会展直接收入达 18 亿元,占全国总量的 45%,跃居全国会展城市之首。"财富 500 强论坛"和 APEC 会议的成功举办,以及 2010 年世界博览会的申办成功,更使上海会展业吸引了全球的目光。

目前,上海拥有 5 个展览中心,总面积超过 15 万平方米,附带会议设施的星级酒店超过 300 家;从事会展组织、场馆经营以及相关服务的专业公司达 100 多家,初步建立起了一支通

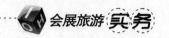

晓外语、管理、贸易、营销和国际规范的会展专业人才队伍,并已开始将名牌展会资源和管理模式向周边地区辐射。上海已经成为中国展览业最为繁荣的城市。

反观北京,虽然也曾在几年前提出了将会展业列为城市支柱产业的发展思路,但已经比上海晚了半拍。更因为对会展经济缺乏足够有力的政策导向和扶持,导致产业的增长远远低于市场的预期。近年来,除了一些政治性的会议,大量专业性、商业性的会展纷纷向上海转移,特别是在对外宣传招徕、场馆及配套设施建设方面,北京已经落后于上海。可以说,产业定位的迟滞和行业规划的乏力,是造成北京贻误战机的主要因素。

目前,北京的展览场馆偏少、偏小,设施陈旧。几个大的会展中心均位居繁华市区,周围的配套接待功能很不完善,综合性差,功能单一。分散式的社会化服务加大了会展组织工作的难度,也给参会、参展者带来了诸多的不便,一些大型展会甚至会使城市秩序陷入混乱。北京的会议市场虽然表面上供大于求,但绝大多数酒店会议设施简陋,配套服务不到位,实际上并不具备接待大型会展和专业化会议的能力,致使大量的会展市场客源得不到充分的发掘和利用。

希望建设国际化大都市的北京,需要迅速改变这种状况。会展业在城市产业序列中的地位应进一步提升,鼓励建设投入,整合行业资源,加大对外招徕。在与上海竞争的同时,也要找准自己的特点和优势。只要战略对位,以中国经济在世界格局中的地位和影响,在不久的将来形成一南一北两大世界级会展中心城市,应该是顺理成章、水到渠成的事情。

(资料来源:王保伦. 会展旅游. 北京:中国商务出版社,2006.)

【分析】

1. 试分析北京发展会展旅游的优势所在。
2. 结合案例,谈谈政府在发展会展旅游产业中应体现的职能。

案例分析二:新加坡的会展旅游

新加坡的会展业源于20世纪70年代,经过近30年的发展,新加坡已成为世界上最著名的会议展览城市之一。国际协会联盟2009年8月公布的调查显示,新加坡再度获选为亚洲第一会议城市,并在世界会议城市排名中名列第5位,成为排名最前列的亚洲城市,这也是新加坡连续17年被国际协会联盟评选为亚洲最佳会议地点。同样,新加坡也是世界上主要的展览中心之一,由国际展览局(BIE)认可的55个亚太项目中,有19个在新加坡举行,占34.5%。

目前,新加坡每年承办的国际性大型商业展览有60个左右,各种会议2000多次。1986年举办国际会议1360次,接待会议游客20多万人。2000年,在新加坡举行的各种国际会议、展览及奖励旅游就达5000次,前来参加会议、展览的人数达40多万人次。在新加坡成为世界级会展活动城市的同时,会展旅游业也成为新加坡经济发展的新热点,会展旅游市场呈现出迅猛的发展势头和巨大的发展潜力。新加坡会展旅游的发展除得益于会展业的发达,其他方面的因素也促进了会展旅游的发展。

1. 优越的地理位置

新加坡由一个本岛和60个小岛组成,所处的地理位置是世界的十字路口之一,得天独厚的地理条件使之发展成为一个商业、贸易、通信、旅游的中心。新加坡是亚洲旅游业最发达的国家之一,整个国家草茂花繁,整洁美丽,被称为"花园城市",其境内既充满了热带岛屿的休闲风情,又具有国际都市的明快节奏。作为国际著名的旅游胜地,基础设施好、交通便利、通信发达、会议展览设施齐全、配套设施比较到位、服务水准较高,是新加坡发展会展旅游的有力保障。

新加坡处在一个交通枢纽的位置,非常适合搞国际性的会展。在以新加坡为中心的3个小时飞行距离内,有2.5亿人口活动,每年仅中转旅客就达250多万人次。目前,新加坡有64个国际航空公司的航线,可直飞50个国家的154个城市。而且新加坡的出入境十分方便,新加坡机场被一些媒体称为世界上最好的机场之一。樟宜机场曾11次被媒体评为国际上最好的机场,多家媒体也将新加坡评为最适宜举办国际会展的城市之一。

2. 政府部门的支持

新加坡的会展业虽然起步较晚,但政府对会展业的发展十分重视,新加坡展览会议署和新加坡贸易发展局专门负责对会展业进行推广。新加坡展览会议署的主要任务是协助、配合会展公司开展工作,向国际上介绍新加坡承办国际会展的优越条件,促销在新加坡举办的各种会展。新加坡贸易发展局从发展国际贸易、提升新加坡区域中心地位等宏观角度,制定了一整套扶持、服务、规范、协调和发展会展业的计划。展览会议署不是管理部门,其主要职责是协调配合,而且不向会展公司收取任何费用。

展览会议署的职责是举办新加坡会展经济方面的研讨会,让各国了解新加坡在这方面的优势。政府在会展部署中每年都有计划地向世界各地介绍新加坡旅游、会展方面的情况,其作用主要体现为服务。新加坡政府在会展方面的投入很大,新加坡博览中心就是由有政府背景的新加坡港务集团投资建立的。博览中心附近有地铁站,有三条高速公路相通,有大型停车场,还有新加坡的第二大餐厅,可同时供10 000人用餐。

新加坡旅游局向来积极争取国际游客,开拓区域市场,与业者合作,进一步开拓新加坡的会展商务旅游市场,吸引外国人来进行商业、会议、奖励旅游和展览活动。政府的主要作用是活跃经济和加强基础设施建设。政府有关部门的作用主要是在协调和配合方面。为了推出更多、更好的旅游产品,新加坡旅游局与旅游业者一同拟定未来十年的旅游业发展蓝图,其中一项便是把新加坡塑造成亚洲各项大型活动的主办中心,确保每个周末安排至少一项盛事,激起游客常到新加坡游玩的兴趣。

3. 强化对外宣传

为了巩固作为亚洲最佳、世界第五的会展城市地位,新加坡旅游局展开了多种全球性的宣传计划。早在1998年1月就开展过为期三年的"全球汇聚2000"促销活动,主要是到世界各地,通过举办或出席席销活动、贸易会、座谈会,并刊登广告及播映宣传短片,宣传新加坡的会议与展览地点,促销活动卓有成效。1999年在新加坡举行的世界性会展活动共计3245项,比1998年增加了7.8%,而由新加坡主办的大、小型会议则多达880个,比1998年增加了23.8%。

新加坡旅游局计划投入大量预算用于商务和会展旅游促销,主要是向会展客源市场进行宣传,巩固新加坡作为旅客心目中"亚洲最适合主办世界级会展活动的城市"的地位。到新加坡参加展览和会议的商务旅客,平均在新加坡逗留4天,人均1200新元的消费比普通的休闲旅客多,商务和会展客人为新加坡旅游业带来的旅游收益占旅游总收益的20%。

(资料来源:张曙光. 中国经营报,2002-07-09.)

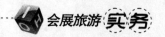会展旅游实务

【分析】

1. 新加坡发展会展旅游的特点是什么?

2. 结合案例,谈谈新加坡会展旅游业的发达对我们的启示。

实战演练

运用本章所学知识,调查分析你就读的大学所在城市举办过哪些有影响力的会展活动,这些会展活动对城市旅游业的发展带来了哪些影响。

第二章
会展旅游管理与开发基础

【知识目标】
- 了解会展旅游的需求与供给；
- 掌握会展旅游目的地管理；
- 理解会展旅游活动筹办。

【能力目标】
能利用所学知识分析会展旅游开发与管理的趋势。

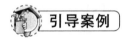 引导案例

世博会对会展及相关产业的作用

主题为"城市,让生活更美好"的上海世博会于 2010 年 5～10 月举行。

历届世博会的举办,都对整个地区的经济和社会发展带来较大的推动作用,是提升一个国家城市和地区国际影响的重要途径,其直接和间接影响可以延伸到相当长的一个时期。

2010 年世博会的主体分成三个层次:国家、长江三角洲地区和上海,而受益较大的是以上海为中心的长江三角洲城市群。

1. 上海世博会的展示作用

世博会被称为国家展示工程,是提升一个国家城市和地区国际影响的重要途径,上海世博会是周边城市和地区展示形象的最好机会。

2. 上海世博会的平台作用

上海世博会一个十分重要的功能就是通过举办展览、会议和各种大型活动,为周边城市和地区接轨国际提供一个交流的平台。参加上海世博会的国际大型企业的数量超过万家,企业总数量超过 3 万家,企业的集中度和档次是前所未有的,这是最集中的信息交流和合作治谈的机会。

3. 上海世博会的拉动作用

会展产业发展的一个重要效果就是对相关产业的拉动作用。在筹备过程中,将需要超过 200 亿的产品需求。这包括上海及周边城市为世博会提供的花卉、文具、饮料、服装、礼品

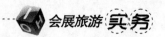

等会议用品,由此可以带来较大的商业机会。在交通、物流、旅游、信息服务等方面,通过消费为周边城市带来消费刺激和生产拉动。此外,对中介服务、建筑设计和房地产等产业也会带来较大的提升作用。

4. 上海世博会的引导作用

上海世博会通过集中展示上海及周边城市的环境、形象、政策体系和市场远景,可能成为世界经济中心向中国长三角地区转移的前奏。欧洲国家的生产和商务成本逐年增加,而中国长江三角洲地区具有丰富的资源、良好的环境、广阔的市场和比较优惠的政策空间,对国际著名企业具有较大的吸引力。

(资料来源:旅游研究网,http://www.cotsa.com.)

第一节　会展旅游管理

现在,人们经常说起会展旅游管理,但对于什么是会展旅游却没有一个明确的概念。

一、常见的三种认识误区

(一) 在会展业中,重展览、轻会议

人们虽然经常提到会展业,但在实际工作中,都是重展览、轻会议。从统计资料上来看,也是展览的数据多,会议的数据少,这说明目前国内对会议业的重视程度尚不及展览业,其突出表现就是专业的会议策划和服务公司未成气候,缺乏专业会议组织者(PCO)。

(二) 把会展和旅游混为一谈

会展旅游只是会展业与旅游业有机结合后的一种旅游产品形式,或者说是旅游企业实现经营多元化的重要途径之一,不能称其为产业。

在会展发达国家,一般将会议业和旅游业归口在旅游局或观光局下进行统一管理,展览业则作为一个单独的行业。

(三) 会展业是旅游业的一部分

也有专家认为,"会展业是当今世界都市旅游业的重要组成部分",这种观点存在明显的漏洞。因为,无论是旅游主管部门开始专门研究会展活动对旅游业的作用,还是各大旅游企业纷纷拓展会展旅游业务,都不能改变会展活动的信息交流或产品展示的性质,这一点与旅游活动有着根本区别。相反,这些现象只是说明了会展活动对旅游业的巨大推动作用,而我国在旅游业介入会展活动的方面还做得远远不够,其直接表现就是会展旅游发展的明显滞后。

二、基本概念

(一) 会议

所谓会议,是指人们怀着各自相同或不同的目的,围绕一个共同的主题,进行信息交流或聚会、商讨的活动。一次会议的利益主体主要有主办者、承办者和与会者(许多时候还有演讲人),其主要内容是与会者之间进行思想或信息的交流。

（二）展览会

展览会是一种具有一定规模，定期在固定场所举办的，来自不同地区的有组织的商人聚会。根据展览内容的不同，国际博览会联盟（UFI）将展览会分为三类，即综合性展览会、专业展览会和消费展览会。一次展览会的利益主体主要包括主办者、承办者、参展商和专业观众，其主要内容是实物展示，以及参展商和专业观众之间的信息交流和商贸洽谈。

（三）旅游

所谓旅游，是指人们出于和平目的的旅行和逗留所引起的一切现象和关系的总和。这些人不会在旅游目的地定居和就业。一次旅游活动的顺利完成主要依赖三个要素，即旅游者、旅游目的地（旅游资源）和旅游业。其根本特点是旅游者的异地流动性（包括异地消费），这一点与会议、展览会极为相似。

通过上述分析，得出三个结论：其一，尽管目前国内普遍采用"会展业"的提法，但会议与展览会在主体内容和运作方式上存在本质的区别；其二，会议、展览会与旅游活动是紧密联系、相互渗透的，但绝不是简单的等同或包容的关系；其三，会展活动和旅游都有一个共同的特征，即服务对象的异地流动性，这为两者在具体运作上的合作提供了基础条件。因此，会展业和旅游业之间可以谈对接或互动，但绝不能画等号。

（四）会展旅游的特征

会展旅游具有如下特征。

（1）消费能力强，消费档次高，旅游行业受惠多。

（2）停留时间长，出游机会多。

（3）出行人数多，多为自行组团。

（4）潜在的参加者多，实际的旅游者少。

（5）受季节影响小。

三、会展活动与旅游业如何实现对接管理

随着会展产业规模的不断扩大，一批旅游企业开始涉足会展业务并取得了良好的经济效益。会展活动和旅游业能够而且必须实现有效对接已成为会展界和旅游界的共识。

（一）对接基础

会展业与旅游业能够互动发展，是具有内部条件的。首先，一定规模的人员流动与会议（展览会）、会间或会后的游览、购物、娱乐等活动能够有机组织起来。其次，举办会议或展览会，发展都市旅游，都需要一些基本条件，如鲜明的城市形象、完善的基础设施、便捷的都市服务等。从城市经济发展的角度来看，会展活动和旅游活动的开展拥有共同的基础条件。

（二）国内会展业与旅游业的对接现状

目前，国内绝大多数城市的会展业和旅游业都存在着脱节现象，两者之间的关系可以用"外推"两个字来概括。所谓外推，单从字面意思上来理解，即指会议或展览会是将参展商、与会者和观众推向饭店、景点、旅行社等旅游企业，旅游企业滞后接待、被动受益；旅游部门在整体促销、配套服务等方面远没有发挥出应有的作用，旅游业对会展活动的支撑效果不明显。

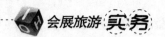

（三）国内会展业和旅游业之间脱节的主要表现

1．在市场促销上

政府在组织会展公司和旅游企业开展联合促销时存在很大障碍，更何况没有类似于法国专业展览会促进委员会（Promo Salons）的专业会展管理机构来牵头。

2．在人员流向上

由于缺乏有效引导和相关服务，参展商、与会者和外地观众的主要活动仅限于参加或观看展览会（会议），只有很少一部分人会参与游览、购物或文娱等活动，即使有也是小规模的、自发的。

3．在配套服务上

许多会展组织者精力分散、服务效率较低；与之相对应的是，旅游部门提供给与会者、参展商及观众的服务主要是住宿和餐饮，交通安排、文化娱乐、购物向导和游览活动组织等服务项目明显不足。

4．在综合效益上

会展活动给旅游企业带来的经济效益不够大，旅游业内部各行业从会展活动中获得的收益极不平衡：住宿、餐饮、交通获利多；游览、购物、娱乐获利少。现有旅游资源尤其是城市及周边地区的景点没有得到充分利用。

（四）对接策略管理

会展业和旅游业实现互动需要政府的有效引导，但归根结底取决于会展公司和旅游企业之间的合作程度，前者为后者带来数量可观的客源，并创造更多的市场机会；后者为前者提供配套服务，并增强会议或展览会的吸引力。

1．角色定位

在开展会展旅游活动时，会议或展览公司应扮演"旅游吸引物创造者"的角色，这种吸引物可以是其所拥有的场馆，也可以是其举办的大型会议或展览会；饭店应该主动与会展公司合作，以合理的价格和高品质的服务迎接参展商、与会者入住，并积极争取展览会期间的各类高峰论坛在本饭店举行；旅行社则应转变传统的经营模式，把重点放在专业观众的组织以及会展活动与其他游览活动的衔接上。

2．管理体制

在管理体制上，我国可以成立会议旅游局，将会议业纳入旅游部门进行统一管理；在展览业内成立展览行业协会，对展览会进行统一规划、管理和促销。

3．整体营销＋配套服务

城市在进行目的地整体促销时，会展部门完全可以和旅游部门协作；即使是会展企业单独开展营销推广活动，也应将会议/展览会与城市及周边的旅游景点和旅游接待设施结合起来。饭店、旅行社等旅游企业应积极为参展商、与会者和观众提供"食、住、行、游、购、娱"等一系列服务，并尽量将丰富多彩的旅游节庆活动与大型会议或展览结合起来。

4．客源预测

会展部门应与旅游部门联合开展调研和预测，以增强参展商（与会者）对展览会（会议）

的信任程度,但两者的工作侧重点有所不同,前者侧重专业观众,后者侧重一般旅游者。

5. 场馆后续利用与管理

从旅游开发的角度来讲,场馆建造起来后,除会议服务公司、展览公司等继续举办大型展会以吸引观众外,旅游部门可考虑将具有本城市特色的现代化场馆作为都市观光的一个重要景点,以提高场馆的利用率。

四、会展旅游管理

我国的会展旅游发展处于初步发展阶段,一个很大的原因就是我国商务旅游发展滞后。以前我们所说的旅游,主要指消费性旅游,也就是个人的休闲娱乐旅游,不包括商务旅游。实际上,旅游业包括两大块:一个是消费性旅游;另一个就是商务性旅游。如果没有商务旅游,那些五星级酒店难道都是个人旅游时去消费的? 这显然不合理。这种认识导致我国商务旅游发展受限,会展旅游发展滞后。

会展旅游介于消费性旅游和商务性旅游之间,区分主要看消费主体。上海世博会就是典型的会展旅游,包括了这两方面的内容,个人和公司都有。

(一)我国会展旅游发展的困境

我国会展旅游发展当前最大的困境,就是大家对会展旅游的价值和作用认识不够。例如:旅游规划,是画画、讲故事,就是将山水、人文景观找出来、画出来,把故事说全了;旅游开发商,是修建房子,要做好景区的基础设施建设。但是规划好了,景区建好了,没人来,只能是资源闲置。怎么才能让人来旅游、来消费呢? 办会展,会展解决的就是走、住房子的事情。

会展活动把以前那种被动性地接待游客,变为主动性地邀请游客,改变了游客的组织方式,改善了游客的结构,丰富了游客的活动内容。这三方面就是会展旅游的积极作用,而这也给旅游规划提出了新要求,除了画画、讲故事,还要明确谁将是消费的主角、有哪些消费内容等。

会展旅游虽然处于初级阶段,但由于有巨大利益驱动,导致会展旅游陡然升温,城市已成为会展旅游浪潮中的主角。发展会展旅游,政府应当进行准确的概念、形势、条件和目标定位,以减少进入会展旅游的盲目性。当前有两种倾向必须引起各级政府的重视:一是在发展会展旅游时,各级政府显现出少有的急迫性;二是在进入会展旅游市场时,又表现出少有的盲目性。

(二)会展旅游的管理

政府作为会展旅游管理的主体,在发展会展旅游方面,主要突出其特有职能。

1. 政策扶持

政府应将发展会展旅游作为促进城市经济发展的重要环节,重视其发展并提供相应的政策扶持。

2. 建立、健全宏观管理机构

要建立、健全宏观管理机构,加强对会展公共服务的协调。

日本、新加坡以及我国香港等国家和地区在其旅游管理机构下设有展局,专门负责发展会展旅游。我国也可参照这种做法,在旅游局下设会展处或类似机构。

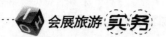

现在北京、上海、广州、深圳、珠海、大连等城市,已经逐渐形成了一批在海内外有一定规模和知名度的品牌展会,如广东的广交会、大连的国际服装周等,同时它们也是我国会展旅游开展得比较好的城市。

上海世博会是中国举办的规模最大的综合类博览会,对我国会展旅游起到了很好的示范作用。上海没有太多的自然和人文旅游资源,可它在旅游方面取得的成绩却不亚于北京,就是由于它的商务旅游、会展旅游做得好。这次世博会,上海更是将这方面的营销做到了极致。

网络、电视等媒体不间断地宣传,每天都有游客方面的情况通报,每天有不同的场馆介绍,每天有不同的活动安排。在观众数量方面,这有可能成为空前绝后的一届世博会。在举办大型活动吸引游客方面,本届世博会也将成为全国乃至全球的一个典型案例,对我国会展旅游在组织、营销、安全保障等方面,都会有巨大的促进作用。

(三) 会展旅游活动的筹办

会展业与旅游业之间有一种天然的耦合关系,举办会议展览(尤其是国际性的)必然涉及食、住、行、游、购、娱的旅游六大要素,而各种国内及国际会展活动的参加者也自然地形成了旅游业的重要客源市场。从当前形势看,发展会展旅游成为国际旅游市场的新趋势,越来越多的国家和城市加入到日趋激烈的市场竞争中来。

我国会展旅游方兴未艾,显示出强劲的势头。会展旅游已经成为旅游产业的拳头产品之一。随着会展产业规模的不断扩大,旅游业对会展活动的支持作用表现得越来越明显,一批旅游企业开始涉足会展业务并取得了良好的经济效益。会展活动和旅游业能够而且必须实现有效对接已成为会展界和旅游界的共识。由此也就形成了会展旅游接待的市场。

第二节 会展旅游的需求与供给

会展旅游是参加会议和展览的人的旅行以及在会议前后的参观游览活动。它包括大型会议旅游、公司企业举办的会议旅游、学术会议旅游、贸易展览性旅游(Trade Fair)和科学技术展览性旅游(Exhibition)等。

一、会展旅游的需求与供给状况

在国际、国内旅游市场上,会展旅游是一个发展极快,又潜力巨大的市场,它已经引起了各方面的高度重视。会展旅游之所以受到人们的青睐,在于它有以下优点:一是在价格和季节上所受的影响比其他旅游项目小;二是会展旅游者滞留时间长,旅游消费水平高。

从旅游需求来看,会展旅游是特定群体因会类或展类的举办而前往举办地参加会展活动的整个会展过程,包括会展前期、会展中期以及会展后期的因旅游需求而产生的参观考察、休闲游览等活动的综合性的旅游形式。

从旅游供给来看,会展旅游是在会展组织者或承办方的倡议下,由指定的旅游企业针对各类会展的举办而设计推出的专项旅游产品。

我们所提倡的会议旅游并不是让旅游企业举办各种会议和展览,而是让旅游企业发挥行业功能优势,为会展的举行提供相应的服务

二、会展旅游需求的分类

会展旅游需求是多种多样的,往往取决于会展旅游主办者和参与者的需求。参加的会展旅游需求包括会议旅游、展览旅游、节事旅游、奖励旅游等。

1. 会议旅游

会议旅游是指人们由于会议的原因离开自己的常住地前往会议举办地的旅行和短暂逗留活动,以及这一活动引起的各种现象和关系的总和。

2. 展览旅游

展览旅游是指特定的个体或群体到特定的区域参加各种类型的展览会以及可能附带相关的参观、游览及考察内容的一种旅游形式。

阅读资料

动漫节,大旅游的新样本——观光、会展、休闲"三位一体"。

2008 年,中国国际动漫节首次移师萧山。动漫节在 6 天时间内,为萧山带来了 67.2 万人次的火暴人气,旅游业 3 天掘金 6 亿元。动漫节成为吸引游客、刺激消费、发展创意产业、扩大影响的大平台。

3. 节事旅游

节事旅游是指人们由于受到节事活动的吸引而进行的旅游活动。

阅读资料

2009 年 5 月,杭州迎来台湾一家人寿公司超大旅游团,1900 多人,给杭州带来总计1000 万元的旅游收入。1900 名与会人员被安排在杭州的 15 家准五星级以上的酒店,如凯悦、雷迪森、西子国宾馆等,而且,团队连包两场印象西湖演出。

4. 奖励旅游

奖励旅游是基于工作绩效而对优秀职员及利益相关者进行奖励的管理方法和以旅游方式进行的商务活动。奖励旅游是一种商务手段。

旅游业全面介入会展和节事业可以分为以下三个层次。

(1)传统的旅游企业特别是旅行社将自身定位成会展、奖励旅游和节事活动的组织者,向会展公司或奖励旅游公司全面转型;

(2)在经营中引入新的业态,例如,酒店兴建专业的会议设施,用于承接各类会议或展览会,旅行社从事奖励旅游业务等;

(3)扩充服务内容,譬如酒店设立专门的会议部或旅行社设立单独的部门,主要承接大型会议或展览会的会务工作等。

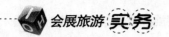

三、会展与旅游的需求与供给

(一) 会展与旅游的互动作用

1. 会展拉动旅游消费

会展旅游是旅游业产业化、社会化以及行业交叉以后出现的新旅游活动方式,为旅行社、饭店、餐饮业带来了新的发展空间,为会展举办地的旅游经济带来了新的亮点。

2. 旅游推动会展业发展

会展业的发展,在于会展举办地的基础设施和硬件设备的建设和配置情况,旅游业的主要部门和企业,如交通、住宿等,都是会展活动得以举办的必要性条件。

3. 会展与旅游的协调发展

(1) 合理整合相关资源以达到协同效应

会展与旅游的互动性可以使人们更充分地利用会展举办地的旅游资源。按照市场规律和顾客需求对会展与旅游进行整合,可以形成协同效应,从而更好地发挥资源的整体效能。

(2) 会展与旅游结合以提升会展举办的品牌效应

会展旅游的共同特点就是,参展商和旅游者向会展举办地的进入,因此,向其全面地展示本地的经济、文化和社会风貌,对于扩大会展举办地对外的影响力和知名度、提升城市形象有很好的效果。

(二) 会展活动和旅游活动的区别

会展活动与旅游活动对比分析。

1. 主要目的

会展活动是为了解决问题,促进特定资源和信息的交流或达成共识,促进商贸的发展;旅游活动则旨在休闲、观光游览、娱乐身心、文化交流、增长见闻等。

2. 操作流程

(1) 会展活动的主要操作流程

会展活动的主要操作流程是:选择主题—市场调研—寻求支持单位(如新闻媒体、行业协会、相关政府部门等)—联系会展活动场地—向相关行政管理部门办理展会申请、报批等手续—展会进行中对参会、参展方的服务及危机管理—会后、展后的后续工作(包括跟踪会展活动的质量及经验总结)。其中还涉及专业化程度高、涉及面广、科技含量较高的零星管理工作。

(2) 旅游业主要的流程

旅游业主要的流程是:旅游资源的规划与开发立项—市场调研—旅游产品设计及其宣传促销—为旅游者提供食住行游购娱等服务—服务质量调查反馈及评价。

3. 经营的产品和主要服务内容

会展活动销售的是会或展的参与权,主要提供展位、洽谈服务、信息交流等;而旅游活动销售的是旅游线路及其中的服务,主要提供的是食、住、行、游、购、娱等综合服务。

在会展旅游活动中,会展活动和旅游活动的需求与供给尽管是两种几乎完全不同的产业群体,但两者整体上存在一种主从关系,即旅游业(从)服务于会展业(主),从事会展业通常是旅游业实施多元化战略的路径选择,会展业则是把旅游业提供的各种服务和资源作为开展会议展览活动时的辅助要素,两者是相辅相成、互为补充的。会展业与旅游业的融合是全球会展业发展的必然趋势。会展旅游作为旅游经济的重要组成部分,正是会展业和旅游业相互介入式的经济活动的必然结果,是综合会展业和旅游业两大产业优势形成的新型产业。

第三节 会展旅游策划

策划是人们为实现预定的目标,对与目标有关系的信息资源进行深入分析,并综合运用广告创意、管理、营销和财务等方法,进一步发挥创造性思维,事先谋划、构思和设计有关问题和解决策略,形成最佳行动指导方案的过程,由此引申出了会展策划的内容。

一、会展策划

(一)策划的含义

有关策划的定义目前主要借鉴哈佛的《企业管理百科全书》的定义,即策划是一种程序,在本质上是一种运用脑力的理性行为。基本上所有的策划都是关乎未来的事物,也就是说,策划是针对未来要发生的事情作当前的决策。换言之,策划是找出事物的因果关系,衡度未来可采取之途径,以目前决策作为依据。亦即预先决策做什么、何时做、如何做、谁来做。

国内也有学者把策划归于管理职能,认为策划是以科学的、系统的、创新的、实效的原则,通过全方位的信息处理、智力运作和参与,对目标的所有资源进行重新整合和开发,以提高综合实力、实现利益优化的最终目标的一种管理职能。这个定义有些片面,在学科大类上策划从属于管理,但是从目前策划理论和方法的发展来看,策划越来越呈现出自身相对鲜明和相对独立的特点,我们采用策划程序论的定义,而管理是保证策划案实施实现的方法和工具。

(二)会展策划的含义

会展策划是对会展的整体战略与策略的运筹规划,是指对于提出会展战略和计划、实施并检验会展决策的全过程作预先的考虑与设想。会展策划不是具体的展览业务,应该是会展决策的形成过程,是将会展目标具体化的过程。

会展策划应该有以下几个程序性内容:根据市场调查与预测,确定展会主题、展示对象和观众,突出会展表现形式,制定会展总体规划,实施营销计划与方案,完成会展组织、会展管理、会展费用预算、会展效益评估和效果测定等一系列的决策。因此,会展策划就是在会展调查的基础上,根据展会的战略目标,制定有效的会展策略方式和方法。

二、会展策划的核心理论

从策划本身的内涵来讲,就是策略和规划的意思,规划强调会展的整体结构或者流程控制,而策略赋予这种结构或者流程以更加充实丰富的内容。举办一次会展通常会历经一个较长的周期,涉及大量的资源投入,这与任何传统的实体工程项目有着显著的特征差异,前

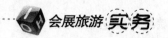

期很多耗时耗力的工作看起来都是无形的,这些工作全靠策划缜密的方案不断地把相关信息进行汇总、整理、分析和运用,会展成败的验证取决于会展举办的短短几天时间内的实施过程。

因此,会展策划是一个会展项目的核心架构,所有工作都要围绕会展策划案拓展和运作,但是这并不意味着会展策划案是一成不变的,当周围的情景条件发生变化的时候,灵活应变调整策划案也是必不可少的。上述问题,都可以从会展策划所涉及的内容中得到清晰的把握。

从会展可行性分析与立项策划角度出发,立项策划主要是通过内外环境调研,识别市场需求,确定会展的主题,并围绕会展主题展开相关内容的分析,包括该主题会展的长短期目标、投资风险收益和相关资源等影响要素。从项目管理、营销管理、财务管理、危机管理和信息管理等来界定会展策划。

(一)项目管理

会展举办具有过程渐进性、结果不可挽回性和组织的临时性与开放性等项目的特点,因此整个会展从筹备到举办可以采用项目管理的方法。项目管理就是在有限的资源条件下,为实现项目目标所采取的一系列的管理活动,它是理顺与项目有关的众多错综复杂难题的一种手段和过程。

(二)营销管理

会展营销就是展览公司制订和执行计划、定价、促销和销售创意及展览服务,以此创造商品或服务,满足参展商、观众和其他利益相关者的个人和组织目标。

(三)财务管理

会展财务管理主要是对会展所需资金的筹集、使用及运作中的各项收入和支出活动的管理,贯穿于会展项目的始终,从最初的预算、中期的控制到最后的结算都非常重要。由于会展项目运行过程中需要大量的前期垫付资金,会展项目的收入与支出不能同步,能否保证充足的资金流是决定会展管理成败的关键,因此会展项目中的财务管理就成为重中之重,其主要的职能是财务决策、财务计划和财务控制。

建立优良的财务管理系统,使会展项目经理能够控制财务状况,了解现金流与活动目的和目标的关系;把握资金的来源和去向;确定各个子项目的收入和支持百分比;控制支出的规模;确定增加收入、减少支出的可能性,能保证总目标的费用分配决策。

(四)危机管理

会展行业非常容易受到政治、经济和社会等突发事件的干扰,有时甚至会阻止会展筹备工作的正常进行。对于会展业而言,危机是指影响参展商和观众对展会举行目的的信心和扰乱展会组织主体继续正常经营的非预期性事件。会展项目从策划、立项、招展到开幕一般需要一年甚至几年的时间,一旦受到干扰,会展组织者会损失惨重。例如,2003年春的SARS疫情让全国展览会的收入下降了近55%,利润下降了约60%。

(五)信息管理

会展行业是一种商业信息集散的行业,会展组织者不涉足具体的易货交易,而是通过信息收集、分析和处理形成的信息库,进一步为大量的有潜在交易的供需双方提供必要的了解、洽谈和交易的场所,传递并引导行业发展趋势,提高行业内的商业效率。

会展信息管理包括会展信息系统的建立、会展信息流的确定、会展信息处理过程的控制,还有会展信息形式、会展内容、会展传递方式、会展存档时间的确定等。

三、会展策划的原则

会展策划的原则是指能够反映会展策划过程的客观规律和要求的、在会展策划活动中需要遵循的指导原则和行动准则。会展策划原则即是会展策划客观规律的理性反应。无论是策划目标的确立和策划问题的评估,还是策划方案的设计制作和实施,都必须依据会展策划原则的指导。会展策划的主要原则如下。

(一) 前瞻性原则

所谓前瞻性,是指会展策划方案在时间的延续上要经得起历史的考验,具有较长时期的适应性、实用性、领先性,这对企业设立和企业技术改造策划尤为重要。前瞻性是指会展主题要引领行业发展趋势,捕捉行业的潜在需求,否则会展策划案就会缺乏市场吸引力。

(二) 创新性原则

创新性原则应该贯穿企业策划的始终,会展是一个具有自身特色的特殊行业。它是一个开放性很强的活动,即从会展立项开始的调研工作,就需要与不同的组织合作和协调,例如向有关机构索取信息和数据,听取参展商的意见等;在准备工作中,会展机构要进行选址和融资工作;而在整个实施过程中,从营销到展会期间,也是要广泛开展社会资源的吸纳和整合。这种开放性决定了会展工作的不确定性,因此会展策划必须不断创新动态变化的形式,保证最终目标的实现。

(三) 系统性原则

会展策划的系统性原则,就是运用系统理论对会展策划进行充分分析,从系统的整体和部分之间相互依赖、相互制约的关系中,揭示会展策划这一系统的特征和运动规律,以取得最佳的展览效果。

(四) 艺术性原则

艺术性是策划人的知识、灵感、经验、分析能力、洞察能力、判断能力和应变能力的综合体现,目的是在会展策划中闪现创意的新奇亮点和应时而变的灵活性,以做到出其不意。

(五) 效益性原则

会展策划的效益性是由会展的赢利性决定的,会展活动要取得良好的经济和社会效益是举办会展活动的一个主要目的,会展各方主体的目标在很大程度上是通过会展活动获取利润,可以说会展的效益是衡量会展策划是否成功的标准。

四、会展旅游项目策划的原则

会展旅游项目作为特殊的旅游项目,在策划上与传统的大众旅游产品有所不同,一般来说,应当坚持以下原则。

(一) 会展为主,旅游为辅

参展商前往会展举办地的根本目的是"参展"而非"旅游"。因此,在对会展旅游项目进

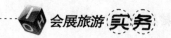

行策划时,必须秉承"会展为主,旅游为辅"的原则。

（二）会展旅游项目须突出会展的主题

一般来说,大型的会展活动每一届都会有一个特定的主题,会展旅游项目策划必须以会展的主题为核心展开。在进行旅游项目策划时,必须对会展的主题有一个正确而充分的认识,在此基础上才可能设计出切合会展中心思想的旅游项目。

（三）适应性强,留有较大的选择余地

在竞争越来越激烈的会展旅游市场中,对于会展旅游项目策划者来说,一个会展旅游项目是否具备较强的适应力已成为其能否在市场中立于不败之地的决定性因素之一。同时,会展旅游只有在最大限度上适应市场、适应举办地、适应参展者,才能在以后的发展中不断前进。

五、会展旅游项目策划的流程

会展旅游项目的策划一般经过以下程序。

1. 收集、分析相关信息

通过媒体、调查、网络等渠道和方式获取关于会展的主题、参展商情况、经济预测等方面的信息。

2. 市场定位和确定目标

结合市场供给情况和自身资源等,确定目标群体、旅游项目的类型、消费结构等。

3. 提出项目的初步分析

提出会展旅游项目的初步方案,包括主题、理念以及主要内容等。一般须准备多个以供备选。

4. 对备选方案进行论证

对备选方案组织专家进行评估、讨论,可采用头脑风暴法、专家小组法等方法。

5. 选定项目方案

选定最终的项目方案。

6. 编写企划书

对项目进行最终的实施(如联络供应商、价格谈判等),提出阶段性的项目推介方案。

第四节　会展旅游开发

一、会展旅游的概念

会展旅游,是指为会议和展览活动的举办提供展会场之外的且与旅游业相关的服务,并从中获取一定收益的经济活动。旅游业参与会展活动的目的是开拓旅游市场空间并获取一定的经济收益,是根据参会者的不同需求为其提供旅游企业所擅长的服务。根据参加者参加活动类型的不同可将其细化为会议旅游和展览旅游。这种划分方式有利于旅游企业依据不同的活动类型提供不同的服务。

（一）会议旅游

会议旅游就是政府、公司、科研机构和民间团体等组织的人员因参加不同类型的会议而派生出来的一项特殊旅游活动。召开会议的目的是解决问题、交流信息或达成共识，作为举办者和举办地为促进与会目的的实现，则提供完备的会议设施和优质的服务，同时凭借其所在地的风景名胜，让参会者在舒适的环境中开展会议活动，并辅助进行旅游景点的游览。

因此，不管会议的规模大小和重要程度如何，组织者都将选址放在了首要位置，尤其是国际性会议，在地点选择方面更倾向于景色优美、空气清新的旅游景观区或尚未开发的自然景观区，并不是都在人气旺盛的大都市。优秀旅游城市中的一部分因具有会议的先天地理优势和基础条件往往成为首选。各类会议对多功能的会议中心，便捷的通信、交通服务，配套设施完好的视听设备，文书、同声传译等设备，以及干净、卫生和舒适的住宿、饮食和娱乐条件及比较专业化的服务均有较高要求。这就要求旅游企业必须依据会议旅游所表现出的特征提供专业化和细致化的优质服务。

（二）展览旅游

展览旅游是指为参与产品展示、信息交流和经贸洽谈等商务活动的专业人员和参观者而组织的一项专门的旅行和游览活动。相对于会议来说，展览要求的是聚人气、讲规模、重品牌，举办地需经济实力强大、基础设施良好、商业环境优越、文化氛围浓郁、信息辐射迅速、进出交通便利。旅游企业在人员接待、事务协调、活动安排、票务预订等方面均比专业展览公司更具有独到优势，由于市场需求和展览活动的激发，展览旅游便应运而生。

旅游企业在开发这一旅游产品的同时，必须按照展览的分类（综合性展览和专业性展览）和发展变化而调整其服务内容。专业性展览，旅游企业应该熟悉行业的发展情况和参展者展览之外的需求，能安排与本地同行业的交流与参观访问活动，应该由专业化的旅游企业来承担。综合性展览，因其规模庞大、人数众多、持续时间长，单一的旅游企业无力提供所有服务，故需建立战略伙伴或由大型旅游集团来承揽。

二、会展旅游的特征

（一）关联带动性特点

会展业与旅游业都有很强的关联带动性，这决定了会展旅游的联动效应较大，能带动前后相关支撑产业群，如餐饮业、商业、交通运输业、广告通信业等的共同发展，并可培育新兴产业群，从而形成整体的倍增效应，成为经济与社会发展的助推器，为区域经济的发展注入新的活力。国际上研究发现，会展业的联动效应在 $1:5\sim1:9$ 之间，即会展业有 1 个单位的收益，就可为相关服务产业带来 $5\sim9$ 个单位的经济收益。据统计，上海每年因会展业带来的直接经济收入比为 $1:6$，间接的已达到 $1:9$。这些数据充分说明，强大的关联带动性是会展旅游的一个重要特点，也是发展会展旅游的前提所在。

（二）专题化要求

以会展业为基础的会展旅游专业化程度极强。对会展旅游的主办方和承办方来说，从申办、竞标，到策划、筹办，再到运作、接待都是一个系统工程，有的大型会展常需要几年的时

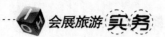

间来筹备。这决定了各举办城市不但要有专门的会展场地,还要有了解会展业、懂经济、会管理的专业人才,能围绕某一主题来进行策划、组织和推销工作。因会展旅游具有客户消费高、规模大、行业互动性强等特点,所以对服务人员服务质量的要求也比其他旅游方式要高。

(三)同城市发展水平密切相关

会展旅游不同于其他旅游形式,高质量的会议展览设施及相应的现代化管理水平、服务水平、优美的城市环境和社会环境是其展开的物质基础和先决条件,因此,它与城市的发展水平关系极为密切。既要求城市具有举办会展活动的基础条件,又要有良好的旅游吸引物。

鉴于此,发展会展旅游,必须有一定规模的会展场馆,确保有足够的展台供企业单位的产品展出;城市内须有方便快捷的交通条件,建立发达的旅游航空交通网;要有完善的现代会展设施,包括配备同声翻译系统、图文传输系统和网络会展系统等;还应具备发展会展旅游所需的一切相关接待条件和旅游吸引物。大城市特别是大都市作为信息、交通、经济中心,满足了会展旅游发展的硬件需求,并使会展旅游成为都市旅游的重要组成部分。

三、会展旅游市场的开发

会展市场的成功开发主要依托以下两个方面:一是经济全球化条件下如何最大化营销企业或产品;二是如何完善企业或地方的能力。

(一)外部营销

1. 战略组织联盟形式

国外会展市场的开发比较成熟,既有会展组织机构,又有自由职业者,如 ICCA(国际大会和会议协会)和国际展览局等全球会展组织机构和各地 CVB 一类的政府服务机构是推动会展旅游业的主要部门。目前,我国已有部分企业加入了这些组织。利用会议开发的大型国际性或系列性机构对外宣传仍是有效的市场开发手段,但多在协会组织发挥作用,而对于企业组织这一市场层面仍需更为有力的手段,其中会议组织与旅游公司建立联盟开发旅游市场不失为较好的办法。

2. 独立开发体系建设

经济全球化时代企业或地方面临的巨大改变就是可以利用信息工具直接与各国、各地区发生关联。因此,企业或地方自主营销已经成为主要手段。为弥补 CVB 机构对企业会议组织不利的缺憾,企业更应加强自身与客源市场的直接往来,需要独立的公关部门完成稳定客源并开发新客源的任务。相当数量的会议组织者也希望直接与供应商联系,获取除目的地及企业信息之外的特殊信息。而独立的市场开发机构还可以起到巩固回头客的功能。

(二)内部规划建设

1. 会展营销的旅游人力资源

由于会展旅游活动的独特性,其人力资源建设问题也就相对突出。会展旅游的行为决策是由少数人决定的,各类专业或非专业的会展组织者在其中起到了主要的中介作用。因此,培育与之打交道的会展旅游专业营销人员是必要的,并且要具有会展业与旅游业的交叉经验。在企业或地方内部,相应的人员也要承担培训自身员工的任务,形成灵活机动的应变人力结构,根据会展旅游的发展不断调整组织内部的主体机能。

2. 会展服务的综合能力

企业层次：接待会展群体的核心是会议设施的建设，如各类会议室、展览厅、新闻信息中心、酒会场所等，并对原有的住宿、餐饮、娱乐等设施加以改进完善，另外则是提供合意得体的会场内外服务。地方层次：接待会展群体的核心则是宜人的自然与人文环境的建设。企业和地方在会展旅游方面的制作模式可以用"地方生产，全球营销"来概括，因此追求设施与服务的地方特色是关键。

四、会展旅游项目的开发

（一）展览场地的选择

需考虑的因素：交通便利程度、通信设施、气候、服务设施、环境和旅游资源。

1. 我国展览中心的建设现状

20 世纪 90 年代以来，随着我国对外开放的步伐加快，以及我国融入经济全球化的进程加速，被称为"眼球经济"的会展业作为服务业中的一个主要行业，在国内获得了空前的发展。与此同时，很多现代化国际展览中心（会展中心）也应运而生。据不完全统计，从 1999—2009 年间，全国新建的展览面积在 1 万平方米以上的现代化展览中心就达 70 多个，如北京、上海、广州、深圳、大连、厦门、南京、武汉、青岛、沈阳、长春、成都等城市，都相继建造了一批现代化的展览中心。

2. 现代化展览中心的特征

（1）规模宏大

国外目前新建的展览中心占地面积都在 100 万平方米，如巴黎北郊展览中心的占地面积高达 115 万平方米。新建的展览中心建筑也呈现越来越大的趋势，出于前瞻性的考虑，不少展览中心在建成 20 万平方米的展馆后，还留有一定的预留地，以便增建展馆。

（2）设施齐全

现代化的展览中心是集展览、会议、文艺表演和体育比赛等功能为一体的综合馆，同时建有餐饮服务和停车设施，如慕尼黑展览中心就拥有一个 1 万辆车位的停车场。

（3）智能化与经济实用相结合

目前，一般的展览中心都基本具备了智能化的网络系统，同时，展览中心的展馆设计也很注重经济实用性，占地规模大但并不浪费土地，展馆设施齐全但外观并不豪华。

（4）规划设计"以人为本"

现代化的展览中心一般选址在市郊接合部，将交通便利作为选址的首要条件。展览中心的内部布局也是以人为本，如餐饮中心分布于各展馆周围，便于用餐；场址保留有绿地，有利于环境保护。展馆的设计也是以人为本，一般是单层、单体，高度为 13～16m，便于布展作业，且能适应展台特装设计要求。

（5）具有政府的支持

由于现代化展览中心也有一定的公益性，主要是对举办地的经济发展具有带动作用，因此，一般地方政府对展览中心的建设都给予积极支持。除了给予优惠政策外，有不少还给予直接的资金和土地支持。

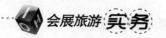

3. 选择展馆的考虑因素

选择展馆需考虑的因素包括展馆形象、展馆性质、展馆展厅大小及调整的可能性、展馆的配套设施水平、展馆的规定是否公平合理、展馆对外交通是否方便、展馆的展期安排。

（二）展位承建商的选择

展位搭建工作是设计和施工两个环节的结合，对展会来说是一项专业性很强并且关系到展览形象和声誉的重要工作。展位搭建的第一个环节是设计工作，第二个环节是施工搭建工作，无论公司参展目的如何，展位都必须显示出公司的形象。

1. 展会承建商的职责

展会指定承建商即主场搭建商，是由展览会主办方指定的为参展商提供展台搭建等现场服务的企业。主场搭建商一般负责为参展商提供标准摊位和特装展台的搭建，会场拱门、指示牌及名录版等的制作，展具租赁等服务，还可满足参展商提出的一些特殊要求，如紧急加装、撤展等服务。不同展会的组展方对主场搭建商所提供的服务要求也不尽相同，一般在参展指南中会详细列明。

主场搭建商负责展会展位的搭建，要同时对组展方和参展商负责。展示效果是观众对展会形象的第一印象，所以展位外观设计效果的好坏，在很大程度上会影响到展会的整体形象和参展商的展示效果，进而会影响参展商的参展效果。参展商很多时候都把主场搭建商所提供的服务看作展会组展工作服务的有机组成部分，因此组展方在选择主场搭建商时一定要全面考察，以确保其能够胜任展位搭建工作。

2. 如何考察展位承建商

如何选择主场搭建商是组展商面临的重要问题，通常来说主要从以下几个方面进行考察。

（1）具备较为全面的知识和技术

展位承建商应当具备的知识和技术：室内设计与装潢技术，工程结构知识，制图和模型方面的知识，照明、给排水、电子机械方面的知识，图片和表格的布置，展架展具、施工材料和展台施工的知识，展位承建商的选择，与办展机构或参展商的沟通，对于展位设计目的的理解，展位的艺术表现，展位设计的功能性。

（2）要有丰富的经验

展位的有些承建工作特别需要经验的积累，如对展具展架的使用、对展会现场施工要求的理解、对展会观众人流空间的预估、对参展商展示要求的处理等。经验丰富的承建商能更好地处理设计方面的问题，保证展位设计的目的性和艺术性，例如，可避免忽视展位设计的功能而搭建出好看不好用的展台，或者是只考虑展台展示效果的华丽而忽视展商的参展主题造成华而不实的现象。

（3）提供合理的价格

展位承建商的价格是组展方选择承建商需要考虑的一个重要因素，他们提供价格的高低同时关系到组展商和参展商两者成本的高低，所以要同时关注他们向组展商和参展商提供服务的价格。组展商要求展位承建商的价格应该合理，但并不是越低越好。

一般展位承建商的价格与他们的实力以及提供的服务相关，实力强的公司，其工作质量及服务有保证并值得信赖，价格通常会高一些。这就说明在选择展位承建商时，价格因素是重要的但不是绝对因素。

（4）要熟悉展览场地及其设施

展览会的布展和撤展时间有限，展位承建商要对展览场地及其设施有所了解，才能更好地考虑展位的空间设计布局，更好地安排人流的流向。

除此之外，展位承建商还应对展览场馆的展位搭建有限制性要求，如展位的限高以及展具展架使用的限制、通道和公共用地的限制、消防和安保方面的限制和要求等也必须了解才能保证展台搭建的顺利进行。

（5）可以提供展位维护保养服务

展位承建商搭建好展位以后，还要对展位承担维护和保养的义务。展会开幕后，如果有需要，参展商和办展机构要很方便地就能找到承建商，承建商要能及时地提供服务，能很好地完成参展商对展位进行改进和调整的要求，只要这些要求是合理的和可行的。

3. 指定展位承建商的方法

在举办展会时，组展方基本上都要事先选择一家到几家展位承建商来具体负责这项工作，通常把组展方选定的承建商称为展会的"指定承建商"（也称为主场搭建商），由他们来负责大部分参展商的展位搭建工作。可以通过招标和专家推荐的方式具体选定展会的承建商，招标选定展位承建商是较为常见的方式，展位承建商通常是与组展方签订合同，由组展方对其进行监督和管理。招标一般可分为公开招标、选择招标、两阶段招标三种形式。

（三）确定展会物流服务商

1. 运输管理

由于运输有它自己的行业操作规范和工作技巧，国际展览运输协会（IETA）对会展运输代理的工作提出了以下两方面的要求：第一是会展运输代理的工作准则；第二是报关代理的工作准则。也就是说在选择会展运输代理时，不仅要考虑其运输能力，还要考虑其海关报关能力。

国际展览运输协会认为，运输代理的业务主要依赖于三个方面的管理：联络、海关手续和搬运操作。

（1）联络

联络的第一个要求是语言。国际展览运输协会的运输代理成员中必须有会说流利英语、德语、法语和展览会举办国家或地区的主要语言的人，这主要是为了保证运输代理和组办方、参展商能够很好地沟通和联络。

第二个要求是运输代理必须在展览会场设立全套办公设施，如果会场不具备条件，要在合理的距离（步行距离内）设立办公设施，并配备常设的支持设备，以便与地方办公室及时联系。

第三个要求是为了协助客户与运输代理的联络，必须配备以下设施：国际电话和国际传真。

第四个要求是运输代理必须提供详细、有效的邮政地址，这一点对于临时在现场工作的代理非常重要。因为参展商会在展会前后把运输单证文件（如提单、海关文件等）直接寄给运输代理。

（2）海关手续

运输工作最关键的部分应该是办理海关手续。海关手续办理是否及时直接影响到国际

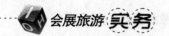

参展商的展览计划,如果不能及时办理,就可能出现展会开幕而展品未到展场的情况。对此主要有两个要求:一是展会组织机构和代理共同为展会设立临时免税进口手续,根据海关的规定,对于有些题材如汽车展会,运输代理可能还需要担保或交保证金;二是要与海关商妥现场工作的时间和期限,包括正常工作之外的时间、周末和节假日等,以便有足够的时间办理海关手续。以下是办理进出口手续的一些时间标准。

① 进口手续

整车放行卸货:在预先通知的情况下,货车抵达后 6 小时;未预先通知的情况下,货车抵达后 14 小时。空运货物放行:在预先通知的情况下,货车抵达后 8 小时;在末预先通知的情况下,货车抵达后 48 小时。

② 出口手续

a. 包装检查

在预先通知的情况下,开始后两小时;未预先通知的情况下,申请后 8 小时。

b. 装车检查、铅封、货车放行

在预先通知的情况下,装车后 3 小时;未预先通知的情况下,申请后 8 小时。

c. 办理出口或转口文件

在预先通知的情况下,提交文件后 4 小时;在未预先通知的情况下,申请提交文件后 8 小时。

另外为顺利办理海关手续,参展商有义务向会展运输代理提供全套准确的相关文件,事先通知并准确地表述和申报。

(3) 搬运操作

国际展览运输协会对搬运操作的要求主要有以下五点。

① 运输代理必须熟悉现场,并在展览施工和拆除期间能随时使用合适设备和有经验的搬运工,应事先预计到非常规的、大尺寸的物品运输装卸问题,并准备好需使用的特殊设备。

② 运输代理要在现场安排仓储地,如果不可能,就在尽可能近的地方(不超过 30 分钟的路程)安排仓库,以存放保密和易盗的物品。

③ 空箱应当存放在会场或离会场尽可能近的地方,以确保参展商在展会后能迅速运回空箱,这是展会撤展成功的关键因素。

④ 卸车和装车必须在同一天内尽快完成。

⑤ 要协调好所有参展商的要求,并相应安排好搬运操作,以避免出现混乱。

总之,现场搬运操作的成功完全在于运输代理,因此运输代理必须事先就协调好所有参展商的搬运需求,提前把相应的安排告知组办机构和所有的参展商,避免节外生枝。

2. 国内运输代理

国内运输代理主要负责国内参展商的展品及相关物资的运输工作,有时也作为海外运输代理国内段运输的代理。国内运输代理主要分为来程运输和回程运输。

(1) 来程运输

来程运输是指将参展商的展品及相关物资自参展商所在地运至会展现场,主要有以下几个环节:

① 展品集中和装车;

② 长途运输;

③ 接运和交接;

④ 掏箱和开箱。

掏箱是指将展品箱从集装箱或其他运输箱中掏出或卸下,并运到指定展位的过程;开箱是指打开展品箱取出货物。掏箱工作要准确有序,时间和人员要安排合理;开箱工作一般由参展商自己负责,要注意清点和核对货物。

经过以上运输环节,货物安全准时到达会展现场后,参展商就可以按照计划安排布展工作了。会展结束后,根据参展商的计划,有些货物需要运回参展商所在地,有些需要运给经销商等,这样就涉及回程运输的问题。

(2) 回程运输

回程运输是指在会展结束后,将展品和相关物资自展位运至参展商指定的其他地点的运输工作。回程运输的目的地可能是参展商所在地、参展商指定的地点(如经销商和代理商的所在地或另一展会所在地)等。

回程运输的基本环节与来程运输相似。回程运输的时间要求虽然不高,但办展机构和运输代理应该提早筹备回程运输,以免引起撤展现场的混乱。

(3) 其他注意事项

办展机构在指定国内运输代理时,还要考虑以下几个因素。

① 时间安排。

② 运输路线和方式。办展机构有必要督促运输代理为参展商安排最佳运输路线和运输方式,尽量使用集装箱等安全的运输方式等。此外,一定要明确不同运输方式的到达目的地。

③ 包装要求。由于在同一个大型展馆可能同时举办多个展会,为了在展览现场搬运和装卸方便办展机构可以和运输代理一起安排好会展物资的运输包装要求,如包装标志要注明展会名称、展位号、收货人名称和地址等。

④ 费用问题。办展机构有必要让运输代理向参展商提供合理的运费和杂费的收费标准,防止运输代理收取的费用过高。要和运输代理谈妥陆运、水运和空运的基本费率,以及迟到附加费、早到存放费、码头或机场费等附加费率、自选服务的费率,并明确告知参展商。

⑤ 保险。办展机构要督促运输代理提醒参展商在安排运输时需要投保的险别。

(四) 服务的选定

从付费方式看,有三种:全包服务、半包服务、单项服务。

1. 全包服务

从交通票务、迎送、住宿、会务费、餐饮到所有的会展旅游活动,以一个价格报出并作统筹安排,更经济划算,购买者会获得一定的优惠。

2. 半包服务

由于时间不足、费用限制等原因,与会者除会务费必须缴纳外,在交通票务、迎送、住宿、餐饮及会展旅游活动中,可省略某一项或某几项。

3. 单项服务

与会者除会务费必须缴纳外,不再预先购买交通票务、迎送、住宿、餐饮及会展旅游活动中的项目。

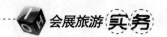

◀◀ 本 章 小 结 ▶▶

　　本章首先从会展旅游管理和会展旅游的需求与供给方面介绍了会展的一些基本情况,然后介绍了会展旅游项目的策划与开发方面的知识。

 **思考题** ✏

1. 简述会展旅游的特征。
2. 会展活动与旅游业如何实现对接管理?
3. 会展旅游的需求与供给状况是怎样的?
4. 试说明会展策划的原则及如何界定会展策划。
5. 会展旅游市场开发包括哪些方面?

案例分析

平遥国际摄影大展的开发

　　自从会展业在欧洲兴起后,便积极地带动了全世界会展行业的蓬勃发展。21世纪以来,中国的会展业开始崭露头角,全国各大省市、自治区、直辖市的会展产业都有着不同程度的发展,尤其是东南沿海地区的会展业已经发展得比较成熟。上海世界博览会就是规模巨大、参与国家多、影响效力大的国际性展会。

　　会展业的良好发展带动的是各行各业的经济发展,它的影响力不仅涉及主办城市的周边,而且对区域间隔较远地区的影响也是很大的。平遥国际摄影大展就是一个典型的例子。

一、基本情况

　　1986年平遥古城被国务院确定为国家历史文化名城,1997年联合国教科文组织将平遥古城列为世界文化遗产名录。随着平遥古城名声的升起,2001年,在国家文化部、国务院新闻办的支持下,山西省委宣传部以本省对外文化交流协会的名义,与中国艺术摄影学会和晋中市委、平遥县政府共同创办了"平遥国际摄影节",并于2002年改名为"平遥国际摄影大展"。2001年创办至2009年一共举办了10届,而每一届都有一个鲜明的主题(见表2-1),反映了这一年的世界抑或中国的经济、政治、文化的焦点。

表 2-1 平遥国际摄影大展主题

时间/年	主　题
2001	—
2002	世纪中国
2003	生活·文化
2004	文明·发展
2005	和平进步
2006	多元和谐
2007	合作共赢
2008	奥运·大爱
2009	生命·梦想

　　从旅游指数看,仅2001年在大展举办后的第一个黄金周,到平遥参观的旅游者的人数

就从 2000 年的 3.5 万人增加到了 10 万人;以后都是呈现出逐年攀升的趋势。据有关资料统计,在 2001—2006 年这 6 年,平遥接待旅游者的人数达到了 500 多万,门票收入达到了 2.3 亿元,综合收入达到了 22 亿元。不仅如此,在大展期间,还成功举办了山西省名优特产节、民间工艺美术节、平遥古城招商洽谈会等活动,这些多元素的会展发展,使得平遥摄影大展人气更旺,生命力更强!

二、展会开发历程

1. 展前服务

(1) 考察展会地点,委派专门的人员到展览项目的举办地考察吃、住、游、场馆等有关方面的内容。

(2) 提供展会所需要的机票、火车票、住宿酒店信息、交通信息等并制订完备的参展预案书给与会者。

(3) 协助展览商解决会展布置阶段的问题和困难。

2. 展中服务

(1) 接待与会者:派专人负责机场、车站的礼仪接站服务;提前在酒店、展览项目室摆放好欢迎的条幅、欢迎牌、指示牌等;为 VIP 客人提供特殊照顾和服务。

(2) 资料准备:准备好展览项目所需要的资料、展览用品、展览项目演讲稿等一切与展览项目有关的物品及设施设备。

(3) 场馆检验:有专人到场馆检查设施设备的良好情况。

(4) 与会者服务。

(5) 项目服务:为与会者提供专门的翻译、摄像、礼仪公关、文秘等必要的工作人员。

3. 展后服务

(1) 安排与会者撤展及撤展期间的安全问题。

(2) 对参会代表会后的考察工作做好安排。

(3) 提供参会过程中详细的费用表及其说明,专人与展览客户核对账户。

(4) 撰写、寄发感谢信。

(5) 协助参会人员处理会后事宜,如收集资料、撰写展览文集等。

认真地做好一个展会的整个服务流程——展前服务、展中服务、展后服务,对于会展的高效举办是至关重要的。实践证明,谨慎、精细、热情地服务是让参会者满意的重要因素,因此,会展服务是不容忽视的。

(资料来源:中新网,www.chinanews.com.)

【分析】

1. 根据所学内容,试评价该案例中的做法。

2. 结合案例,谈谈策划国际性会展旅游应侧重于哪些方面?

实战演练

1. 课堂讨论:杭州会展旅游的开发策略。

2. 实践与训练:参与当地一个专业展会的策划,尝试运用两种策划方法,分别编写策划程序,并讨论、比较策划结果。

3. 课后作业:撰写 2011 年休闲发展国际论坛(北京)的会议旅游策划方案。

第三章
会议旅游

【知识目标】
- 了解会议旅游的基本含义、要素和作用；
- 掌握会议旅游的特点和类型；
- 理解会议旅游运作的程序和内容。

【能力目标】
- 学会联系实际分析会议旅游目的地应具备的条件和基础；
- 能分析会议旅游的发展趋势和前景。

 引导案例

会议旅游的成功典范——瑞士小镇达沃斯

一个偏僻的瑞士小镇发展成为世界级会议举办地，达沃斯发展会议经济的秘密在哪里呢？

在各种世界会议进驻达沃斯之前，达沃斯最大的优势是雪山。19世纪40年代，一位德国的医生最早发现达沃斯是开始阿尔卑斯高山之旅的绝佳地点，而在达沃斯滑雪更是感受休闲与放松的好办法。渐渐地，随着达沃斯滑雪胜地的美名被传播开来，不少与医疗相关的会议被传播开来，不少与医疗相关的会议被移址或是选址在达沃斯召开，成为达沃斯会议经济的支柱。

从化学、医学会议开始，达沃斯繁衍出一套完整的滑雪医疗产业链，这条完整的产业链被人开玩笑地说成这样的故事——如果选择到达沃斯开会、滑雪，会比其他地方更有吸引力，因为你不用害怕摔断腿。在达沃斯更容易找到世界上最好的治疗骨折的医生，因为这里是他们每年的集体聚会地（世界最著名的研讨治疗骨折的会议每年都要在这里召开）。

此外，这里还有世界上很知名的治疗骨折的医院，摔伤者绝对可以获得比其他地方更好的骨折救治。这里还有世界著名的假肢生产厂，保证让摔伤者能以最逼真和好用的假肢走出达沃斯。

在达沃斯召开的最著名的世界级会议，给达沃斯带来了举办世界级会议的好名声，而这好名声又给达沃斯带来了一个又一个的国际会议。如今，每年在达沃斯举办的300～1500

人规模的大型国际会议就有 50 多个,小型国际研讨会的数量更是将近 200 个。达沃斯每年的 GDP 约为 8 亿瑞士法郎,而这些国际会议就能给达沃斯带来 3 亿瑞士法郎的收入。

会议产业与休闲紧密互动,也让达沃斯论坛进一步放大了达沃斯原有的滑雪胜地优势,促进了当地旅游业的发展。如今,只有 1.2 万居民的达沃斯,直接从事旅游服务业的就有 4000 多人。每年,这里要接待来自世界各地的 230 多万游客。

达沃斯论坛本身之所以成功,很大程度也是因为它将会议与休闲相结合。达沃斯论坛期间,参会代表除了想好自己的发言,当然还要带上自己的全套滑雪用具,到达沃斯长达 300 千米的雪道上滑雪。与会代表的家属除了滑雪,不少人喜欢在达沃斯的商业街上购物。

与传统会议之地有着鲜明的对比,人们在达沃斯,远离繁忙的大都市生活,既能接受新信息,解决大问题,又能在运动、购物中得到放松。借会议经济发展休闲产业,靠休闲产业更好地提升会议经济,让休闲与会议完美结合,这使得达沃斯论坛更具吸引力,也让达沃斯成为商务会议、交流经验、享受运动、放松休养的理想之地。

(资料来源:大连日报,2007-08-28.)

第一节　会议旅游概述

国际会议旅游产业已有几十年的发展历史,如今已经成为全球重要的旅游产品。按照世界权威国际会议组织——国际大会和会议协会(ICCA)的统计,每年全世界举办的参加国超过 4 个、参会人数超过 50 人的各种会议约有 40 万以上,会议总开销超过 2800 亿美元。国际会议市场的巨大潜能和会议产业的高额回报,使越来越多的国家和地区盯住了这棵"摇钱树"。

当前,世界上国际会议旅游产业发达的国家多位于欧美等地。

一、会议旅游的概念

在这个全球化越来越盛行的时代,几乎每时每刻都在进行各种类型的会议活动。在我国,"会展旅游"这一新生概念出现以前,会议旅游基本上就是会展旅游的"代名词",其含义基本等同于今天所指的会展旅游。

国际上通常将会展旅游概括为 MICE 四部分,其中的 M 和 C 所对应的就是会议旅游。目前对于会议旅游没有特别统一的概念,各种观点站在不同的角度和立场,其内容也是不同的。但为了更好地理解会议旅游,我们综合目前主流的会议旅游的概念,将会议旅游定义为:通过接待大型国际性会议来发展旅游业。由跨国界或跨地域的人员参加的,以组织、参加会议为主要目的,并提供参观游览服务的一种旅游活动。

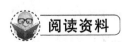 阅读资料

国际大会和会议协会简介

国际大会和会议协会(简称 ICCA),创建于 1963 年,是全球国际会议最主要的机构组织之一,是会务业最为全球化的组织,其总部设在荷兰的阿姆斯特丹。

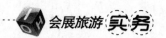

ICCA 在全球拥有 76 个成员国家,其首要目标是通过对实际操作方法的评估促使旅游业大量地融入日益增长的国际会议市场,同时为成员国对相关市场的经营管理提供实际的信息。作为会议产业的领导组织,ICCA 为所有会员提供最优质的组织服务,为所有会员间的信息交流提供便利,为所有会员最大限度地发展提供商业机会,并根据客户的期望值提高和促进专业水准。

同时,ICCA 的国际会议产业供应商网络遍及全球,成员单位来自 80 个国家和地区。一切在战略上致力于为国际会议提供高质量产品和服务的公司、组织,ICCA 都欢迎它们加入进来。国际会议策划者可以借助 ICCA 的网络,为它们的活动找到全部的解决方案,包括会议地点选择、技术咨询、参会代表交通帮助、大型会议的全程策划和服务。ICCA 的会员们代表着全世界顶尖的会议目的地和最有经验的专业供应商。ICCA 的使命是,创建一个全球化的会议产业共同体,使其成员能够在竞争中产生并保持明显优势。

目前,我国已有 14 家单位加入 ICCA。

(资料来源:中国会议网,http://www.chinameeting.com.)

二、会议旅游活动的构成要素

会议旅游活动不论规模大小、规格高低、议题多寡、时间长短,其都是人们在政治、经济和社会活动中的一种常见的重要活动方式。一般来说,任何构成会议旅游的活动都应包括以下几个方面的要素。

1. 主办方

主办方即会议旅游活动的发起者和东道主,其任务主要是根据会议的目标和规划制定具体的会议实施方案,并为会议活动选择和提供必要的场所、设施和服务,确保会议正常进行。

一般而言,一些跨地区、跨国家的国际会议,往往采取申办竞争程序来确定会议主办者;一些合作性和学术性组织都有召开经常性会议或例会、年会的制度,每一个成员单位都有主办会议的权利和义务。通常情况下,会议的主办者就是会议承办者,但有时也有所区分,如 2001 年 APEC 会议的主办者是中华人民共和国,但具体承办者则是中国上海市,承办者对主办者负责。

2. 与会者

与会者即会议代表、参加会议者。他们是会议旅游中最主要的组成部分,也是会议旅游活动主要的服务对象。与会者又可以根据身份和地位的不同分为会员代表、非会员代表,一般代表和贵宾(VIP)等。

3. 议题

议题是指会议旅游所需讨论或解决问题的具体项目,它是会议旅游的基本任务。议题的确定是会议策划中的关键,议题的选择与会议目的密切相关。议题可以安排一会一议或一会多议。一会多议最好是内容相近或相关的,这样便于讨论,节省时间。

在会议期间临时提出的议题称为动议。动议一般所涉及的内容都较为紧急,常常是针对某项已经列入议程的议案而提出的修正性或者反对性议题。

4. 名称

名称即会议旅游的主要议题和类别。有时,会议旅游的标志实际上就表达了会议旅游的名称。

5. 时间

时间即会议旅游活动召开的具体时间。适时开会是一个基本原则,会议应当在适当的时间召开。一些会议是定期举行的,会议时间是用制度固定下来的,如联合国大会的召开,在每年 9 月第三周的周二开始,并一直延续到 12 月 20 日左右结束。一些非常会议是临时决定召开的,如一些紧急布置的任务等。

会议的长短首先应考虑会议议题的多寡,因此会议主办者设计会议议程时,要对每项程序仔细分析,确定大概时间,再作科学调配。

6. 地点

地点即会场所在地。大型的会议还应有主会场、分会场之分。

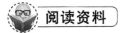 阅读资料

旅博会涵盖旅游要素

为期四天的 2009 中国国际旅游商品博览会于 2009 年 11 月 15 日圆满闭幕。据组委会公布的"战果",展会实现成交额 23.61 亿元,参会观众超过 10 万人次。国家旅游局规划发展与财务司司长吴文学说,本届博览会打响了头炮,具有鲜明的导向性、探索性、创新性。

相比于其他经贸类展会,以旅游商品为主角的旅博会,无论是展馆布置还是展品本身,都凸显出可看性。来自全国 29 个省、市、自治区和新疆生产建设兵团首次以"全家福"阵容集体亮相,各展团在展台的布置上争奇斗艳,极具特色。除浙江独揽一个展馆外,四川、内蒙古、山东、云南等省(自治区)均组织了上百人参展,阵容强大。

此次旅博会还将"旅游商品"概念作了新诠释,不再限于旅游纪念品、工艺品,而将内涵和外延都进行了扩展。旅游时购买的名牌服饰、手表、箱包等时尚产品;户外运动时所需要的攀登设备、滑雪工具、渔具等装备品乃至直升机、游艇、房车、沙滩车等旅游交通工具等,都可以纳入旅游商品范畴,真正涵盖了"吃、住、行、游、购、娱"六大旅游要素。设于主题馆内的飞机、游艇、旋转木马等"大家伙"为展会增色不少,很受欢迎。本届旅博会上,广西一家小团扇工艺厂,拿到的订单已超过其全年销售额的 50%。最后两天公众开放日,旅博会上展销的大部分样品都被抢购一空……

表彰会上,金华市委常委、义乌市委书记黄志平对展会取得的良好成效表示祝贺。他说,在全国各地旅游机构大力协助下,旅博会不仅取得了实实在在的展示贸易效果,也加强了与各地的交流与合作。今后,义乌将进一步改善服务,提供要素保障,携手共促,力争将旅博会办成一个特色展会、精品展会、品牌展会,实现优势互补、合作共赢。

鉴于展会保障服务有力,浙江省旅游局和义乌市政府荣膺特别贡献奖,商城集团获得杰出服务奖,新光饰品也被授予最佳展台奖。

(资料来源:金华新闻网,www.jhnews.com.cn.)

三、会议旅游的作用

目前世界上主要城市都在不遗余力地争夺国际性会议的主办权,其根源就在于大型的

国际性会议会给举办城市带来巨大的商业利益,同时还会带动整个城市相关产业的发展,如旅游业、交通运输业等。一个经常举办国际会议的城市往往具有良好的国际形象,甚至会使该城市成为世界知名城市。因此,会议旅游活动的举办会直接或间接地带动举办地经济和社会的发展。

第二节 会议旅游的特点和类型

一、会议旅游的特点

会议旅游作为会展旅游中一个重要的组成部分,与常规旅游相比,不仅具有大多数旅游活动的共性,同时,作为现代旅游活动的"一朵奇葩",也表现出一些独有特性。由于会议旅游本身具有消费档次高、逗留时间长、组团规模大、影响广泛等特点,因而被人誉为"旅游皇冠上的宝石"。

1. 消费档次高

参加会议旅游的与会者往往都是政府机关或企业代表,其旅游费用一般可以报销,因为会议旅游者比其他类型旅游者有着更多的可支配收入和购买欲望。据统计,会议旅游者的消费一般是普通观光旅游者的 3~5 倍,而一些国际性会议旅游者的购买能力则更高,如表 3-1 所示。

表 3-1　不同旅游方式每天住宿费用比较表　　　　　　　　单位:美元

旅游方式	休闲度假	私人疗养	短期休假	个性化旅游	会议旅游
住宿费用	180~200	200~250	220~270	250~300	350~400

(资料来源:林越英. 对我国会展旅游发展若干问题的初步探讨. 北京第二外国语大学学报,2002(6).)

2. 逗留时间长

绝大多数会议的会期长达 3~7 天,在会议期间,不仅有正式的议题,同时会议组织者往往在会议期间组织与会者进行休闲娱乐或参观考察活动,甚至在会议结束后安排相应的旅游活动,这就造就了大量的会议旅游者,与普通旅游者相比,其在会议举办地的逗留时间明显长了很多。

3. 组团规模大

一次会议,少则数十人,多则数百、上千人,特别是一些国际性大型会议,其参会者规模更为可观,如每年召开的世界经济论坛(即达沃斯论坛)吸引数千名参会者前来,其带来的经济效益非常可观。作为一次性的消费群体,会议旅游的团队规模都远远高于其他旅游形式,据统计,2009 年全球平均会议旅游与会人员已达 980 人。不仅与会者数量众多,其"连带"的游客数量也非常多,一人开会,多人出游,这也是会议旅游的重要现象。

4. 影响范围广

会议旅游对于会议举办地的影响作用是显而易见的,不仅可以扩大举办国的政治影响,提高会议举办城市的知名度,并且对于会议举办地的经济发展、市政建设、环境卫生,甚至市民的精神状态都有促进作用。如自 2000 年亚洲论坛设在海南博鳌以后,当年当地的旅游者就猛增了 20%,并吸引了大量海内外企业前来投资旅游等产业。

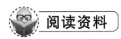 阅读资料

博鳌亚洲论坛

博鳌亚洲论坛(Boao Forum for Asia,BFA,或称为亚洲论坛、亚洲博鳌论坛),由 25 个亚洲国家和澳大利亚发起,于 2001 年 2 月 27 日在海南省琼海市万泉河入海口的博鳌镇召开大会,正式宣布成立。成立之时通过了《宣言》、《章程指导原则》等纲领性文件。论坛为非官方、非营利性、定期、寻址的国际组织;为政府、企业及专家学者等提供一个共商经济、社会、环境及其他相关问题的高层对话平台;海南博鳌为论坛总部的永久所在地。

自 2001 年博鳌亚洲论坛定址海南博鳌以来,国内外大小会议相继落户海南岛,蓬勃发展的会议经济对这个省的旅游业成长产生了巨大的带动作用,更让海南在国内外名声大噪,会议旅游开始成为海南最富有吸引力和竞争力的旅游产品。博鳌亚洲论坛是海南旅游产业升级的重要催化剂。

博鳌亚洲论坛无疑是海南最有意义的旅游广告,它不仅向世界各地的旅游者展示了海南的风采和形象,更提高了海南在国际的知名度和美誉度。亚洲地区唯一定期定址的国际会议组织能够在中国设址举行,表明这个地区的旅游安全度高,必然对海外游客产生更大的吸引力。从这种意义上讲,博鳌亚洲论坛为优化中国旅游的资源结构、大幅度增加境外来海南旅游人数提供了一个有效的载体。

更重要的是,每年一次的博鳌亚洲论坛年会,加强了国际社会对海南旅游的关注,吸引了大量国际知名旅游组织、旅游界精英的关注,不断加深对海南旅游节的了解,为海南旅游业带来了信息、技术、资金的流动和观念的革新。会议旅游丰富了海南特色旅游的内容,打破了海南旅游以单一观光旅游为主的传统格局。

(资料来源:博鳌亚洲论坛,http://www.boaoforum.org.)

二、会议旅游的类型

会议旅游发展至今,由于会议旅游者活动的特点和需求的不同,已经衍生出丰富多彩的类型和市场分工。如 ICCA 的市场范围包括 50 人以上的国际会议,而 UIA 则在 300 人以上。会议举办地及旅游企业要想有针对性地开展会展促销和接待工作,就势必要对会展旅游的类型进行科学的划分。

不同的划分标准,就有不同的划分结果,常规的分法有以下几种。

(一)按照举办单位划分

根据举办单位性质不同,可分为协会类会议、公司类会议和其他组织类会议旅游。

1. 协会类会议旅游

协会类会议旅游是指会议主办者为由具有共同兴趣和利益的专业人员或机构组成的社团组织的会议旅游活动。

协会类会议历来都是会议旅游业的主要客源市场,其规模不仅涵盖了各类地方性协会,也包括全国性协会,甚至国际性协会。通常情况下,协会类会议与常规的展览会结合紧密,

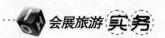

协会会员通过会议来交流、协商、研讨和解决本行业或领域的最新发展、市场策略及存在的问题等。

协会类会议的显著特点是经济效益巨大,据 ICCA 的统计,虽然协会类会议在会议数量和参会人数方面较少,只相当于集团公司会议旅游的 1/4 和 1/2,但其旅游支出却占到后者的 2.5 倍。除此以外,与一般类型会议相比,协会类会议旅游往往以更换会议举办地来保持对其会员的吸引力,这恰恰是协会类会议旅游的"卖点",将参加会议与消遣娱乐结合起来,考虑到气候、环境、城市形象和旅游资源等因素,从而吸引更多的会议旅游者前来。

2. 公司类会议旅游

公司类会议旅游是指会议主办者为一家企业或多家同行业、同类型及行业相关企业举办的会议旅游活动。在会议旅游中,公司类会议旅游是其最大的细分市场,大约占到近 2/3 的市场份额。

公司类会议旅游最大的特点是数量庞大,范围广泛。无论从会议数量,还是与会人数,都占到很大的比例。同时,公司类会议旅游设计的范围也很宽广,具体可分为销售会议、新产品发布/分销商会议、专业/技术会议、管理层会议、培训会议、股东会议、公共会议、奖励会议等形式。

与协会类会议相比,公司类会议对旅游地点的选择更多的是考虑设施条件、服务水平、交通费用及便利程度,一般不需要考虑变更地理位置的问题(具体如表 3-2 所示)。如上一次会议旅游的举办地和接待企业提供的服务令其满意的话,会议主办者通常会继续选择相同的接待企业。

表 3-2 公司类会议与协会类会议旅游的比较

因　　素	公司类会议旅游	协会类会议旅游
与会人员	必须参加	自愿
决策(会议主办者)	集中	分散,通常是委员会
会议数量	很多,但每次会议与会人员很少	很少,但与会人员多
回头客(重游率)潜力	很大	有,但会址必须轮换
饭店客房预订	固定	必须紧紧跟踪预订
预订程序	经常提供客房单	一般使用邮寄答复卡和客房协调部门
配偶参加	很少	经常
附带展览活动	相对较少	经常有,大量需要接待室服务
选择会址	寻找方便	需要选择有吸引力的地方刺激与会人员数量的增加
地理模式	没有固定模式	地区轮换
筹会(旅游筹备)时间	短,通常不到 1 年	很长,经常是 2～5 年
支付方式	(公司)主账户	个人支付
取消会议风险	很高,惩罚条款和预付款方式普遍	最小
到达/离开	很少提前到达或提前离开	很可能提前到达或延迟离开
对价格(会议主办者)	不太敏感	很敏感,一般是优秀的谈判者
会议和旅游局参与	很少与会议和旅游局联系	经常利用会议和旅游局,尤其是全城大会

(资料来源:王保伦. 会议旅游. 北京:中国商务出版社,2006.)

3. 其他组织会议旅游

在会议旅游中,还有许多不属于公司类会议旅游和协会类会议旅游的会议主办者也经常开展旅游活动,这类可以统称为其他组织会议旅游。主要包括:政府会议旅游、工会和政治团体会议旅游、宗教团体会议旅游、慈善机构会议旅游等。

这类会议的典型代表是政府类会议旅游,其会议次数、规模、消费标准基本固定,会议直接消费比较高且带来可观的间接消费,会址选择范围大,层次高,并伴有相当数量的 VIP 接待,同时会议组织周密细致,对酒店的接待能力和服务水平有较高要求。如中央和国家机关召开的全国性会议,会期不得超过三天,与会人员最多不得超过 300 人。

(二)按照会议规模划分

一般而言,可以根据会议的规模,即与会者人数来区分,将会议旅游分为小型会议旅游、中型会议旅游、大型会议旅游和特大型会议旅游。

(1)小型会议旅游,出席人数最多不超过 100 人。

(2)中型会议旅游,出席人数大约为 100～1000 人之间。

(3)大型会议旅游,出席人数在 1000～10 000 人左右。

(4)特大型会议旅游,出席人数在 10 000 人以上,如节日聚会、庆祝大会等旅游活动。

(三)按照会议的性质和内容划分

根据不同会议的性质和内容不同,可将会议旅游分为以下几种。

1. 年会

年会(convention)指某些社会团体一年举行一次的集会,是企业和组织一年一度不可缺少的"家庭盛会",主要目的是激扬士气,营造组织气氛、深化内部沟通、促进战略分享、增进目标认同,并制定目标,为新一年度的工作奏响序曲。年会可以单独召开,也可以附带展示会等形式,多数年会是周期性召开,最常见的是一年一次。由于年会参会者较多,因此往往需租用大型宴会厅或会议室,分组讨论时需租用小型会议室。

2. 专业会议

专业会议(conference)的议题往往是具体问题并就其展开讨论,可以召开集中会议,也可以分组讨论,规模可大可小。

3. 代表会议

代表会议(congress)通常在欧洲和国际活动中使用,本质上与 conference 相同。但在美国,这个词用来特指立法机构。

4. 论坛

论坛(forum)是指由专题讲演者或由专门小组成员主持并以有许多反复深入的讨论为特征的会议。其特点是可以有很多听众参与,随意发表意见和看法,不同讲演者可持不同立场对听众发表演讲。主持人主持讨论会并总结双方观点,允许听众提问,所以必须对这种论坛会议提供多个话筒。

5. 座谈会、专题研讨会

这种座谈会和专题讨论会(symposium)除了更加正式以外,与论坛会议是一样的。此类会议的与会者有许多平等交换意见的机会,只适合经验被大家分享,探讨会通常在主持人

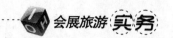

的主持下进行。其最大特征是以面对面商讨和参与性最为显著。

6. 培训类会议

培训类会议(training sessions)需要特定的场所,往往需要少则一天,多则几周的时间进行,培训的内容高度集中,且需要某个领域的专业培训人员讲授。

7. 奖励会议

奖励会议(incentive meetings)的全称是奖励会议旅游,对象通常是各企业团体中千挑万选出来的有功人士。企业为鼓励及特别感谢这些优秀人才,才会精心策划所谓的奖励会议旅游。一般来说,外商公司(如美商、欧洲商、日商等)较本国企业更具有奖励会议旅游的观念,更容易接受新奇的建议及构想,而一般海外的奖励会议旅游又较受员工的欢迎。

(四)按照会议代表的范围划分

按照会议代表的范围来分,可分为国内会议旅游和国际会议旅游。

(五)按照会议举办时间的特点划分

按照会议举办时间的特点分,主要包括固定性会议旅游和非固定性会议旅游。

(六)按照会议的主题划分

目前,比较常见的会议主题有医药类会议旅游、科学类会议旅游、工业类会议旅游、技术类会议旅游、教育类会议旅游和农业类会议旅游等。

第三节 会议旅游的运作与管理

随着经济全球化的日益深化,会议作为一种重要的国际交流方式,特别是国际性的会议越来越多,涉及面和影响力也将越来越广。而会议旅游作为组织与会者参观游览会议主办国风景名胜,了解会议主办国风土人情的有效方式,其在国际交往中将占有更为重要的地位。因此,加强对会议旅游的市场运作机制的研究,提高会议旅游管理水平,对整个地区,甚至国家经济发展都有极大的推动作用。

一、会议旅游运作的基本条件

成功运作一个会议旅游活动,需保证具备若干条件,主要有以下几个。

1. 举办地的外部环境

举办地的外部环境主要包括国际形势和平稳定,没有战争、恐怖活动或其他突发性事件的发生;会议主办国与周边国家友好相处,不存在政治抵制;国际旅游环境稳定,保持增长趋势;主办国与主要客源国空间距离适当,交通方便,费用合理,客源国经济保持增长,汇率稳定。

2. 举办地的内部环境

举办地国内政局稳定,社会发展,经济和国民可支配收入持续增长;居民支持会议举办,对会议相关旅游者友好;举办地旅游资源及旅游服务"硬件"和"软件"优异;基础设施完善,可进入性好。

3. 举办地的主观能动性

举办地的主观能动性主要包括会议主题鲜明,定位有特色,组织出色;会议相关设施建设没有对社会和经济生活形成干扰,避免或减少会议的"挤出效应";积极落实会议旅游服务行动,涵盖会前、会中和会后;不断开展举办地形象塑造,进行有效的市场促销和公关活动,树立举办地良好形象;同时进行与会议相关旅游产品的开发和推广活动。

以上三方面只是会议旅游举办的必要条件,其中很多外部环境不是轻易能够改变的,内部环境也存在一些难以控制的因素。如果将旅游作为举办会议的目标利益的话,通过采取切实可行的行动来满足主观能动性条件是完全可能的。

二、会议旅游的活动过程

成功举办一次会议活动至少要经过申办会议、策划会议、营销会议、运作会议和结束会议五个流程,如果按照时间的先后可分为:会前的会议旅游活动、会议期间的会议旅游活动和会后的会议旅游活动。

(一) 会前的会议旅游活动

会议旅游举办之前最重要的事情就是策划和准备会议,主要包括:会址的考察、会议的宣传营销活动、预定会址以及为与会者预订酒店及交通事宜、与接待企业洽谈服务事宜和会后的旅游安排、迎接等活动。

1. 会址的考察

为了顺利地召开会议,选择适当的会址就显得极为重要了。会议举办方不仅要对会议的地点、设施、环境、服务水平等进行评估,而且还要对可能涉及的交通服务、酒店服务、考察及参观等项目进行考察。

2. 会议的宣传营销活动

利用会议举办地的旅游资源作为申办会议和吸引参加者是会议宣传营销活动常用的手段,其不仅关乎与会者数量和会议的规模,更为重要的是提高了会议的品质认可度和对品牌的忠诚度。

3. 预定会址

根据与相关方面的谈判,确定会议的举办地,其既可以是专门的会议中心,也可以是会议型酒店。

4. 预订酒店及交通事宜

为与会者安排适合其身份的酒店关乎会议是否可以顺利完成,选择酒店的时候需要考虑很多方面,如地点、价格、设施、服务等因素,有时需要多家酒店为与会者提供房间。同时,使与会者顺利返回也是保证会议成功的关键,提供与会者所希望的交通服务既反映了会议受有关方面的重视程度,也体现了组织者的业务水平和能力。

5. 与接待企业洽谈服务事宜

会议结束后的游览活动是会议旅游不可分割的一部分,各类会议一般都会在会后为与会者提供这类服务。因此,会议举办者在会前就应当与旅游公司或旅行社进行洽谈,特别是在具体行程和价格方面。

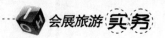

6.迎接

对于来自异地的与会者,如何使其顺利抵达会议举办地和下榻的酒店是会议举办者的责任。会议举办者不仅要在机场和车站设置专门机构和人员负责接站,有专门车辆负责摆渡,而且要在会址和酒店有专门人员负责接待。

(二)会议期间的会议旅游活动

会议不仅是商务活动,而且会议的主办者和与会者都会利用会议期间的旅游活动为以后的合作和业务打下基础,而相对应的这些服务就必须提供给与会者了。

1.酒店签到

客人签到,发放房间钥匙、会议材料、饭卡、胸牌、礼品、登记返程机票、火车票、会后旅游登记、收取会议费等。

2.会前准备

会议期间所需要的会议材料、会议用品、会议演讲稿等会议相关物品。

3.会议场所

专人到会议室检查会议室条幅、灯光、音响、茶饮等。

4.会议住宿

房间楼层及房间号的确认,询问是否有特殊要求。

5.会议餐饮

用餐时间、用餐标准及特殊客人的确认。

6.会议娱乐

娱乐消费形式、消费标准、娱乐地点的确认。

7.会议服务

会议代表合影留念,为代表提供文秘服务及相关服务,会议现场摄影及光盘服务。

(三)会后的会议旅游活动

会议议题结束后并不意味着会议就结束了,因为这是会议旅游最活跃和繁忙的时候,会后的会议旅游活动包括:游览观光、返程车票的预订服务、会议纪念品的定制和分发服务、送客服务等。

1.游览观光

游览会议举办地是会议旅游必不可少的内容,不仅可以让与会者得到身心放松,还可以为彼此之间提供更多的社交机会。游览既可以在当地进行,也可以在周边活动。其形式也是多样的,既可以进行人文景观的游览,也可以进行自然景观的观光;既可以休闲放松,也可以求新探异。

2.返程车票的预订服务

为了让与会者顺利返回,会议举办者需提供高质量的返程车票预订服务。不仅要保证能够预订到足够数量的返程车票,也要根据与会者的要求预订不同类型的交通工具。

3.会议纪念品的定制和分发服务

会议举办者应根据会议性质和当地特色定制有代表性的纪念品,会议纪念品不仅可以使与会者对会议及组织者保持较深的印象,同时也会对会议和会议举办者起到宣传的效果。

4. 送客服务

送客服务是会议服务的最后一项,周到而细致的送客服务往往会使与会者对会议和会议举办方留下美好的印象,有时甚至可以起到弥补会议中出现失误所造成的不良影响。送客服务可根据具体情况安排专人专车或巴士服务等形式。

通过以上介绍可以发现,会议旅游贯穿于整个会议组织和运作的过程之中,并涉及多方面的协调和合作。要使得会议圆满、成功,就要对其进行有效的运作和管理。

三、会议旅游的策划和组织实施

(一)会议旅游策划的流程

1. 信息收集和分析

这是会议旅游策划的第一步。信息的收集过程是了解需要的重要环节,只有了解了会议旅游者的需要,会议旅游才会成功。

2. 确定目标

在了解了需求状况以后,就可以确定会议及会议旅游的目标了,这个目标既可以是广泛的、战略的目标,如目标市场、会议特色、会议支出等,也可以是战术的、辅助性的目标,如会议产品策划、会议旅游竞争策略、销售目标、会议服务计划等。

3. 开展创意策划

丰富的信息和明确的目标为会议旅游的创意策划提供了依据。好的创意来自灵感,它有很多方式,如创意暗示、联想、模糊印象、灵机闪现等。同时,创意又是经验的总结,因为它不是天马行空的胡思乱想。创意策划可以从以下两方面进行。

(1)从报纸、杂志、书籍等大众媒体中寻找灵感,然后将各自的创意放在一起筛选,从而找出比较理想的方案。

(2)由策划人员各自寻找灵感,然后运用头脑风暴法,得出最终方案。

4. 论证

一般来说,一个创意需经过反复论证后方能成为最终方案。论证需要会议的举办方和实际运作方共同研究,探讨方案的可行性,同时应考虑到会议旅游各方的利益和兴趣。

5. 形成方案并制定预算

这个环节主要是使会议旅游各项内容加以明确,如会议及会议旅游目标、实现会议以及会议旅游所必需的条件、会议及会议旅游的方式和方法、会议和会议旅游策划与安排的步骤和时间、会议和会议旅游所需的人员和经费、各项具体方案的效果和评估等内容。

6. 撰写企划书

企划书是十分重要的环节,当策划方案确定后就应将其撰写成书面材料,以供决策层审批和实施人员依照操作。企划书的撰写要做到简明、清晰、具体,并具有可操作性。由于企划书的撰写对象不同,具体内容有所区别,详细可见表3-3。

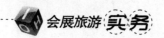

表 3-3　会议策划公司撰写企划书和会议主办者撰写企划书的不同

企划书的撰写对象	会议举办者委托会议策划公司撰写企划书	会议举办者撰写企划书
内　　容	带有公司标志(LOGO)的封面 致客户的信 公司的介绍 会议及会议旅游的目标及实施方法 费用支出方向和成本预算 时间安排 证明人/推荐人 策划班子成员简历	会议及会议旅游的目标及实施方法 具体的实施步骤 费用支出方向和成本预算 时间安排 策划班子人员介绍及其职责

(资料来源:郑岩,曾武灵.会展与事件旅游.北京:中国科学技术出版社,2008.)

（二）会议旅游的组织实施

会议旅游一般由会议接待单位组织实施,也可以委托旅行社实施,但需考虑到旅行社的信誉和价格问题,并签订合同。不管由谁组织实施会议旅游,都需做好详细准备,保证会议旅游顺利实施。

1. 接待计划周密

接待单位应制订详细的行程计划,包括线路、日程和时间表。一般大型的会议都会在会议通知或邀请函中加以说明,并详细列出报价,以便与会者选择适合自己的项目。

2. 落实好车辆和食宿

车辆应考虑到安全、舒适,以及是否满足座位等需要;安排食宿时应考虑到不同与会者的饮食习惯。

3. 准备必要的物品

如摄像机、投影仪、摄影机、团队标志、卫生急救药品等。

4. 安排陪同人员

一般应派遣与接待对象对应的人员负责接待,除去必要的工作人员以外,陪同人员不宜过多。

5. 参观游览

游览风景名胜时,应由专业导游员或讲解员负责解说和介绍,介绍情况时要准确,向外宾介绍时应避开敏感的政治、宗教问题。

6. 摄影

为了扩大宣传或为以后会议活动留下珍贵材料,会议旅游活动主办方应注意影像资料的收集。

7. 安全问题

在参与会议旅游活动时,安全是最重要的,特别是到一些危险的旅游景区时,一定要提前告知参与者,以确保安全。

四、会议旅游的宣传和营销

随着会议旅游的不断发展,如何塑造具有长期影响力和声誉的会议就成为会议主办方的一个重大课题了。对于不同的会议所采取的宣传和营销策略也是不一样的,会议主办方在宣传和营销方面的投入也是不一样的。

（一）会议旅游的宣传

1. 会议旅游宣传的作用

随着会展业的快速发展,会议主办者越来越重视会议旅游宣传工作,故会议旅游的宣传推广的效应更加明晰。

（1）提升会议知名度

提升会议知名度,就是要使会议品牌逐步提升知名度,从而吸引更多的与会者。

（2）扩大会议的品质认知度

品质认知度是指人们对会议的整体品质或优越性的感知程度,它是人们对会议品质做出是"好"与"坏"的判断,对会议的档次做出"高"与"低"的评价。

（3）努力创造积极的品牌联想

品牌联想是指人们记忆中与该会议相关的各种联想,包括他们对会议的类别、品质、服务、价值等的判断和联想。

品牌联想有积极和消极之分,积极的联想有利于强化差异化竞争优势,促使人们积极参加。会议品牌就是要通过宣传等各种手段,努力促使人们对会议产生积极的品牌联想,避免他们产生消极的品牌联想。

2. 会议旅游宣传的内容

（1）相关资讯

主要是向与会者详细介绍和宣传的资讯,包括开会的时间、地点、交通、住宿、会务接待、会议出席者情况、会议效果、参会者要求和条件。

（2）会议旅游活动的宣传和推广

会议期间往往会安排一些活动,不仅可以增加会议内容,也可以有效吸引与会者前来。这些活动是会议旅游不可分割的一部分,有些甚至是重中之重,如会议的开幕式、闭幕式、研讨会、安排的旅游项目等。

（3）会议旅游吸引物

会议旅游吸引物是设计会议旅游产品的基础,会议旅游吸引物可以被认为是所有使与会者离开常住地到会议主办地的相关要素,包括会议创意、会议附带文化活动、相关商务活动和展览、会议相关设施以及主办地其他与会议相关的有吸引力的事物。

（二）会议旅游的营销

会议旅游营销从前几年的默默无闻到今天的众人皆知,正在受到越来越多业内人士的关注,市场环境也正在发生着巨大的变化。随着国际经济的大融和,各种会议也不断增多,并逐渐形成了会展经济,大量的人流汇集到会议举办地,同时大量的旅游者也随着出现了。以举办国际性和全国性大型会议的方式,提高知名度、聚集人气的会议营销也肯定会取得良好收益。

在对会议旅游开展营销工作时,需采用不同的营销策略才能取得良好的效果,常见的策略主要有以下几个方面。

1. 会议旅游产品的组合

会议旅游包含很多相关产品,既有有形的产品,也有无形的服务,对于旅游者来说,不可

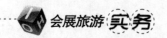

能全部消费,一般只会根据自身需求,有选择地消费一部分。因此,会议旅游企业应针对不同客户的需求,优化产品结构,将产品合理组合,最大限度地满足客户需求。

2. 各种会议中介机构的发展

推动各种会议旅游中介机构的发展,完善会议旅游市场开发的商业化招徕机制,形成符合国际惯例的会议旅游运作模式,有利于会议旅游市场的培育,有利于独立营销系统的建立。

3. 会议主办者和旅游企业开展联合促销

会议主办者和旅游企业的目标是一致的,在开展营销工作时,特别是促销工作,应联合起来,形成规模优势,大造声势,把会议旅游渗透到每一个阶段,充分利用各种媒体和手段,强化与会者的旅游意识,最终达到销售产品的目的。

4. 采用忠诚营销的策略

在市场竞争日益加剧的情况下,为了更多地吸引与会者参加会议活动,会议主办者和旅游企业通常会采取一系列措施,提高旅游者对会议主办者和旅游企业的忠诚度,其中,满意度、信任感和服务承诺是营销忠诚度的重要因素。

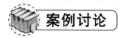 案例讨论

杭州成功申办 2006 年世界休闲博览会的营销策略

在世界休闲组织理事会上,杭州战胜了温哥华、马德里、米兰等竞争对手,获得了 2006 年世界休闲博览会的举办权,这是该项盛会首次在中国举行。

世界休闲博览会是世界范围内的旅游景区、度假区、主题公园、旅游装备、旅游房产和休闲商品交易的国际展示会,每两年举办一届,观赏性和参与性兼备,被誉为世界旅游休闲领域的“奥运会”。此前,巴西圣保罗、西班牙的比尔堡等地均成功地举办了世界休闲博览会。

2001 年年底,杭州市正式提出申办 2006 年世界休闲博览会。2004 年 5 月 8 日,以秘书长杰拉德·凯尼恩博士为团长的世界休闲组织代表团抵达杭州,对杭州市的旅游休闲资源、场馆设施及各项申办工作进行为期 4 天的考察。杭州优美的景色、优越的国际区位、发达的经济实力以及政府强有力的支持,给代表团成员留下了良好的印象。

2006 年世界休闲博览会的主题是:休闲改变人类生活。主要内容包括世界休闲大会、大型会展贸易活动和教育培训、文艺演出等。杭州市有关领导表示,杭州成功申办 2006 年世界休闲博览会,为把杭州建设成为“东方日内瓦”和世界休闲之都提供了一个巨大的机遇和发展平台,对促进杭州的会展经济、旅游经济、休闲经济具有十分重要的意义。

(资料来源:新浪财经,http://finance.sina.com.cn.)

【讨论】

1. 试分析杭州成功申办世界休闲博览会的原因。

2. 通过案例,你觉得杭州采取了哪些具体的营销策略来申办世界休闲博览会?

五、会议旅游的运作细节

(一)会议旅游的运作模式

考虑到会议主办者或旅游企业的自身实力、主观意愿、会议主办经验等原因,会议旅游

的运作模式通常采用以下两种。

1. 自我操作模式

一些会议非常多的公司,特别是大型跨国企业,如微软、诺基亚等一般都会设有专门的会务部门来负责本公司内部会议的举办。通常情况下,这些部门和人员都拥有较为丰富和成熟的会议举办经验,甚至比一些专门的会议企业办会能力更强,所提供的服务也更到位。

2. 委托操作模式

绝大多数会议旅游还是通过委托会议公司的方式来举办,主要在于专业会议公司常年举办会议活动,其拥有丰富的办会经验,可提供专业的服务,而这些恰恰是普通会议主办者或公司不具备的。

无论是采取自我操作模式还是委托操作模式,在具体运作过程中,特别是在某些分项目的时候,会议策划机构或是会议公司也还是会将服务项目层层分包给其他专业公司,如交通公司、广告公司、旅游公司、翻译公司等具体操作。

(二)特殊与会者的接待

会议旅游中的特殊人员主要是指与会者的亲属、子女;VIP 客人;新闻记者;国际与会者;残障人士等。这类人员的接待是会议旅游运作的一项非常重要的工作,为此类人员提供良好、周到的服务不仅可以创造经济效益,更重要的是增加会议品牌、会议主办者的美誉度,还可以为今后的业务打下基础。

1. 与会者的亲属、子女

与会者来参加会议旅游活动时,通常会和亲属和子女一同前来,据统计,如果有亲属和子女在与会者身边,其就会在会议地点停留更长的时间,参加旅游活动就更加积极,消费也更多。因此,加强对与会者的亲属和子女的接待工作就显得非常重要了,不仅要给予其和与会者相同的重视和礼遇,还要有针对性地区别对待,如对待成年人和儿童就要有所区别。

2. VIP 的接待

VIP 是贵宾的意思,即 Very Important Person 的缩写。对于会议旅游活动而言,VIP一般是指政要、名流、企业高层管理者、重要客户、会议的组织者或策划者等。对这类与会者,其接待的规格很高,主要体现在迎送、住宿安排、安全保障三方面。

3. 新闻记者的接待

新闻记者被誉为"无冕之王",其对会议旅游的报道影响不仅仅在于会议本身,更重要的是会议品牌、会议主办者和运作者的声誉,甚至是会议今后的举办。新闻记者在会议旅游中的活动主要是记者会和采访两种形式。记者会是会议主办者进行宣传的大好时机,可准备必要的设备和材料;而对于记者的采访,主办方应本着合作和积极配合的态度,在一些敏感的问题上,可适时回避记者的采访。

4. 国际与会者的接待

对于大多数国际与会者来说,接待环节的一个重要问题就是办理签证。会议主办者一般会向国际与会者发出大会正式邀请函,而国际与会者凭邀请函到使领馆申办签证。除此

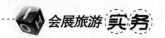

以外,会议主办者还要安排好国际与会者的接送事宜、出入关事宜,以及相应的旅游活动事宜。

5. 残障人士的接待

与会者中,有一些可能是残障人士,针对于此,会议主办者应设立相应的服务协调机构专门接待此类与会者。不仅要在会议和旅游活动的设计和安排上考虑此类与会者,而且还要安排专门人员为其提供服务。

(三)会议旅游互动中娱乐和观光事宜的运作

1. 娱乐活动

对于冗长的会议日程,娱乐活动可以起到调整节奏和气氛的作用。因此,在很多会议旅游活动中,都会安排或多或少的娱乐活动,既可以单独安排,也可以作为其他活动的组成部分安排。在选择娱乐活动时,可以考虑现成的产品,如当地的音乐会、文艺演出、体育比赛等。

需要指出的是,娱乐活动安排在会议之前往往会起到烘托会议气氛的作用,安排在会议之后则是会议成功的象征。

2. 旅游观光活动

旅游观光是会议旅游不可或缺的一部分,有时甚至是成为吸引与会者前来的主要因素,会议主办者在选择会议举办地时也会非常看重当地的旅游资源和环境。一般来说,会议主办者会选择和旅游企业合作,让其设计、策划组织旅游观光活动。而旅游企业在设计此类产品的时候不仅要考虑到与会者的参与能力、文化背景、兴趣爱好、风俗禁忌等,而且还要考虑到为与会者留下选择的余地。

 案例讨论

广州某集团公司董事会年会会议旅游实例

广州某集团公司董事会年会日程安排如表3-4所示。

表3-4　广州某集团公司董事会年会日程安排

日　期	行　程　安　排	交　通	住　宿	用　餐
11.17	会议代表报到、入住(晚餐自助) 张家界机场、张家界火车站接会议代表,报到处协助分发会议资料和礼品,分房及交费,办理返程票	汽车	张家界万泰国际大酒店(四星)	晚
11.18	会议 7:00—8:30早餐(酒店自助早餐) 8:30—11:30会议 11:30—12:30(桌式中餐、10人/桌) 旅游 13:30—13:30酒店—张家界森林公园 14:00—16:30黄石寨(缆车上、缆车下) 参观摘星台、双门迎宾、五指峰等精华景点;登上以山奇、水奇、云奇、雾奇、植物奇等而闻名天下的六奇阁俯瞰峰林奇观 16:30—17:00出森林公园入住酒店 18:00—19:00酒店用晚餐	汽车	张家界万泰国际大酒店(四星)	早、中、晚

60

日 期	行 程 安 排	交 通	住 宿	用 餐
11.19	全天旅游 7:00—7:30 早餐(酒店自助早餐) 7:30—11:00 漫步中国最美丽的大峡谷——金鞭溪、徒步健身、享受负氧离子吧的清新;游览金鞭岩、神鹰护鞭、劈山救母、千里相会、紫草潭、双龟探溪、文星岩、水绕四门等精华景点 11:00—11:30 乘坐环保车出武陵源门票站 11:30—12:30 (中餐、中式围桌) 12:30—13:00 乘坐环保车前往天子山 天子山(缆车上山、百龙天梯下山) 天子山自然保护区(约八千个台阶,往返5小时)海拔1280米的天子山、 13:20—15:20 参观贺龙公园、西海、御笔峰、仙女散花等精华景点 15:20—16:00 乘坐环保车前往杨家界自然保护区 16:00—17:30 游览杨家界、天下第一桥、迷魂台、后花园、俯瞰世界自然遗产武陵源奇峰三千、秀水八百奇异风光 17:30—18:00 乘坐世界第一梯——百龙天梯下山 18:00—18:30 乘坐观光小火车游览十里画廊 参观三姐妹峰、采药老人等精华景点 18:30—19:00 乘坐环保车出武陵源门票站 19:00—20:00 酒店用晚餐	汽车	武陵源大酒店(四星)	早、中、晚
11.20	全天旅游 7:00—7:30 酒店早餐 7:30—8:00 专车前往黄龙洞 8:00—11:00 游览世界溶洞冠军、中华最佳洞府、地下迷宫——黄龙洞 11:00—12:00 旅游中餐(中式围桌) 12:00—13:00 武陵源专车返张家界市区、中途车览千年古战场——百丈峡 13:00—13:30 商场购物,送机场或者火车站,结束张家界商务会议快乐之旅	汽车		早、中

一、接待标准

1. 住房:豪华双标间,景区最好的酒店。

2. 餐费:用餐标准是60元/人餐(含饮料、酒水)。含土家风味餐、湘菜风味、野叶风味餐三次。景区每天赠送天门山矿泉水。

3. 门票:含所有大、小门票(景区大门票248元+黄龙洞65元)。

4. 交通:接送站及往返景区用车为26~31座以上豪华旅游车5辆。

5. 导游服务费:40元+10元保险。

小会议室租金为600元/次。(此价是全天价格,如果只用一次会议室,也是此价)。会

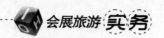

议会标及欢迎牌由我社负责制作。

6. 会议期间由我社导游协助工作。不含索道费用（天子山上山索道51元＋下山41元；黄石寨上山48元＋下山索道38元；百龙天梯下山43元）。

二、中心提供的其他服务项目

1. 会议资料摄像

VCD光盘制作费：60张以下60元/张、60张以上45元/张。

2. 音响及场馆出租（含两名工作人员）

根据举办活动的人数和时间以及对场馆环境的要求不同而定。一般对50～300人规模的会议而言，费用在200～3000元/天的水平上。

3. 设备出租（价格面议）

电脑、摄影机、照相机、打印机、复印机、车辆等。

4. 礼仪宣传

高空彩球、条幅广告、乐队、花篮、导游、礼仪小姐、其他行业中介等。

以上行程仅供参阅，具体行程可根据贵公司或协会要求安排。

（资料来源：张显春. 会展旅游. 重庆：重庆大学出版社，2007.）

【讨论】

1. 试评价案例中会议旅游的运作情况。

2. 如果你是本次会议旅游的主办者，则在哪些方面还有待于完善？

◀◀ 本 章 小 结 ▶▶

本章主要从会议旅游的概念和内容着手，分析了会议旅游的类型和特点，从运作和管理的角度探讨了开展会议旅游的基本条件和活动过程，并概述了会议旅游的策划和实施、宣传和营销以及运作的细节等具体问题。

复习 思考题 ✎

1. 会议旅游的含义是什么？

2. 会议旅游的特点有哪些？

3. 会议旅游的类型有哪些？

4. 会议旅游活动可分为几个阶段？各自包括哪些主要内容？

5. 品牌对会议旅游在宣传和营销上的影响有哪些？

6. 特殊人员接待中的特殊人员指的是哪些人？

7. 设计会议旅游产品应注意什么问题？

8. 举例说明会议旅游对城市的影响。

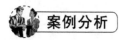 **案例分析**

案例分析一：大连申办"中国夏季达沃斯"之路

2006年9月29日，世界经济论坛组织在北京人民大会堂向世界宣布：2007年9月6—8

日举办的"世界经济论坛成长峰会——全球成长型企业年会",即"中国夏季达沃斯"将在大连举办。

达沃斯世界经济论坛是一个层次高、规模大、探讨的问题富于前沿性的国际盛会,在促进国际交流、整合全球信息、形成国际共识、改善国际关系等方面发挥着越来越重要的作用,在名目繁多的论坛中最具影响力,位居全球榜首。

预计本届"中国夏季达沃斯"出席人数在 2000 人左右,其中有 1150 名世界 1000 强企业的领导人、100 名各国和地区政府高官、100 名各学术界领袖、50 名国际顶级媒体商业刊物编辑、100 名世界经济论坛工作人员、400 名其他技术支持人员。

申办这样高规格的国际会议,竞争是非常激烈的,全国有十几个大中城市参与角逐,为何大连能够胜出呢?

首先,大连市委张成寅书记和市政府夏德仁市长高度重视申办工作,及时做出了"全力以赴争办"的指示。夏德仁市长亲自赴北京拜访世界经济论坛组织的支持单位国家发改委和合作单位中国贸促会,表达大连市申办"中国夏季达沃斯"的愿望和决心。根据市委、市政府主要领导的指示精神,大连市贸促会组织力量认真制作申办标书,多次派专人赴京同中央有关部门和机构、世界经济论坛组织北京办事处进行沟通,派专人赴其他申办城市调研情况,学习经验,弥补不足,做了大量的前期工作。

国家有关部门和世界经济论坛组织北京办事处认为大连的申办工作是认真的、积极的,都给予了大连充分的肯定。辽宁省市政府的李万才副省长致信中国贸促会万季飞会长;大连市政府的夏德仁市长致信国家发改委马凯主任和中国贸促会万季飞会长,均表达了大连市申办"中国夏季达沃斯"的愿望和决心。

其次,根据"世界经济论坛成长峰会——全球成长型企业年会"的招标要求,大连市及时将中英文对照的申办标书,以电子邮件和特快专递形式分别发送至世界经济论坛组委会。在这份申办标书里,列举了大连申办的优势和条件,包括前 5 年大连市同期的气温、湿度、降雨、空气质量、日出时间和日落时间,都一一列表加以说明。

大连曾经举办过的亚太经合组织(APEC)第三次高管会议、第五届亚欧经济部长会议、WTO 非正式小型部长会议、20 国财长会议、亚欧经济高层论坛、世界港口大会、世界华人保险大会等国际会议,都得到会议主办方的交口称赞,好评如潮。大连市承办国际会议的经历和经验,标志着承接国际会议的能力已达到世界水平,在申办书里有着更为重要的分量。

最后,全力做好考察团的接待工作。2006 年 8 月,有着丰富实践经验和综合协调能力的世界经济论坛组织,开始对三个最后角逐的城市——天津、青岛、大连进行实地的考察。为了把开放的大连、发展的大连、真实的大连展现在世界经济论坛选址考察团的面前,大连市夏德仁市长主持召开申办动员大会,并组成了由市长任组长,三位副市长任副组长的迎接选址考察团的领导小组。

各相关单位的领导纷纷表态,全力以赴,努力工作,做好协调,迎接考察。8 月 21 日,邢良忠副市长召开接待"中国夏季达沃斯"选址考察团有关单位责任领导和联络员会议,部署工作,提出要求,制定接待方案。

8 月 30 日晚 11 时 35 分,以世界经济论坛组织执行董事兼首席运营官安德烈·施奈德博士为团长的"中国夏季达沃斯"选址考察团一行 7 人,在访问考察了本次招标入围城市天津和青岛后抵达大连,开始了紧张有序的考察。

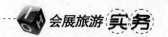

8月31日10时,大连市政府在香格里拉大饭店举行了庄重的大连市申办"中国夏季达沃斯"陈述活动,邢良忠副市长代表市政府作了一个半小时的申办陈述。下午,邢良忠副市长陪同考察团一行,考察大连世界博览广场,参观了星海广场、滨海路、女子骑警基地、虎滩景区、棒棰岛景区、东海公园等。晚上7时,夏德仁市长在世博广场会见并宴请考察团一行,并依据招标要求,做出了相应的承诺。

9月1日上午,考察团分组考察了开发区、金石国际会议中心、金石高尔夫球场和大连市主要的五星级酒店。下午,考察团一行离开大连。分别的时候,"中国夏季达沃斯"选址考察团对大连市的接待工作表示满意,对大连市所做的考察准备工作表示感谢。安德烈·施奈德博士对前去送行的邢良忠副市长表示:"我们拿到了贵市的承诺书,听取了翔实的申办陈述,十分感谢夏德仁市长阁下和您对我们此行的帮助。这两天的考察给我留下了非常深刻的印象。"

2006年9月12日10时30分,大连市贸促会接到世界经济论坛组织北京办事处的电话通知,"2007中国夏季达沃斯"将在大连举行,并将向大连市政府发出正式通知。花落大连,世界又一次把机会给了中国,给了大连。

（资料来源：会议网，http://www.meetingchina.com.）

【分析】

1. 为何首届"夏季达沃斯"选择了大连?

2. "夏季达沃斯"的成功举办对大连来说具有怎样的意义?

3. 探讨大连在发展旅游会展方面的机遇和挑战。

4. 讨论哪些特色因素使大连成为会议旅游活动的理想场所。

案例分析二：中国向瑞士旅游学点什么

仅有两个半北京市那么大的瑞士,从飞机上看像一个绿色的大花园,绿草茵茵,景色宜人,可称得上是欧洲的微缩景图。

瑞士是一个多山的国家,白雪皑皑的阿尔卑斯山占国土总面积的60%。就是这样一个资源不丰的国家,凭着迷人的自然风光、浓郁的民族文化、完善的旅游设施,吸引了成千上万的旅游观光者,旅游已成为瑞士在机械、化工之后的第三大支柱产业。瑞士是如何把山水风光做成一个大产业的呢?

瑞士对旅游资源的开发首先是以保护生态环境为前提的。

瑞士驻华文化参赞岑达意先生曾说过,瑞士对生态的建设不仅仅是为了旅游,而是为了民族的长远生存。早在19世纪,瑞士就有了专门的法律来保护森林。20世纪50年代,随着工业的发展,又及时制定和完善了有关治理污水以及保护环境的法律。而汽车尾气的排放标准,瑞士在整个欧洲是最严格的。如在著名的日内瓦湖区周边绝不能有污染的工业。

据介绍,瑞士人外出登山旅游时,总爱带上清洁袋,这样可保持山的清洁。瑞士还有很多的法律,比如一百年的老房子不能拆,古老的村庄就这样完好地保存下来。同时,每个小镇对建筑外貌都有规定,不管是谁来建设,建筑材料必须统一规格,屋顶和外墙都有专门人员设计统一的建筑风格,使新建筑与当地风貌保持和谐的统一。严格的环保法律更保护了当地的生态环境。

当我们走过瑞士的日内瓦、苏黎世、洛桑等地,发现无论是城市,还是山间、湖泊到处都非常干净整洁,没有什么废弃物。看到的只有草木葱绿,湖水清澈的美景。

以召开世界经济论坛而闻名的达沃斯,风光旖旎。

达沃斯旅游局的麦克先生向我们介绍,旅游是达沃斯的第一大支柱产业,旅游收入居瑞士各城市的第三位,因为这里有独一无二的自然风光,还有完善的各种体育及旅游设施。达沃斯是欧洲的滑雪胜地,每年旅游收入50%来自冬季。达沃斯的会议旅游也占有很重要的地位,每年的会议旅游占全年旅游总收入的8%～10%。这里的体育、旅游设施60%是州或当地政府兴建的,其余为私人公司兴建。

当我们走进达沃斯会议中心时,发现里面的建筑装修并不像我们想象的那么豪华,但这里的音响及其他设施却是世界一流的。达沃斯每年的国际性和地区性会议较多,每年在这里召开的国际会议有35个,地区性会议有170个。为什么这个拥有1万多人的小城能成功举办世界经济论坛?瑞士联邦旅游局驻北京的首席代表张雯佳说:"达沃斯举办的世界经济论坛之所以成功,主要是依靠当地优美的自然风光,完善的旅游设施和成功的商业运作。此外,达沃斯还有多年丰富的会议旅游承办经验。"

瑞士特别注重旅游资源的开发和保护。许多城市都分新城和老城,城市在旅游的开发中,不仅注重新城的开发,更注重老城的保护,两者兼独具特色。日内瓦被称为"世界花园城市",它分为老城和新城。走进老城区你会感受到中世纪古典淳朴的景象:街道狭窄,碎石铺地,老式建筑精巧别致;12世纪修建的哥特式建筑圣彼得大教堂在城区的最高点,城南有日内瓦历史艺术博物馆等几家不同风格的博物馆。

日内瓦不仅风景秀丽,而且还是世界著名的国际城市。

由联合国欧洲总部、国际红十字会等200多个重要国际组织总部组成的新城区让人感受到现代气息。据日内瓦旅游局负责人介绍,这些国际组织每年在日内瓦举行数以千计的会议,因而日内瓦的国际会议、展览较多,这大大促进了日内瓦的旅游业发展,其中会议旅游占日内瓦旅游总收入的70%。

瑞士的伯尔尼、苏黎世都是中世纪与现代化相结合的城市。漫步老城可以看到弯曲的小路,古老的欧式建筑,叮当作响的电车。伯尔尼于1852—1857年建造的联邦议会大厦至今还在使用,与老城的古朴相对照,两个城市的新城建设完全是现代化,但却不像其他大都市那样高楼林立,而以低层的现代住宅居多。特色是旅游产品的生命,瑞士的这种既传统、古朴典雅,又充满现代气息的特色优势,恰是瑞士旅游业繁荣兴旺的原因之一。

有人说瑞士的风景是"人间仙境",这山水风景为瑞士创造了无限的价值,创造了瑞士人都不曾料到的国内第三大朝阳产业。

(资料来源:艾芳.经济日报,2000-06-13.)

【分析】

1. 分析瑞士开展会议旅游的优势。

2. 为了发展会议旅游业,中国应当向瑞士学习些什么?

实战演练

调查你就读的学校所在城市举办过哪些有国际影响力的会议,这些会议对当地旅游业和城市建设产生了哪些影响。

第四章
展览旅游

引导案例

世界博览会

世界博览会(World Expo,"世博会")是由一个国家的政府主办,有多个国家或国际组织参加,以展现人类在社会、经济、文化和科技领域取得成就的国际性大型展示会。其特点是举办时间长、展出规模大、参展国家多、影响深远。

自 1851 年英国伦敦举办第一届以来,世博会因其发展迅速而享有"经济、科技、文化领域内的奥林匹克盛会"的美誉。按照国际展览局的规定,世界博览会按性质、规模、展期分为两种:一种是注册类(以前称综合性)世博会,展期通常为 6 个月,从 2000 年开始每 5 年举办一次(2000 年德国汉诺威,2005 年日本爱知,2010 年中国上海);另一类是认可类(以前称专业性)世博会,展期通常为 3 个月,也有少数为半年的,如 1999 年中国昆明世界园艺博览会,在两届注册类世博会之间举办一次。注册类世界博览会是全球最高级别的博览会。

各类世博会已先后举办了 40 多次,已有 13 个国家 20 多个城市举办过世博会。举办最多的是美国,先后举办过 8 次。有些城市多次举办世博会,如法国巴黎等。亚洲的日本和韩国已举办过世博会,中国的昆明在 1999 年举办过世界园艺博览会。2010 年,中国第一次举办了大型综合性世博会,举办地在上海。

以往的很多世博会都留下了在建筑史上举足轻重的标志性建筑,现在已成为举办地的地标,成了世界盛名的旅游景点,是世博会的宝贵遗产。这些世博会的标志性建筑不但体现了世博会的主题,代表了最先进的建筑技术发展潮流,展示了各国独具特色的优秀文化,在某种程度上也是城市精神的体现。

在世博会留下的众多标志性建筑中,最经典的三个应该是法国首都巴黎的埃菲尔铁塔、比利时首都布鲁塞尔的原子球(馆)以及美国西雅图的太空针(塔)。这些标志性建筑物在会后仍散发着无穷的风采和魅力,吸引着大量国内外游客来此观光游览。

2010年的世界博览会(World Expo 2010 Shanghai China)在中国上海举办,举办时间为2010年5月1日~10月31日,为期184天。上海世博会的主题是"城市,让生活更美好(Better City,Better Life)"。2005年日本爱知世博会的主题是"自然的睿智"。

(资料来源:世博网,http://www.expo2010china.com.)

第一节　展览旅游概述

世界展览业始于1894年德国莱比锡举办了第一届国际工业样品博览会,这届博览会不仅规模空前,吸引了来自世界各地的大批展览者和观众,更重要的是配合资本主义生产方式和市场扩张的需要,对展览方式和宣传手段等方面进行了改革和创新,如按国别和专业划分展台,以贸易为主,以便商人看样订货。这种方式引起了展览界的重视,欧洲各地的展览会纷纷效仿。展览业自此走上规范化和市场化的轨道。

随着经济全球化的不断深入,世界各地不同主题、类型、规模和层次的展览会层出不穷,成为经济、技术、文化交流的重要载体和平台,成为现代社会中不可缺少的一种现象。

一、展览的基本概念

当今,全球会展活动如火如荼地发展,我国的会展业也得到了长足的进步。与红火的会展实践相比,会展理论研究尚无统一、科学的学科体系。展览也是如此,各国对于展览的概念莫衷一是,对展览的定义全球尚无统一的共识。目前,主要有以下几种主流的展览定义。

1. 德国

被誉为"世界展览王国"的德国,其展览带有展示的特征,作为专业展览,它为各种经济部门、机构及各种生产者提供解释性、广告性的展示服务,其理论偏重于展览操作的实务性。

2. 美国

《美国大百科全书》将展览定义为:广告的一种。

3. 英国

《大不列颠百科全书》将展览定义为:为了鼓舞公众兴趣,促进生产,发展贸易,或是为了说明一种或多种生产活动的进展和成就,将艺术品、科学成果和工业品进行有组织的展览。

4. 日本

《日本百科大全》将展览定义为:用产品、模型、机械图等展示农业、工业、商业、水产等所有产业及技艺、学术等各个文化领域的活动和成果的现状,让社会有所了解。

5. 俄罗斯

展览是人在物质和精神领域中所取得的各种成就的公开展示。

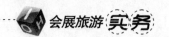

由此可见,世界各国对于展览的研究众说纷纭,其侧重点也各不相同。本书主要从展览旅游研究的角度出发,对展览进行更广范围的定义。

展览就是将物品专门陈列供人们观看,在展出内容、时间、规模和形式等诸方面具有很大的灵活性。展览既包括各类经济贸易展览,也包括各类艺术、文化、教育等领域的非经济目的的展览;既包括在各类展览馆举办的展览会,也包括固定场所举办的展览,如博物馆展览;既包括展期不超过半年的短期展,也包括长期展,如博物馆展览。

二、展览旅游的概念

展览旅游的出现是在特定的经济背景之下的,是博览会和交易会的发展及旅游业的不断成熟而出现的一种新兴旅游类别。目前,展览旅游是会展旅游中一个重要组成部分,也是会展旅游中发展最成熟的部分。

展览旅游是由展览业和旅游业相结合而产生的,但它不是让旅游企业去举办各种展览,也不是必须有游览观光的过程,其真正意义是让旅游企业发挥行业功能优势,为展览活动提供相关服务的过程,而更高的层次则是争取展览活动以外创造并满足参展者新的需求,如游览、购物等方面。

为了更加清楚展览旅游的概念,可以从以下两个方面来理解。

1. 展览旅游是一种旅游活动

从需求上看,展览旅游是指特定的个人或群体到特定的区域参加各种类型的展览会以及可能附带相关的参观、游览及考察内容的一种旅游形式。需要指出的是,展览旅游不是展览业,也不能把所有的展览活动参与者和组展商都当作展览旅游者。

2. 展览旅游属于商业活动的范畴

展览旅游一般都是大型的商务活动,主要是指因大型国际博览会或交易会而产生的外出商务活动。当今世界各种类型的国际博览会或交易会发展迅猛,并出现了声望较高的博览会或交易会,如 1999 年中国昆明的世界园艺博览会等,都会产生非常好的影响和效果。

举办国际展览会,可以扩大举办国的影响,提高举办城市的国际知名度,也可以吸引成千上万的游客前来旅游,促进举办市的市政建设,给旅游业、服务业等带来大量机遇。

三、展览旅游的特点

与其他类型的旅游活动一样,展览旅游也具有自身的特点。

1. 信息高度集中、高效

展览旅游的信息集中主要体现在对实物展品的集中和观展者的集中。一般来说,参展商通过举办展览,会将其展品集中到一个经过特别布置的展厅展览,组展商会通过各种手段和方式将观展者集中到展厅参观。这样,参展商和观展者就可以在展会中集中交流信息,不仅量大,而且省时。

如果没有展览使信息集中,参展商和观展者都将会花费大量时间进行实地考察才能获取,而在展厅里,他们都是可以轻而易举地获取。成功的展览活动往往能使买卖双方当场达成协议、签订合同、办理订货手续。对于较传统的买卖交易,展览会能促使双方交易高效、透明和便捷。

2. 主题新颖

"新"是展览的灵魂，没有新，展览就没有生机，就会失去最重要的吸引力。在越来越激烈的展览经济竞争中，主题新颖、富有创造力的展览活动往往是最受欢迎的，主要体现其展品。当然，"新"并不意味着所有展览都要强调展品的新颖，有些展览恰恰强调的是旧的东西，如文物和考古发现展，都是过去时代遗留下来的，虽然经过几百年，甚至几千年，可反映的是过去时代的文明，其越旧，就越有价值，对于从未睹其尊容的观众而言，它仍然具有"新"的含义。

3. 艺术性强

艺术性强并不是指展览建筑的艺术性，而是说展览自身的艺术性。在一些展会上，组展商会通过声、光、电、形、图像等艺术手段，将展馆、环境、展品布置得栩栩如生。这无疑切合了旅游产品极具观赏性的特点，也使得展览活动的艺术性得以淋漓尽致地体现。

4. 逗留时间长

对于参加展览旅游的与会者来说，不仅要参观展品，还要参观游览，相对而言，其逗留时间就比普通旅游者要长一些。同时，参加展览的人员由于其固有的特点，无论是可支配收入，还是对旅游接待设施的要求，都比普通旅游者要高很多，这一点在酒店业体现得较为明显。

在展览活动期间，所在地的酒店往往是直接的受益者，其入住率会在短期得到很大提升，并带动酒店餐饮、商务设施、娱乐设施的使用，大幅度提高酒店的经济效益。

5. 潜在旅游者多，现实旅游者少

大型的展览活动会吸引数量可观的与会者前来，但真正能够转化为现实旅游者的则屈指可数。主要是因为前来参与的人员受到行程安排的束缚，使得可支配时间较少，不可能参加太多的旅游活动；而有些组展商也没有为与会者安排较多的旅游活动，即使有，与会者的选择余地也很小；同时，受制于举办地的旅游资源，也是影响潜在旅游者转化为现实旅游者的重要原因。

为了更加明确展览旅游的特点，可以将展览旅游与传统的会议旅游做一对比，具体如表 4-1 所示。

表 4-1　展览旅游与会议旅游的比较

会展活动	展 览 旅 游	会 议 旅 游
参与人数	较多，经常上万人	较少，上千人算大规模
场地要求	面积较大，备馆、使用场馆与进出场馆时间较长	场地分散，进出场馆与使用时间均较少
重复性	较大，品牌展会要求举办时间与地点有规律	较小，大规模的国际会议每年安排在不同的地方举办
服务范围	场馆仅提供基础设施，展台搭建、运输与接待等各有分工	依赖场馆提供音响、通信、场地布置等全面服务
导向	以会展市场为导向	以场馆硬件和服务软件为导向

（资料来源：向洪．会展资本——并不高深的赚钱秘诀．北京：中国水利水电出版社，2003.）

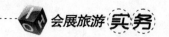

四、展览的分类

随着展览的不断发展,衍生出的类型也越来越多,分工也越来越精细。不同类型的展览旅游活动有着不同的特点和需求,展览举办地和相关旅游企业要想有针对性地开展展览旅游促销和提供展览旅游服务工作,就要对展览的类型进行科学合理的划分。

在对展览进行分类前,首先应考虑两方面的要求:①展览的内容,即展览的本质特征,包括展览的性质、内容、所属行业等;②展览的形式,即属性,包括展览的规模、时间、地点等。

展览的类型很多,不同的划分标准,就有不同的划分结果。常见的分类主要有以下几种。

(一)按展览的内容分类

按照展览的内容划分,可分为综合展和专业展。

1. 综合展(博览会)

综合展览会主要展览的内容是人类一些文明进步的成果,涉及工业制造、自然地理、人文历史等各个方面。目前,世界上规模最大、影响范围最广的综合展是世界博览会。

小贴士

我国上海市成功申办了第41届世界博览会,并在2010年5月1日至10月31日期间举行。此次世界博览会也是由中国举办的首届世界博览会。上海世界博览会以"城市,让生活更美好(Better City,Better Life)"为主题,总投资达450亿元人民币,创造了世界博览会史上最大规模的纪录。

2. 专业展

专业展览会往往只涉及某一领域的专业性展出,专业性很强。随着产品服务的细分化和市场竞争的激烈化,展览会的专业性会越来越强。

(二)按展览旅游的地域范围分类

按展览旅游的地域范围来分,展览可以分为以下几种。

1. 国际性展览会

国际性展览无论是参展商还是观众,都是来自多个国家,如汉诺威工业博览会、汉诺威信息技术展览会、中国国际医药保健原材料展览会等。

2. 地区性展览会

地区性展览会一般都是洲际性展览会,规模仅次于国际性展览会,对本区域有很大的影响力,如亚洲国际物流技术与运输系统展览会、亚洲艺术展览会、2011亚洲鞋业展览会等。

3. 全国性展览会

全国性展览会的参展商和观众主要来自全国范围,影响力也只限于国内,类似的展览在我国很多,如全国性工艺品展览会、全国纺织机械展览会、全国建材产品展览会等。

4. 本地展览会

本地展览会的规模一般较小,面向的观众主要是当地和周边地区的企业和市民,如每年

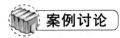

举办的大连春季房屋交易会、广西戏曲展览会、广东模具制造,机械展览会等。

(三) 按照展览面积分类

按照展览的面积来分,可分为大型展览会、中型展览会和小型展览会。

1. 大型展览会

大型展览会指的是单个展览面积超过 12 000 平方米的展览会。

2. 中型展览会

中型展览会指单个展览面积在 6 000~12 000 平方米之间的展览会。

3. 小型展览会

小型展览会指单个展览面积在 6 000 平方米以下的展览会。

(四) 按照展览的举办时间分类

按照展览的举办时间来分,可分为定期展览和不定期展览两种。

1. 定期展览

定期展览指的是展览举办时间具有相对固定周期的展览会,如广州中国商品进出口交易会,每年两次,分为春季和秋季。

2. 不定期展览

不定期展览是指根据需要和条件举办的没有固定举办周期的展览会,如经常在各大城市进行巡回展览的各种文化艺术展览会。

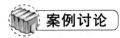 案例讨论

中国进出口商品交易会

中国进出口商品交易会,俗称广交会,创办于 1957 年春季,每年春秋两季在广州举办,迄今已有五十余年历史,是中国目前历史最长、层次最高、规模最大、商品种类最全、到会客商最多、成交效果最好的综合性国际贸易盛会。 自 2007 年 4 月第 101 届起,广交会更名为"中国进出口商品交易会"。

中国进出口商品交易会由 48 个交易团组成,有数千家资信良好、实力雄厚的外贸公司、生产企业、科研院所、外商投资/独资企业、私营企业参展。

中国进出口商品交易会贸易方式灵活多样,除传统的看样成交外,还举办网上交易会。广交会以出口贸易为主,也做进口生意,还可以开展多种形式的经济技术合作与交流,以及商检、保险、运输、广告、咨询等业务活动。来自世界各地的客商云集广州,互通商情,增进友谊。

值得一提的是,中国进出口商品交易会的展馆创下两项"世界第一"。

第一,单体展馆面积最大——39.5 万平方米。

第二,钢横架跨度世界最长——每个展厅的顶部由 6 个长达 126.6 米的大跨度预应力张弦梁钢管桁架支撑着,是世界上跨度最大的钢横架。琶洲展馆广场:琶洲展馆的广场面积超过 2.2 万平方米,以展览、展示、表演和大型集会为主要使用功能。绿化率高达 48.7%,整体设计与自然和谐融洽。

中国进出口商品交易会的展馆主要有两个。

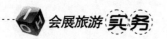

1. 流花路展馆

中国进出口商品交易会流花路展馆建于 1974 年,展馆面积达 17 万平方米,因每年举办春、秋两届中国进出口商品交易会而举世闻名。

中国进出口商品交易会流花路展馆地处中国南方最大城市广州,占经济中心城市有利地位,得改革开放风气之先,受重商文化熏陶培育,在当地经贸活动极其活跃的背景下,常年举办 80～100 个展览,是广州乃至华南地区举办展览数量最多、展览规模最大、展览层次最高的展览馆。家具、建筑装饰、美容美发、皮革、通信、汽车、网印、广告等多个题材的展览,其规模、知名度和吸引力,不仅在华南地区首屈一指,在全国也名列前茅。

中国进出口商品交易会流花路展馆紧跟时代步伐,近年来多次投入巨资对展馆进行改造更新,其硬件条件日臻完善,足以容纳各种类型的展览。中国进出口商品交易会流花路展馆的经营机构——中国对外贸易中心(集团),拥有服务门类齐全、专业化、高素质的员工队伍,积累四十余年办展经验的同时对展览服务不断推陈出新,着意提高服务配套水平和建立灵活、快速的市场反应机制,有信心为展览客户提供全方位、有求必应的周全服务。

中国进出口商品交易会流花路展馆坐落在广州市四条主要干道交汇之处,位于最繁华的黄金地段,多年办展形成的知名度和商誉有口皆碑,交通便利,人气汇聚,已成为各类展览的首选之地。

2. 琶洲新馆

中国进出口商品交易会琶洲展馆位于广州市东南部的琶洲岛,其设计独特,环境优美,集会议、展览、商务洽谈等多功能于一体,是实用化、智能化、人性化、生态化完美结合的现代建筑。

琶洲展馆建筑总面积 70 万平方米,首期占地 43 万平方米,建筑面积 39.5 万平方米,已建好 16 个展厅,其中室内展厅面积 16 万平方米,室外展场面积 2.2 万平方米,主要以展览、展示、表演和大型集会为主要使用功能,是目前亚洲最大的会展中心。

展馆采取了"北低逐渐南高"的流线形设计,体现出"飘"的动态意念设计风格。屋顶呈波浪曲线浮动,适应琶洲和珠江的地形变化,与环境融为一体,这种设计理念在世界上所有会展中心的设计方案中是独一无二的。从高处俯瞰,展馆如一朵白云在江畔飘动;从东面侧看,则似一条奋起跃上珠江南岸的鲤鱼。

(资料来源:广交会官方网站,http://www.cantonfair.org.cn.)

【讨论】

1. 试分析中国进出口商品交易会别于其他展会的特色之处。

2. 结合案例,讨论中国进出口商品交易会的类型。

第二节　展览旅游的运作与管理

一、展览旅游的运作模式

展览旅游的发展依靠相应的内因和外因,内因是旅游业发展情况,外因是展览活动的开展情况。在具体运作过程中,展览旅游的实施主要依靠展览旅游的组展商、参展商和观展者,这三方面是展览旅游发展的基础和条件。

展览旅游的组展商在整个展览旅游运作中处于主导地位,他们在参展商和观展者之间起到桥梁作用,并提供相应服务,满足参展商和观展者在展览旅游活动期间的各种需求。而参展商和观展者是展览旅游的主体,其对展览旅游的满意程度直接关系到展会的成功与否,如果参展商和观展者对展览旅游保持支持和信任的态度,能使展览旅游参与各方赢利。

一般来说,展览旅游的运作模式如图 4-1 所示。

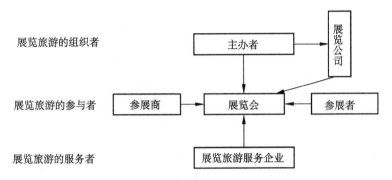

图 4-1　展览旅游的运作模式示意图

从图 4-1 可以看出,尽管展览旅游的主客体是稳定的,但具体运作过程中,由于展览旅游性质、目的、内容等的不同,使得展览旅游活动的运作模式有所不同。主要有以下几种模式。

1. 专业展览公司承接展会

展览旅游的组展商将展览旅游承包给专业展览公司,由展览公司对展览旅游活动进行策划、组织,同时在展会前进行展会的营销和宣传,展览会的展台设计、搭建、展品的运输等工作。作为展览旅游的一个重要内容,开发设计能够反映当地特色的展览旅游产品也是展览公司需认真考虑的方面。

2. 专业展览公司主办展会

一些实力雄厚的专业展览公司可以直接主办或承办展览会,不仅可以使展览旅游活动更加专业,也能给公司创造更多的效益。

3. 组展商主办展会

展览旅游组展商独立完成展会的策划和组织,同时在展会各个阶段完成对参展商和观展者的接待和服务工作。

一些创办初期的展览旅游活动,往往由当地政府等主办单位提出展览旅游创意、主题,再由专业展览公司进行策划、组织和承办工作。随着展览旅游发展的成熟,由专业的展览公司对展览旅游进行创意、策划、组织等工作的各类展览将越来越多。

除此以外,展览旅游的每个阶段都有众多的展览旅游服务商为组织者、参展商和观展者提供各种服务,如旅行社、旅游景区、旅游交通部门、旅游餐饮住宿设施等部门。

二、展览旅游的运作程序

目前,主流的商业展览活动基本都是由专业展览公司主办或承接的,作为商业性企业,

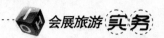

其都是根据市场需求进行相关的策划和组织工作。从专业展览的角度看,展览旅游的运作程序如图 4-2 所示。

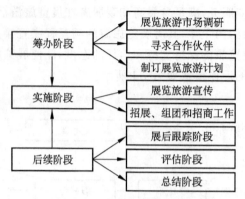

图 4-2　展览旅游的运作程序示意图

(一) 筹办阶段

展览旅游的筹办阶段其实就是一个调研策划的过程。为了能使展会办成使组展商、参展商和观展者都满意,且能够创造一定效益,就一定要强化展览旅游前期的筹办工作,即调研和策划环节。前期的筹办阶段工作流程可以简单总结为:展览旅游市场调研,寻求合作伙伴,制订展览旅游计划。

1. 展览旅游市场调研

展览旅游的市场调研是一项极其重要的工作,不仅要尽快确定展会目标和内容,而且要根据市场需求,完成展览旅游的可行性分析。展览旅游的市场调研主要包括以下几方面。

(1) 收集信息

主要是了解行业发展情况和潜力,能否利用目前的行业发展形势促使展会得以发展。

(2) 选择优势产业

应当选择本地区的优势产业。优势产业通常是指在一个国家或地区的经济总量中占有一定份额有发展优势的产业,或说是在一定的空间区域和时间范围内具有较高投入产出比率的产业。选择优势产业不仅可以使展览旅游的成功率大大提高,而且也会对地区的经济发展起到很大的带动作用。

(3) 当地政府扶持政策

考虑所选择是否是政府重点支持的项目,如果是,则会对展览旅游起到很大的支持作用。

(4) 可行性分析

展览旅游的可行性分析主要包括市场可行性分析和运行可行性分析两方面。市场可行性分析主要是指展览旅游项目未来的市场发展空间,包括市场竞争状况、市场规模和市场辐射力等内容。而运行可行性分析主要是指展览旅游执行过程中所需的各种资源的分析,如人员、资金、物力等内容。

2. 寻求合作伙伴

为了扩大展览旅游的赢利性,保证其规模和档次,展览旅游主办方一般都会寻求合作伙伴,作为展览旅游的招展组团代理或支持单位。其中,展览旅游的招展组团代理是指有影响力的专业性、大众化以及权威性的大众媒体、专业展览公司以及海外代理机构,这些部门具有办展的丰富经验,能够快速整合资源,提高展览旅游的影响力,还能够有效降低招展成本。展览旅游的支持单位是指行业的政府主管部门、行业的权威协会组织以及有广泛影响力的行业机构等。

3. 制订展览旅游计划

展览旅游计划是对整个展览工作所做的全局性、总体性的安排。一个完备的、系统的展览旅游计划可以使展览工作有条不紊地进行,同时,展览旅游计划也是整个展览管理流程中重要的环节,对于组展商、参展商都是必不可少的一环。

展览旅游计划内容繁杂,没有统一的模式,但其内容相对固定,一般来说主要包括以下内容:①展览旅游的名称;②举办地点和时间;③展览旅游的规模和目标;④举办机构;⑤展览旅游的展示商品及其范围;⑥展览旅游的招展、组团和宣传推广计划;⑦进度计划;⑧现场管理计划;⑨展览旅游的相关活动计划。

(二) 实施阶段

待确定了展览旅游的前期筹办工作以后,特别是确定了展览旅游计划之后,就步入到展览旅游的实施阶段了,实施阶段主要包括展会前的展览旅游宣传,招展、组团和招商工作。

1. 展览旅游宣传

展览旅游的宣传工作在整个展览旅游运作环节中居于重要地位,它不仅决定了参展商的数量和质量,而且也决定了观展者的数量和质量,也最终决定了展览旅游的展出效果。展览旅游的宣传应选择合适的方式,有针对性地开展宣传工作,以取得良好的宣传效果。

展览旅游的宣传工作可以从以下几方面操作。

(1) 宣传对象

一般来说,展览旅游宣传主要针对现实和潜在的参展商和观展者。不同的展览,所涉及的行业不同,其参展商和观展者也不尽相同,只有把参展商和观展者限定在一定的范围内,才能最大限度地实现展览旅游目标。

(2) 宣传内容

展览旅游的宣传内容是指制订宣传资料,主要包括展览会资料、市场资料、组展要求和安排、协议或合同等。制订宣传资料的主要目标是让参展商和观展者了解展览的项目,如地点、时间、内容、性质等。宣传资料应做到尽可能详尽,使参展商和观展者能够更为详细地了解展览会的情况。

(3) 宣传方式

展览旅游组展商应根据展览和宣传对象的具体情况,选择合适的宣传方式。常见的宣传方式主要有:大众媒体广告、户外广告、邮寄广告等。

(4) 宣传技巧

适当的宣传技巧不仅可以使展览旅游的宣传工作事半功倍,而且可以使展览旅游得以顺利举办。在具体的宣传工作中,应将组展商和参展者分别开展。当然,有时组展商会邀请参展商完成宣传,这样可以大幅度降低宣传成本,也可以激发参展商的积极性。

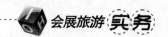

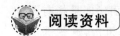阅读资料

第七届中国(湖北·武汉)国际汽车工业展览会宣传方案

第七届中国(湖北·武汉)国际汽车工业展览会(以下简称"国际汽车展")在媒体宣传和户外广告宣传上,将充分总结上届的成功与不足,完善整体策划,扩大宣传氛围的营造,力争积累更多的市场运营经验,在形式上有更大突破。拟对第七届国际汽车展会前、会中、会后的宣传推进工作,提出如下方案。

一、广告、宣传宗旨

(1) 全面展示湖北省武汉市乃至中部地区汽车产业的发展水平。

(2) 全力打造国际汽车展成为武汉乃至中部地区的品牌展会。

(3) 大力宣传湖北武汉汽车产业优势,以及近年来的发展水平,更好地为招商引资服务。

二、宣传要求

(一)提升规格,寻求支持

为了搞好本届国际汽车展的宣传工作,寻求省、市两级政府大力支持,由组委会综合部负责整个汽车展的宣传报道工作。

(二)形式多样,合力聚焦

通过消息、通信、专访、答记者问、图片、公益广告等多种形式,集中聚焦,认真做好会前、会中、会后报道,形成强大舆论声势。

三、新闻宣传方案

(一)宣传内容

(1) 湖北武汉汽车产业的发展成就及未来规划;

(2) 本届国际汽车展的特色和亮点;

(3) 本届国际汽车展筹备工作的跟踪报道;

(4) 对本届国际汽车展的盛况以及花絮进行全面报道;

(5) 对重点企业进行广泛深度报道;

(6) 其他。

(二)宣传计划

1. 前期宣传

2006年3月下旬至5月中旬,为会前宣传阶段,整个新闻宣传要逐步升温。本阶段主要介绍国际汽车展的基本情况。

2. 中期宣传

2006年5月下旬至8月下旬,为会中宣传阶段,整个新闻宣传要达到高潮。本阶段主要采取展开式报道,介绍本届国际汽车展的特色、筹备情况进度,并安排部分专访。

3. 后期宣传

2006年9月上旬直至展会结束,为会后宣传阶段,要做好总结及深度式报道。在筹备工作的基础上采用各种媒体平台全方位展开报道,特别是在展会前后,应该在主流媒体上出现关于此次国际汽车展的大幅宣传报道。

(三)媒体平台

(1) 本地媒体:湖北报业集团、长江日报、武汉晚报、楚天都市报、武汉电视台《武汉新闻》之前或之后推出 30 天倒计时标记。

(2) 全国性媒体：国际商报、经济日报、中国工业报、中国汽车报等。

(3) 网络媒体：国际汽车展官方网站及相关网站链接等。

四、广告投放方案

(一) 电视媒体

拟在湖北电视台、武汉电视台等进行宣传(具体时段待定)。

(二) 户外媒体

大型路牌、灯杆道旗、立交桥桥柱灯箱广告、宣传海报、车贴宣传等。

(三) 平面媒体

经济日报、中国工业报、国际商报、湖北日报、长江日报、武汉晚报、武汉晨报、楚天都市报、楚天金报等。

五、网络宣传手段

(1) 电子邮件群发。

(2) 与相关行业协会网站进行链接。

(3) 搜索引擎注册。

(4) 在相关专业网站上做专题报道。

(资料来源：自由商务网，http://www.ecism.com.)

2. 招展和组团、招商工作

招展和组团工作就是展览旅游组展商招徕参展商,组织旅游团前来参加展览活动。招展组团工作是展览旅游实施阶段的重要阶段之一,其所涉及的利益主体和事件十分庞杂,招展组团工作主要包括展览会说明及特色介绍、目标市场定位、财务预算、可供给采用的市场推广方法等。招展组团工作关键在于参展商的数量和质量。

招商工作也是展览会能够成功举办的影响因素之一,主要是指展览旅游对观展者的吸引。招商工作与招展组团工作是相辅相成的,只是两者面向的对象不同。需要强调的是,越来越多的国内展览公司开始把专业观众组织(招商)放在首位,以吸引更多、更高层次的参展企业,因而招商工作在展览旅游实施阶段有着十分重要的作用。观展者可分为专业观展者和普通观展者,专业观展者的参加比例是衡量整个展览旅游服务质量的标准之一。

(三) 后续阶段

后续阶段是展览旅游主体活动结束以后,是展会组展商、参展商与观展者合作关系的延续。尽管展览旅游的主体活动是整个展览活动的核心内容,但后续阶段也会对展览旅游产生深远的影响。一些知名的展览活动不仅能在市场竞争中立于不败之地,同时还能有效地扩大自身影响力和市场份额,这或多或少与其重视展览活动的后续工作有关。

后续阶段主要包含三方面的内容。

1. 展后跟踪阶段

展览旅游活动的展后跟踪阶段主要是针对参展商和重要观展者进行的,主要是为了加深重要客户的印象,树立展览会品牌形象,同时也为了下一届的宣传工作。

展后跟踪阶段的主要工作有以下几个。

(1) 感谢工作。展览旅游参与者对展会的策划、招展、招商、信息发布、现场服务、扩大

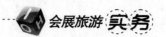

影响等方面起着重要的作用,展览结束后要对他们的支持和协助表示感谢。

(2)媒体跟踪报道。通过各种媒体对整个展览旅游活动作回顾性的报道,特别是对展览环境、参展人数、专业含量、展览效果、成交额、反馈意见等。

(3)发布下一届的展览信息。

(4)对参展商进行意见调查和征询。

2. 评估阶段

展览旅游工作评估是对整个展览环境、工作以及效果进行全面性、系统性的评估。一般来说,展览旅游的评估工作是由专门的评估人员完成的,主要针对组展商和参展商,其侧重点也有所不同。

(1)组展商的评估

组展商的评估较为宏观,主要包括对展览整体情况、参展商和观展者的整体情况进行评估。展览的整体情况是指组展商的前期准备工作情况、展览期间的现场服务和管理情况,这些数据可以通过对参展商和观展者进行调查得知。通过对组展商的评估,可以使其了解自身工作情况,了解展览旅游活动的档次、规模以及效果。

(2)参展商的评估

参展商的评估是对展览旅游的组织工作和展出效果进行评估。评估的内容主要有:展会前期筹备工作、展会举办期间的组织管理工作、展览旅游目标是否合适、宣传是否到位、展会服务人员工作能力和态度、展会的运输、制作等内容。

无论是组展商的评估还是参展商的评估都是十分复杂的工作,评估的好与坏直接关系到本次展会举办效果和下一次展会举办的顺利程度。因此,评估工作应尽可能做到科学、客观、合理,搜集大量数据和信息,设计科学合理的调查问卷,作为具体评估工作的依据。

3. 总结阶段

展览旅游的总结阶段是展览旅游项目从开始到结束之间各项工作的总结,并形成报告,为未来工作提供数据、资料、经验和建议。其中重点应当是进行效益成本分析,对收集到的组展商、参展商和观展者的意见和建议进行分析,并提出改进产品和服务的措施,作为以后工作的基础。因此,总结工作对展览旅游的运作有着重要的意义和作用。

◀◀ 本 章 小 结 ▶▶

本章主要概述展览和展览旅游的概念和特点,总结了展览旅游的主要分类。结合我国的国情和展览业的特点,解剖了展览旅游的运作和管理,特别是展览旅游运作的模式和运作的三个环节。

复习 思考题 ✎

1. 什么是展览旅游? 展览旅游的特点有哪些?

2. 试分析比较展览旅游中的参与者主要有几类。各有什么作用?

3. 展览旅游的运作模式如何?

4. 展览旅游的前期筹备工作有哪些?

5. 展览旅游的运作可分为几个步骤? 各有哪些内容?

6. 结合所学知识,分析发达国家展览业带给我们的启示。

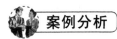案例分析

案例分析一:2006 年沈阳世界园艺博览会——创造世界八大奇迹

2006 年 4 月 30 日至 10 月 31 日,中国沈阳世界园艺博览会在花海中隆重开幕。这是继 7 年前在昆明举办后,我国第二次举办园艺界的"奥林匹克"盛会。在沈阳世界园艺博览会的 184 天中,一个又一个奇迹被创造,一个又一个纪录被刷新。

奇迹一:人数——游客超过 1250 万

沈阳世界园艺博览会展出的 184 天中,共接待中外游客 1250 万多人次,创了世界园艺博览会展期内接待游客总量的新纪录。其中"五一"和"十一"两个黄金周,接待游客高达 310 万人次。5 月 2 日当天接待游客 34 万人次,创造了世界园艺博览会历史上单日游客总量的最高纪录,也创造了世界园艺博览会历史上的新纪录。而 1999 年的昆明世博园单日接待游客最多时为 12.3 万人次,沈阳世博园日最高入园人数是昆明世博园的近 3 倍!

奇迹二:规模——184 天历经三季

从 4 月 30 日开幕,到 10 月 31 日结束,时间跨度达 184 天,经历了春、夏、秋三季,而且到会期尾声时已近冬季。沈阳世界园艺博览会主任刘延江说,就面临的季节变化所带来的挑战而言,沈阳世园会也创下了一个世界奇迹。作为中国北方城市,沈阳市不仅举办了世园会,而且办得比哪届都有特色、比哪届都好。

沈阳世博园占地 2.46 平方千米,是迄今世界园艺博览会占地面积最大的一届。

奇迹三:植物——用花木 2500 万株

沈阳世园会是历届世界园艺博览会中用花量最多的一次,总用花量达 2500 万株。

世园会开幕之时,恰逢沈阳春意盎然的季节。在这里,有 980 多种树木,7000 余种 2000 多万株花卉。其中草花类 2000 余种,球根花卉类 1000 余种,玫瑰花类 3500 多种。就种类及数量而言,是历届世界园艺博览会中展出植物最多的一届。

世园会的名扬天下还在于它的森林。世界园艺生产者协会主席法博先生评价说:"沈阳世园会是唯一一个在森林中举办的世园会。"

奇迹四:筹备——20 个月用时最短

从 2004 年 9 月沈阳市成功申办世园会,到 2006 年 4 月 30 日正式开园迎宾。世博园总筹备建设时间为 20 个月,而昆明世博园则是提前三四年开始建设,沈阳世园会创历届世园会建园时间最短纪录。刘延江说,这绝对是"沈阳速度"的奇迹。

沈阳世博园的魅力,来自百合塔、凤之翼,它所展现的不仅仅是美,更是雄伟壮观。在世博园的建设中,许多设计方案、建设手法都是首次被使用。如 3 层夹胶玻璃建桥面、凤之翼建筑的斜塔等,而百合塔则可以肯定为中国最大的雕塑体建筑。

奇迹五:安保——未发生安全事故

世园会开幕以来,没有发生一起拥堵、踩踏等突发事件,没有发生一起打架斗殴事件;在 1000 多万游客的用餐用水中,没有发生一例食物中毒事件;在 2.46 平方千米的森林园区内,没有发生一起火灾火情。作为新中国成立以来东北地区举办的规模最大、时间最长的展会,沈阳世园会开创了世界园艺博览会无任何安全事故的先例,为我国举办大型展会的安全保

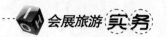

卫工作提供了有益的借鉴。

奇迹六:服务——日均迎重要来宾 500 人

刘延江说,世园会的接待工作,创下了沈阳接待工作史上的许多奇迹。沈阳市接待办表示,截至 10 月 15 日,世园会进行了 168 天,共接待国内外重要来宾 81 572 人次,平均每天接待 500 名国内外的重要来宾,这在沈阳历史上是从来没有过的。

"十一"黄金周之前,相关部门曾经对光临世园会的旅游者进行过一次满意度调查。结果显示,在旅游者对世园会的总体评价上,被调查的 1183 名旅游者中,"满意"和"比较满意"的比例高达 99%。如此高的满意率,在国内各著名旅游景区中是极其少有的。

奇迹七:演艺——55 万名游客看"马战"

世园会结束了,但大型实景马战表演《盛京之战》将保留下来。这个节目是世园会开幕以来,最受游客喜爱的大型演艺活动。

刘延江说,5 月 1 日以来,已有 55 万名游客观看了《盛京之战》表演。这对于辽沈地区的演出市场来说是个奇迹。

奇迹八:展览——平均一周就有两次

在世博园 10 个展示场所内,共举办展览项目 37 个。刘延江说,一般来说,一次展览的周期为 3～6 个月,而世博园平均一周同时筹办两次展览,这种效率和速度是惊人的,可以说这创造了世界展览史上的奇迹!

（资料来源:新华网,http://www.xinhuanet.com.）

【分析】

1. 沈阳世界园艺博览会创造奇迹的原因是什么?
2. 沈阳主办的世界园艺博览会给我们哪些启示?

案例分析二:高交会——中国科技第一展

中国国际高新技术成果交易会(简称高交会),是由中华人民共和国商务部、中华人民共和国科学技术部、中华人民共和国工业和信息化部、中华人民共和国国家发展和改革委员会、中华人民共和国教育部、中华人民共和国人力资源和社会保障部、中华人民共和国农业部、中华人民共和国国家知识产权局、中国科学院、中国工程院、深圳市人民政府主办,深圳市中国国际高新技术成果交易中心(深圳会展中心管理有限责任公司)承办,中国规模最大、最具影响力的科技类展会,有"中国科技第一展"之称。

高交会设有"高新技术成果交易、高新技术专业产品展、论坛、super-SUPER 专题活动、高新技术人才与智力交流会、不落幕的交易会"六大板块,集成果交易、产品展示、高层论坛、项目招商、合作交流于一体,通过"官产学研资介"的有机结合,为海内外客商提供寻求项目、技术、产品、市场、资金、人才的便捷通道。

自 1999 年首届举办以来,高交会得到了中国各级政府的高度重视和大力支持,朱镕基、吴邦国、李长春、吴仪、曾培炎等国家领导人分别莅临了历届盛会。每届高交会均有全国 31 个省、自治区、直辖市、计划单列市和港澳台地区以及近 30 家中国著名高校参加展示交易洽谈;同时,高交会也得到了海内外高新技术企业的认可和欢迎,全球 50 多个国家的客商参加了历届高交会的展示、交易和洽谈,其中有美国、英国、德国、加拿大、澳大利亚、意大利、俄罗斯以及欧盟等近 30 个参展国家或国际组织,有微软、IBM、甲骨文、西门子、英国电讯、爱立信、菲利浦、SAP、索尼、三星等 40 多家国际知名跨国公司;来自全球的商政学界精英,如诺贝尔奖获得者、部长级以上政府官员、跨国公司总裁等400多人在高交会论坛上发表演讲；每届展会参观人数超过50万人，产品与技术交易额超过130亿美元。

经过多年发展，高交会以"国家级、国际性、高水平、大规模、讲实效、专业化、不落幕"的特点，成为中国高新技术领域对外开放的重要窗口，在推动高新技术成果商品化、产业化、国际化以及促进国家、地区间的经济技术交流与合作中发挥着越来越重要的作用。如今，展会的规模不断扩大，内容逐渐完善丰富，国际化程度不断提高，各项指标屡创新高，是展示中国高新技术最新成果、世界高科技最新动态的窗口。

（资料来源：中国国际高新技术成果交易会，http://www.chtf.com.）

【分析】

1. 阐述高交会对推动旅游经济发展的作用。
2. 试分析深圳主办高交会的优势。

 实战演练

背景介绍：北京国际旅游博览会（BITE）是由北京市旅游局于2004年发起主办，新加坡会议与展览服务有限公司、北京瑞来森会展服务有限公司承办的国际性旅游专业展会。经过五年的发展，它以丰富的展览展示内容、专业性的交流洽谈平台、规范化的管理服务保障、卓有成效的交易成果，获得各界一致好评，具有很高的知名度，已成为国际旅游业交流与合作的重要平台。

假设你是该博览会的组织人员，结合所学知识，试分析如下问题：

1. 旅博会应邀请的参展企业。
2. 在展会举办之前，应考虑哪些方面的工作。
3. 根据当地情况，完成一份旅博会策划方案。

第五章
节事旅游

【知识目标】
- 了解节事的含义、节事活动的类型；
- 理解节事旅游的概念、特征及作用；
- 掌握节事旅游运作与管理工作。

【能力目标】
- 能够运用所学知识分析节事旅游在旅游目的地发展中的作用；
- 能综合分析国内节事旅游资源丰富城市的现状和发展趋势。

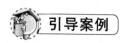 引导案例

上海力推世博旅游

世博年无疑将成为旅游大年。上海市旅游局局长道书明在接受采访时谈到，2010 年来沪游客数量将会超过 1.8 亿人次。面对如此巨大的超常规流量，旅游部门已经做好了衣、食、住、行各个方面的保障工作。同时，他们也把此次世博看作提升上海成为世界级旅游城市的契机，并促进旅游产业的结构调整。

一、长三角成世博住宿"预备军"

道书明表示，目前上海宾馆、饭店加社会旅馆约有 55 万张床位，并不能满足极端峰值时旅客对旅馆的需求，因此，旅游部门在上海 1.5 小时车程以内的城市里搜集了将近 20 万张床位的有效资源，可通过上海的几大网站，在网上实行提前预订，缓解住宿瞬间高峰难题。

在住宿资源方面，旅游部门同样考虑到不同层次的需求。据统计，上海 55 万张床位中60％主要来自社会旅馆和经济连锁型酒店，高星级宾馆的客房量占总量的 20％～30％。同时，各区县也在挖掘自身旅游资源潜力，提供令游客安心、放心、价格适当的住宿。

二、"绿色"游世博，"血拼"大上海

道书明建议国内游客来上海参观世博会，最好组团游览，散客则可拼团。这样可以减少在途中花费的时间和精力，比如找停车场、领票、排队等。同样也是一次实践绿色世博的好机会。目前，旅游部门已经提出坐飞机少背 1 公斤、徒步旅行、自行车旅行，尽量不做自驾游的建议，旅游方式的转变可见一斑。

道书明除了推荐各种世博旅游线路外,对"夜上海"、"购物天堂"的介绍也不遗余力。他说:"上海的夜间文化生活、夜间购物都十分有特色。上海的商业、文化在世博期间可以充分地发挥作用。白天游世博,晚上游市区。此外,还可以到郊区体验淳朴的民风民情,目前相关的旅游产品已经整合推出了。"

三、拒绝"零负团费",提升世博游质量

此前,各地旅游中出现过一些"零负团费"现象,令旅游业形象受损。道书明表示,世博期间坚决拒绝此类情况发生。他说:"上海旅游部门日前已经向全球公布,不欢迎零负团费,不仅是世博会期间,包括世博会后也不欢迎零负团费。如果有这种情况出现,有一件查处一件。"旅游局将和工商局、文化执法大队等通力合作,一有举报立即查处。

目前,上海各大旅行社的工作人员和旅行社的经营人员正在逐步提升其自身法治意识。世博会之前,旅游部门会建立完善国内旅游的监控体系。之前,上海已经建立了一个诚信平台,把上海所有旅游从业人员和旅行社的信息都通过诚信平台向社会公布,一旦发现违规事件,立即在网络上公布。以此对一些企图违规操作的企业或者个人进行有效的威慑,提升世博游质量。

(资料来源:东方网,http://www.eastday.com.)

第一节　节事和节事旅游

一、节事的概念

"节事"一词来自英文 event,国内学者一般将其理解为"事件、活动、节庆"等含义。围绕这一概念又衍生出另一概念,即 FSE(festivals & special events)。中文译为"节日和特殊事件",简称"节事"。FSE 是各种节事活动的总称,其内容丰富,外延也十分广泛。

从节事的概念上理解,我们可以把节事理解为节日和特殊事件两部分,其含义也是不同的。

节日是指一种有着特殊意义的日子,在这样的日子群众广泛参与各种社会活动。一般而言,节日都会选择在一年中固定的日期举办,节日期间还会举行各种庆祝仪式等欢庆活动。因此,节日也被称为节庆。

特殊事件是指人们日常生活和工作以外的,一种不同于平常休闲、文化体验的实践。特殊事件可以是一次性的,也可以是固定举办的,但应该是非经常发生的,如一次盛大的庆典、一场特别的演出等都属于特殊事件。

二、节事活动及其分类

节事活动是指举办地组织的系列节庆活动或有特色的非经常发生的特殊事件。节事活动形式多样,因此可以根据不同的标准将其分为不同的类型。一般而言,可以根据以下标准进行划分。

(一)按节事的性质分类

按节事的性质划分,可以分为以下几种类型。

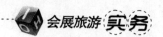

（1）文化庆典，包括节日、狂欢节、宗教事件、大型展演、历史纪念活动等。

（2）文艺娱乐事件，包括音乐会、表演、文艺展览、授奖仪式等。

（3）商贸及会展事件，包括展览会、博览会、会议、广告促销、募捐等活动。

（4）体育赛事，包括各种职业比赛和业余比赛。

（5）教育科学事件，包括各种研讨会、学术会议等。

（6）休闲时间，包括趣味游戏和体育、娱乐事件。

（7）政治/政府事件，包括就职典礼、授勋仪式、贵宾观礼、群众集会等事件。

（8）私人事件，包括个人典礼、周年纪念、家庭假日、宗教礼拜、社交实践、舞会节庆、同学亲友联欢会等事件。

 **阅读资料**

我国七大民俗节日如表5-1所示。

表5-1　我国七大民俗节日一览表

名　称	日　期	意　义	主要民俗活动
春节	农历正月初一	意味着春天将要来临，新的一年到来，万物复苏，草木更新，新一轮播种和收获季节又要开始	贴春联、吃年夜饭、放爆竹、拜年、舞狮子、耍龙灯、演社戏、游花市、逛庙会
元宵节	农历正月十五	一年中第一个月圆之夜，是庆贺新春的延续，也为未婚男女青年提供一个相识和与情人相会的机会	吃元宵、观灯、放烟火、耍龙灯、耍狮子、踩高跷、划旱船、扭秧歌、打太平鼓
清明节	农历四月五日前后	二十四节气之一，既是祭祀先人最重要的节日，又是人们春游的好时候	扫墓、踏青、植树、荡秋千、蹴鞠、打马球、放风筝
端午节	农历五月初五	仲夏之端，五毒滋生，是除毒瘟，驱病灾的日子，同时也是为了纪念伟大的爱国诗人屈原的日子	吃粽子、赛龙舟、饮雄黄、佩香囊、悬艾叶菖蒲、上山采药
七夕节	农历七月初七	相传织女与牛郎在鹊桥相会的夜晚，女孩们向织女祈求智慧和巧艺，更是求赐美满姻缘的日子	陈列瓜果乞巧、结彩缕、穿七孔针、赛巧、玩乞巧游戏、吃巧食、搭香桥
中秋节	农历八月十五	一年之中秋季的中期，此夜的月亮最圆、最明亮，是人们祭拜月神的日子，也是期盼合家团圆的时刻	赏月、拜月、吃月饼、烧斗香、树中秋、点塔灯、放天灯、走月亮、舞火龙
重阳节	农历九月初九	寓意着长久长寿，又是一年收获的黄金季节，是值得庆贺的吉利日子，并且自古便有敬老爱老之风	登高、赏菊、喝菊花酒、吃重阳糕、插茱萸、敬老活动

（资料来源：中国民俗网，http://www.chinesefolklore.com.）

（二）按节事的规模分类

对于节事规模的界定，国际上有很多不同的观点，但是从现代意义上节事旅游的角度出发，综合节事的规模、目标群体及市场、媒体的覆盖面等标准，节事大致可划分为：重大节事、特殊节事、标志性节事和中小型节事。

1. **重大节事**

重大节事是指规模庞大以至于影响整个社会经济，同时拥有众多参与者和观众，对媒体有着强烈吸引力的节事活动。国际会展专家盖茨提出，重大节事至少应有两项定量标准：一是参观人次大于 100 万人次；二是投资成本大于 5 亿美元。同时还提出了在目的多元化、节日精神、满足基本需求、独特性、质量、真实性、传统、适应性、殷勤好客、确定性、主题、象征性、供给能力和便利性 14 项定性指标。

通常情况下，重大节事往往是全球性的活动，如号称世界三大盛事的"奥林匹克运动会"、"世界博览会"、"世界杯足球赛"。

2. 特殊节事

特殊节事是指借助一定的主题，能够吸引大量参与者或观众，引起国际和国内媒体报道，并带来可观经济效益的节事活动。如北京国际旅游文化节、世界体操锦标赛、慕尼黑啤酒节等都是备受瞩目的特殊节事活动。

3. 标志性节事

标志性节事是指某些大型节事活动在一个地区长期举办，并逐渐与举办地融为一体，成为最能够展示举办地特征的活动。如青岛国际啤酒节、大连国际服装节等都属于标志性节事活动。

4. 中小型节事

中小型节事是指规模较小、影响局限在某个地区范围之内的节事活动。如乡镇、地方社区等开展的节事活动大多数都属于中小型节事活动。中小型节事活动虽然没有受到社会的广泛关注，但是它们的数量庞大，其整体效益不容忽视。

以上四种规模的节事活动，具体可如表 5-2 举例所示。

表 5-2 节事的规模分类

节 事 类 型	实 例	目标群体/市场	媒体类型覆盖面
重大节事	奥林匹克运动会	全球	全球电视媒体
	世界博览会		
	世界杯足球赛		
特殊节事	区域性体育赛事	世界	国际电视媒体
	国家级旅游文化节事	国内	国内电视媒体
标志性节事	青岛啤酒节	区域	国家电视媒体
	西班牙奔牛节		本地电视媒体
中小型节事	乡镇节事	区域/地方	本地电视/报刊媒体
	地方社区节事	地方	本地报刊媒体

（三）按节事活动选取的主题分类

按节事活动选取的主题来划分，可分为商贸、文化、宗教、民俗、体育、自然景观和综合七大类型。

1. 以商贸为主题的节事活动

商贸节事活动一般均以举办地最具有代表性的风物为主打品牌，如青岛国际啤酒节以

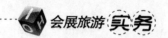

著名的青岛啤酒为节日主题,类似的还有洛阳的牡丹节、景德镇国际陶瓷节等。

2. 以文化为主题的节事活动

文化节事活动是指依托举办地著名的文化渊源或现存的典型的、具有当地特色的文化类型而开展的节事活动。如中国淄博国际聊斋文化节,就以人人耳熟能详的聊斋文化为主题举办各种与聊斋相关的活动,以此来活化人们心中的聊斋故事,深受游客喜爱。除此以外,还有福建的湄洲妈祖节、山西运城的关帝节等。

3. 以宗教为主题的节事活动

宗教是我国传统文化的重要组成部分,内容十分丰富。宗教节事活动一般是以举办地著名的宗教资源为依托,开展的各种吸引游客的宗教活动。如沙特麦加的"朝觐"活动,就是以其著名的麦加克尔伯神庙为依托,成为全世界穆斯林心中的圣地。类似的还有五台山国际旅游月、陕西法门寺佛祖文化节、西藏地区的晒佛节等。

4. 以民俗为主题的节事活动

民俗节事活动一般是以本民俗独特的民俗风情为主题,涉及书法、民歌、风情、杂技等内容的活动。我国是一个多民族国家,可作为节事活动的民俗题材非常广泛,如吴桥杂技节、傣族泼水节、潍坊风筝节等。

5. 以体育为主题的节事活动

体育节事活动主要以举办地举行各种体育赛事为主题。如我国每年举办的全国运动会、北京国际马拉松赛、香港赛马会等。

6. 以自然景观为主题的节事活动

自然景观节事活动主要围绕举办地的著名自然景观开展相关活动。如中国国际钱江观潮节、中国吉林雾凇冰雪节、北京香山红叶节等。

7. 以综合为主题的节事活动

综合节事活动主要依托一个以上的主题进行综合展示。目前,我国许多城市举办的节庆活动都是多个会或展的组合,形成节会并举的节事文化现象,即"文化搭台,经贸唱戏"。

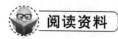 阅读资料

最具经济价值的世界三大体育盛事

奥林匹克运动会是世界上规模最大、水平最高、印象最广的国际性综合运动会。它不仅以自身特有的文化魅力愉悦人们的身心,更以其强烈的人文精神激励人们努力奋斗,同时也堪称全球最具经济价值的体育盛会之一。奥运会能够完美地带动一个城市、一个地区甚至一个国家的经济繁荣,历届奥运会举办城市都能通过奥运会带来巨大的直接经济效益和间接经济效益。

世界杯足球赛是世界上最大规模的单向体育赛事。作为全球最受欢迎的体育项目——足球的"群英会",世界杯足球赛具有无法抵抗的魅力,而它创造出的巨大财富更令世人瞩目。通过举办 2002 年世界杯足球赛,韩国至少获得了 88 亿美元的直接经济效益,日本为 258 亿美元;2006 年世界杯足球赛东道主德国至少获得 200 亿美元的直接收益。

与奥运会、世界杯足球赛并称世界三大赛事的 F1(一级方程式赛车世界锦标赛),是世

界公认的商业运作最成功的赛事之一。尽管这项运动本身难以普及,但它却可以带动举办地相关产业尤其是旅游业的发展。据统计,F1 的体育市场每年直接和间接产生的经济效益达到了 80 亿美元。

2004 年 9 月,首届 F1 中国大奖赛在上海举办,此次大赛共吸引观众人数 26 万人次,其中 9 月 26 日现场观众 15 万人,这是中国有史以来现场观众人数最多的单场比赛;门票收入 3 亿元,也是中国有史以来票房收入最高的体育比赛;F1 举办期间给上海带来的短期直接经济效益约为 15 亿~17 亿元。

(资料来源:深圳新闻,http://www.sznews.com.)

三、节事旅游

(一)节事旅游的概念

关于节事旅游的概念,会展旅游业发达的西方国家主要有两种提法:一是 Event Tourism,中文译为"事件旅游";二是 Festival & Special Event Tourism,中文译为"节事旅游"。前者是广义的概念,泛指所有类型节庆而引发的旅游活动;后者是狭义的概念,更加强调节日和特殊事件分别引发的旅游活动,即节日旅游和特殊事件旅游两个类型。

本书将节事旅游定义为:人们由于受到节事活动的吸引而进行的旅游活动。这个概念体现了节事旅游的两层内涵。

1. 节事旅游是一种旅游活动

旅游活动是指旅游者离开常住地进行的旅行和暂时逗留活动。节事旅游作为旅游的一种特定形式,也具备旅游活动的基本特征。因此,节事活动举办地的非定居者,即来自异地的旅游者在节事期间的各种活动才属于节事旅游。反之,如果节事活动完全由举办地居民参与,没有来自异地的旅游者参加,那它就与旅游活动无关,也不存在节事旅游。

2. 节事旅游发生的原因是旅游者受到节事活动的吸引

节事旅游是以节事活动为吸引力因素的特殊旅游形式。节事旅游的发生在于节事旅游目的地所具有节事旅游者在其居住地无法体验的各种节事活动,这些节事活动构成了激发节事旅游者动机的吸引力因素,从而强烈地吸引着人们前往旅游目的地开展与之相关的旅游活动。

(二)节事旅游的特点

一般来说,节事旅游具有如下特点。

1. 文化性

节事旅游往往渗透着举办地有特色的文化,将文化和旅游促销结合起来。通常情况下,节事旅游是以文化,特别是民族文化、地域文化、节日文化等作为主导的旅游活动,具有浓郁的文化气息和文化色彩。

随着旅游业的不断发展,文化在旅游活动中的作用不断加强,各地通过文化搭台,达到经济唱戏的目的,如洛阳牡丹节、上海国际服装文化节等,这些节事活动都有一定的影响力,对当地经济发展、丰富市民文化生活和提升市民文化素质都起到了积极作用。

2. 地方性

节事活动一般都带有较明显的地方气息,甚至有些已成为反映旅游目的地形象的指代物。

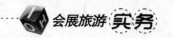
一些节事活动的举办地,为广大公众所熟悉,如巴西里约热内卢的狂欢节、慕尼黑的啤酒节、伦敦泰晤士河艺术节等。这些节事活动都以"节事活动品牌代言城市"的形象来定义这些举办地。

另外,一些节事活动历史悠久,已经成为当地居民生活所需。如傣族泼水节已成为该民族的形象,那达慕大会也总是与蒙古族联系在一起。

3. 参与性

旅游业的不断发展使得旅游者与休闲者越来越重视旅游活动的参与性,而节事活动恰恰是一种参与性极强的旅游活动。节事活动的参与者一般对节事活动举办地和内容都有较强的好奇心,希望像举办地居民一样,能够深入参与此项活动,了解举办地的生活方式等。而事件活动的举办方则想方设法拉近与参与者的距离,使其参与进来。

4. 多样性

从节事活动的概念可以得知,任何能够对旅游者产生吸引力的因素,经过开发都可称为节事活动。

(三)节事旅游的产品

从节事活动与旅游的相关程度来看,节事旅游产品可分为以下三个层次。

1. 内层

内层主要是指纯粹以增强旅游目的地吸引力、塑造鲜明旅游形象为目标的节事类旅游产品。例如:上海旅游节、中国哈尔滨国际冰雪节、北京国际艺术旅游节等。

2. 中层

中层指以丰富人民的文化生活、促进区域的经济发展、树立地区良好形象等为主要目标,并且自身带有较强的旅游功能的节事活动为主构成的旅游产品。例如:奥运会、世界博览会、上海国际艺术节等。

3. 外层

外层指以本身不具备明显的旅游功能,但是经过开发后能够形成特定的旅游吸引力的事件为主构成的旅游产品。例如:借助各种专业会展、APEC会议、"神舟五号"航天飞船升空等事件开发的旅游产品。

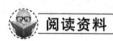 阅读资料

奥林匹克运动会对举办国旅游业发展的巨大影响

1. 有效地促进了入境游客的持续巨量猛增

资料显示,洛杉矶、汉城、巴塞罗那、亚特兰大奥运会期间,入境的游客分别达到23万、22万、30万、29万人次。而悉尼奥运会,在旅游与奥运的结合上比以往任何一届都做得更好。比赛期间共接待国外旅游者达50万人次。澳大利亚旅游局(ATC)所开创的奥运旅游促销战略被国际奥委会推荐为"今后主办国的角色模式"。悉尼奥运会与旅游完美结合的经验表明,奥运会作为超大型"人文旅游品牌",其对国际游客的吸引力超过当今世界任何超大型活动,其地位无可替代。

2. 迅速提升了举办国的旅游品牌形象

在奥运会举办准备期间的7年中,举办地成为全世界注目的焦点,巨大的聚焦效应,成

为举办国政治、经济、文化发展的巨大、最佳传播载体。举办期间，超过 1 万名记者的大强度、高密度采访报道，成为目前世界上最大的宣传报道活动，其规模无与伦比，价值难以估量，方式最为自然，影响极为深远。

数据表明，2000 年悉尼奥运会使澳大利亚旅游形象品牌（australia brand）效益超前 10 年，极大地提升了世界各国对澳大利亚旅游的热情和期望值，对澳大利亚的入境旅游市场产生了深远影响。

3. 大幅度增加了旅游业的外汇收入

奥运会期间，入境国际游客无论在住宿、交通、通信、餐饮、观看比赛，还是吉祥物、纪念品等旅游购物的消费水平都比平时超出一倍或数倍，集中消费程度高，举办国外汇收入增量巨大。在巴塞罗那奥运会期间，旅游外汇收入达到 30 多亿美元；悉尼奥运会旅游外汇收入高达 42.7 亿美元，旅游业已成为举办国的重要外汇收入来源。

4. 改善与提高了旅游业的软、硬件水平

举办奥运会所带来的巨大投资规模效应，还极大地改善了举办国旅游基础设施硬件的建设，创造了一流的旅游环境，旅游服务质量显著提高，带动了旅游行业水平的全面提高，促进了旅游业的进一步成熟与发展。

（资料来源：沈金辉，章平．会展旅游．大连：东北财经大学出版社，2009.）

（四）节事旅游的作用

作为一种新兴的旅游形式，节事旅游不仅吸引了大量的旅游者，而且对于城市和地区的发展起到了巨大的作用。世界各国和各个旅游目的地对于节事旅游的浓厚兴趣和高度重视来源于节事旅游广泛而深入的影响。具体来讲，节事旅游的作用体现在以下几个方面。

1. 弥补旅游淡季旅游供给的不平衡

旅游行业是个淡旺季十分明显的产业。旺季时游客如潮，淡季时资源闲置。而多样化的节事旅游恰恰能够提供给旅游者更多的选择机会和需求，使得在当地旅游资源不超过承载力的前提下获得最大限度的发挥。

2. 调整当地旅游资源结构

通过对当地旅游资源、民俗风情、特殊事件等因素的优化融合，可以有效地调整当地旅游资源，举办别出心裁、丰富多彩的节事活动，对于改变举办地旅游活动的单一性也有着极大的推动作用。

3. 提高举办地知名度和美誉度

节事旅游活动的开展往往对举办地主题形象起到很重要的宣传作用。旅游者可通过节事旅游活动中的各项内容，全面了解城市的自然景观、历史遗迹、建设成就等内容，从而提高了对城市形象的认识和理解。

当前，成功的节事活动已经成为城市形象的代名词，如提到啤酒节，马上会想到青岛，一提到风筝节，就会想到潍坊。这些都说明，节事旅游活动已经与举办城市之间形成很强的对应关系，能够很快提升城市知名度和美誉度。

4. 促进相关产业的发展

节事旅游活动一般都有相应的主题配合，配合这一主题的生产厂家或者整个产业都可

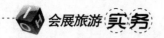

以在节事旅游活动中获得经济收益。比如每一届的大连国际服装节,都迎来了大量的海内外服装厂家、商家、设计师和模特,各类表演活动、发布会、展览会、洽谈会,为本地服装及其相关产业、生产厂商提供了巨大的商机。

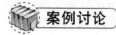

哈尔滨国际冰雪节对城市旅游的巨大推动作用

哈尔滨国际冰雪节是我国历史上第一个以冰雪活动为内容的国际性节日,是世界四大冰雪节之一。自1985年1月5日创办以来,智慧、勤劳、勇敢的哈尔滨人化严寒为艺术、赋冰雪以生命,将千里冰封、万里雪飘的北国冬天,创造成融文化、体育、旅游、经贸、科技等多领域活动为一体的黄金季节,成为世界著名的冰雪盛会。经地方立法,1月5日已成为哈尔滨人的盛大节日。

哈尔滨国际冰雪节从1985年开始,至今已是被中外人士所瞩目的节日。这是哈尔滨人特有的节日,内容丰富,形式多样。如在松花江上修建的冰雪迪斯尼乐园——哈尔滨冰雪大世界、斯大林公园展出的大型冰雕,在太阳岛举办的雪雕游园会;在兆麟公园举办的规模盛大的冰灯游园会等皆为冰雪节内容。

冰雪节期间举办冬泳比赛、冰球赛、雪地足球赛、高山滑雪邀请赛、冰雕比赛、国际冰雕比赛、冰上速滑赛、冰雪节诗会、冰雪摄影展和图书展、冰雪电影艺术节、冰上婚礼等。冰雪节已成为向国内外展示哈尔滨社会经济发展水平和人民精神面貌的重要窗口。初名哈尔滨冰雪节,2001年第17届提升为中国·哈尔滨国际冰雪节。

哈尔滨国际冰雪节是世界上活动时间最长的冰雪节,它只有开幕式——每年的1月5日,没有闭幕式,最初规定为期一个月,事实上前一年年底节庆活动便已开始,一直持续到2月底冰雪活动结束为止,期间包含了新年、春节、元宵节、滑雪节四个重要的节庆活动,可谓节中有节,节中套节,喜上加喜,多喜盈门。

哈尔滨国际冰雪节与日本的札幌雪节、加拿大的魁北克冬季狂欢节、渥太华的冬乐节和挪威奥斯陆的雪节齐名,是世界上少数几个内容最丰富、气氛最热烈的冬令盛典之一。每届冬令,哈尔滨街道广场张灯结彩,男女老幼喜气洋洋,冰雪艺术、冰雪体育、冰雪饮食、冰雪经贸、冰雪旅游、冰雪会展等各项活动在银白的世界里有声有色地开展起来,中国北方名城霎时变成了硕大无朋的冰雪舞台。

每年一度的哈尔滨冰雪节,以"主题经济化、目标国际化、经营商业化、活动群众化"为原则,集冰灯游园会、大型烟火晚会、冰上婚礼、摄影比赛、图书博览会、经济技术协作洽谈会、经协信息发布洽谈会、物资交易大会、专利技术新产品交易会于一体,吸引游客多达百余万人次,经贸洽谈会成交额逐年上升。不仅是中外游客旅游观光的热点,而且还是国内外客商开展经贸合作、进行友好交往的桥梁和纽带。

(资料来源:张显春. 会展旅游. 重庆:重庆大学出版社,2007.)

【讨论】

1. 试分析哈尔滨国际冰雪节对城市旅游业发展起到哪些推动作用。

2. 我国其他旅游城市是否也具备开发冰雪节事旅游活动的条件?

第二节 节事旅游的运作与管理

一、节事旅游形成的条件

(一)节事举办地能否成为旅游吸引物

节事旅游能否形成需要借助一定的平台,脱离了这个平台节事旅游便不会产生足够的旅游吸引力,也就无所谓节事旅游了。一般而言,一个城市要开展节事旅游,需具备以下条件。

1. 城市品牌化

旅游目的地要想举办节事活动,就必须不断提升自己的地位,提高城市的知名度和美誉度,进而创造品牌效应。加拿大学者盖茨认为:"节事的强大号召力可以在短时间内使得节庆举办地的口碑获得爆发性的提升。"

2. 节事活动内容要丰富多彩

为了给前来节事举办地的观光旅游者留下深刻的印象,举办地在开展节事旅游活动时应尽可能地多样化,特别是一些能够突出地方特色的活动,往往会受到旅游者热烈的欢迎,同时也可以提高旅游附加值。

3. 节事活动要有广泛的媒体覆盖率

当前,很多节事举办地没有意识到媒体对宣传节事活动的重要性,导致很多节事旅游活动鲜有关注,节事旅游举办地也没有获得应有的经济和社会效益。为了扭转这种局面,一定要转变观念,即重视媒体的重要性。以上海狂欢节为例,除了当地媒体主动介入外,举办地还邀请了国内主要媒体前来报到,甚至还邀请到海外很多知名媒体前来,如英国BBC、新加坡电话台、法国国家电视台等。这样就构成了以当地媒体为主、国内其他地方媒体为辅、海外媒体为窗口的立体媒体报道网络,为节事活动的举办创建了一个极佳的媒体平台。

4. 节事活动要有较好的"大众文化"基础

节事旅游活动不仅仅是一种高雅的文化,其更需要社会大众参与进来,最终形成一种具有亲和力和认同感极强的大众行为。我国目前很多节事活动无法为继,很重要的一个原因就是社会公众参与性不高。

(二)全面的城市形象

城市形象,即城市在人们心目中的形象。一般而言,城市形象往往由很多因素共同构成,如公民好客度、城市总体景观、旅游基础设施等。以上城市形象的构成因素缺一不可,只有那些具备全面形象的城市才有可能具有一定影响力的节事旅游活动。

(三)优质的区域环境

良好的区域环境是节事活动成功举办的保证,而节事活动举办者也越来越重视举办地的区域环境。一般来说,区域环境包括以下几个方面。

1. 经济环境

经济环境主要包括服务业环境以及是否有强大的经济实体。节事旅游必须依靠一定的

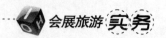

经济基础,否则很难维持下去。而衡量经济环境的一个重要指标就是服务业发展水平,同时节事旅游的开展也依靠发展水平较高的服务业的支撑。

2. 文化环境

成功的节事旅游活动往往有其共同的特点,就是依托于当地文化。只有以当地文化开展的节事旅游活动才是风格独特的,才是个性十足的,才是魅力十足的,这种文化关系上的关联性也影响着节事活动主题的选择。

3. 交通条件

节事活动要想成功,一个先决条件就是城市交通的便利性。其对城市举办旅游会展影响极大,同时,便捷的城市交通也是标志性会展的标准之一。我国的香港和东南亚的新加坡之所以成为世界级的会展之都,原因之一就是这两座城市都拥有高效、便捷的城市交通。

4. 客源市场距离的远近

会展旅游举办节事旅游活动时,必须考虑的一个因素就是距主要客源市场的距离。根据旅游理论,举办地吸引客源市场距离的远近将直接关系到节事旅游活动的影响度,举办地离客源市场越远,影响度越小;反之,影响度越大。这种距离既包括空间距离,也包括时间距离。

二、节事旅游的运作模式

随着节事旅游的深入发展,节事旅游的运作模式也渐趋多样化,较为常见的有以下几种。

1. 政府包办模式

目前,我国很多城市和地区较多采用这种模式,政府在节事活动举办过程中包揽一切事务,扮演多种角色,不仅活动由政府主办,而且节事旅游活动的内容、场地、时间等都由政府决定,参赛单位由政府指派。政府包办模式虽然能最大限度统地筹规划,可也给地方政府带来了很大的财政负担,也限制了参赛企业的积极性和主动性,经济效益和社会效益也会大打折扣。

2. 市场运作模式

市场运作模式是节事旅游活动走向市场化的最终极模式。在这种模式下,节事旅游活动完全由节事旅游企业按照市场经济规律运作,其优势不言而喻。首先,节事旅游活动的时间、地点、运作方式、参赛资格等各方面均由市场需要决定,可大大节约成本,同时也避免了行政力量介入导致的不必要的浪费;其次,也有利于实现旅游效益的最大化。

3. 政府主导、社会参与、市场运作相结合模式

该模式是当前比较符合我国国情的一种节事旅游运作模式。在这种模式下,节事旅游活动的主办方仍旧是政府,但其作用发生了变化,由过去的主导活动变为主要确定节事旅游活动的主题和名称,并以政府名义进行召集和对外宣传。而社会力量的作用体现在为节事旅游活动的主题献计献策,营造良好的节事旅游环境氛围,以及积极参与各项节事旅游活动。真正的市场运作则具体委托给企业,采用激励的方式让更多的企业参与到节事旅游中。

目前来说,由于我国市场经济制度尚未完善,此种模式往往会带来较好的经济效益和社

会效益,各地在开展节事旅游活动时也经常采用这种模式,如哈尔滨国际冰雪节、潍坊风筝节、广州国际美食节等。

三、节事旅游的运作过程

节事旅游的运作过程主要包括四个阶段,分别是节事旅游决策、节事旅游规划、节事旅游实施和节事旅游评估。

(一) 节事旅游决策阶段

决策阶段主要是节事旅游活动组织者根据各方面自身情况,决定是否举行节事旅游活动。一般而言,有以下两种情况需要节事活动组织者进行有效决策。

1. 原有节事旅游活动的延续

本次节事旅游活动是上一次活动的延续,这种情况下对于组织者来说,决策就显得比较简单了,组织者只需要借鉴以往举办类似旅游活动的经验就可以做出决定了。

2. 举办新的节事旅游活动

如果组织者决定举办一个新的节事旅游活动,这就比较复杂了。一般应包括:发起人发起、确定节事旅游活动目标、成立节事旅游活动的管理委员会(或组织委员会)、进行可行性分析(包括市场分析、财务分析等)以及最后的决策。

(二) 节事旅游规划阶段

在组织者做出举办节事旅游活动的决策以后,就进入到节事旅游规划阶段,这个阶段是节事旅游活动运作的关键。主要包括以下内容。

1. 确定节事活动产品

所谓节事活动产品是节事旅游活动独特的产物,其有助于实现节事旅游活动的目标和满足旅游者需求。同时,节事旅游活动的规划需以旅游者为中心,最大限度地满足潜在旅游者的需求。根据节事旅游活动的内在特征以及全面预算来安排反映节事旅游活动主题的主要内容,并安排一些次要的吸引人的辅助活动来补充节事旅游活动的整体形象。节事旅游活动要经过长时间的组织,工作量很庞大,越早对节事旅游活动产品进行确定越好。

2. 财务分析

节事旅游规划阶段一个很重要的工作就是进行有效的财务分析。财务分析主要涉及三个方面:预期收入和花费、预算、现金流。

不同的节事旅游活动,运作模式也不尽相同,因此其收入来源也有所区别。主要有拨款、补助、捐款、基金、赞助等。节事旅游活动的收入可以在举办的不同时间段获得。预算是指关于各种计划安排的财务控制工具,节事旅游活动应当广泛地参与预算的制定,以了解各部门的工作情况。作财务分析时,笼统的利润表述是不够的,需要精确地计划各种收入和花费,以确保明确的现金流。

3. 制定相关策略

为了保障节事旅游活动顺利开展,还必须制定一系列相关策略,既包括有效的营销策略,也包括在节事旅游活动中发挥至关重要的人力资源管理策略,同时也应当包括节事活动各种安排的策略等。

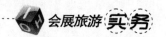

（三）节事旅游实施阶段

节事旅游的实施就是将节事旅游方案付诸于实现的过程。对节事旅游者而言,其就是参加节事旅游活动的过程;对节事旅游组织者而言,其就是在节事旅游活动期间为旅游者提供服务的过程。实施阶段主要包括以下三个环节。

1. 活动项目组织和管理工作

为了满足节事旅游者参加丰富多彩的节事旅游活动项目的需求,节事旅游活动主办方应全力组织和管理好每个活动项目,使其按预定计划运作,这是节事旅游的一项基本服务。由于节事旅游活动参与人数众多,且事务繁杂,因此需要众多专业化的组织和人员服务,这也是保证节事旅游活动顺利开展的保障。

2. 节事旅游接待服务

为了高质量地完成节事旅游活动,必须提供高质量的旅游接待服务。旅游接待服务主要包括导游服务、交通服务、住宿及餐饮服务、娱乐服务、购物服务等。节事旅游接待者无论是接待贵宾,还是数量众多的节事旅游者,都应当做好细致的接待任务,这将直接关系到节事旅游活动的举办质量。

3. 后勤保障服务

后勤保障工作是指节事旅游活动所需的各种具有公共性质的服务,主要有安全服务、医疗服务、公共交通服务、通信服务及交融服务等。这些服务基本都是由政府部门或公共机构提供的,往往需要当地政府进行统一的安排,以保障节事旅游活动更顺畅地举办。

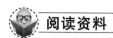 阅读资料

青岛市政府在国际啤酒节期间的服务与管理工作

啤酒节的众多活动基本上都实现了市场化运作,那么政府部门干什么呢? 答案是:管理与服务。

据市啤酒节办公室有关人士介绍,政府在举办啤酒节中发挥的作用在这一届是最大的。这种作用主要体现在节前和节中。

节前,市啤酒节办公室加大了对啤酒节的品牌宣传和推介,让更多的人了解和熟悉啤酒节。啤酒节办公室还投入几百万元对啤酒城进行了全面的整治,完善了城内布局,使啤酒城更适合厂商参展和大众狂欢。在面貌一新的啤酒城内,还增加了诸如公厕、休息坐椅、遮阳棚、洗手盆、导游图和指示牌等诸多便民服务设施。

节中,"轻装上阵"的政府部门加强了管理和服务。管理上,对参展的各类厂商要求更严,尤其在饮食卫生上,市、区两级卫生监督部门共出动几十人,每天在城内巡逻检查。在治安方面,市、区两级公安部门全力支持,不仅设立了固定的报警站,而且设立了流动岗。此外,还有城管、工商、交通等部门的人员现场执法监管。在服务方面,专业的环卫公司每天负责及时清扫城内卫生,使啤酒城在游客不断增多的情况下,始终保持清洁的面貌。

与此同时,啤酒节办公室还设立了集接待、导游、救助、医护、商务于一体的"游客服务中心"和"青年志愿者服务站",开辟旅游团队入城"绿色通道",为入城游客服务。所有这些服务水平的提高,促使啤酒节走向正规化、专业化和国际化,保证了节庆活动的顺利进行。

当然,参照"资金筹措多元化、业务操作社会化、经营管理专业化、活动承办契约化、成本

平衡效益化、管节办节规范化"等节事活动所遵循的市场化原则,青岛国际啤酒节还有一些距离,还有许多工作要做。相信日益成熟的啤酒节在建立市场化运行机制方面也会越发成熟。

(资料来源:中国国际啤酒节,http://www.chinabeer.net.)

(四)节事旅游评估阶段

节事旅游评估是指节事旅游活动结束以后,对节事旅游服务工作和节事旅游活动效果进行评价和总结的过程。其目的在于通过分析举办节事旅游活动的经验,使得下一次活动举办得更成功。

从评估的内容来看,节事旅游评估可分为工作评估和效果评估。工作评估主要包括活动方案评估、筹备工作评估、营销工作评估以及实施工作评估等。这些评估应建立在收集旅游者的反馈信息的基础上,即以旅游者的评价作为最根本的评价标准。

效果评估主要包括经济效益评估、社会效益评估和环境效益评估等。一项成功的节事旅游活动应同时获得良好的经济效益、社会效益和环境效益,并应有广泛的受益面。同时,在进行效益评估时,不能只看节事旅游的正面效应,也应关注负面效应的评估,这样才是客观准确的结论。

四、节事旅游的管理

(一)节事旅游的品牌管理

节事旅游的形成需要一张温床,脱离了这张温床便不会产生足够的旅游吸引力。根据城市品牌的建设理论,旅游目的地要想进一步提升自己的地位,首先要做的就是使自己品牌化。

节事旅游品牌就是一种用于识别某项节事旅游产品和服务,并使之与竞争者形成差异的名字、规则、标志、符号、样式等要素的综合体。现代市场经济的一个重要趋势就是市场份额越来越向最有价值的品牌集中,因此,拥有自己的品牌是节事旅游经营者确保竞争优势,以至于赖以生存和发展的根本。

由此可见,加强节事旅游品牌管理,精心打造和维护节事旅游品牌,是节事旅游发展的重要问题。涉及节事旅游管理的内容主要包含以下几方面。

1. 节事旅游品牌的定位

节事旅游品牌是通过文字、符号等要素告诉旅游者关于节事旅游产品的特点,给旅游者提供一个识别产品和判断产品的根据。当今主题相似、内容雷同的节事旅游品牌不胜枚举,利用节事活动打造的旅游品牌更加形象、更易识别,可以使旅游者在极短的时间内挑选出自己需要的旅游产品。而一个成功的旅游品牌离不开正确的品牌定位,科学合理的旅游品牌定位是一切旅游活动得以维系、壮大发展的基石。

品牌定位就是一个确立目标市场的过程,也是在潜在的旅游者心目中创造一个目的地的形象和地位的过程,使在旅游者头脑中独树一帜,了解目的地如何能够满足他们的需求。

2. 节事旅游品牌个性化塑造

节事活动的旅游品牌的首要作用就是使旅游品牌在市场竞争中树立差异性,将节事旅

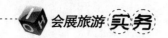

游与其他旅游区别开来。目前,市场上的旅游品牌主题、内容重复严重,利用节事活动,突出节事旅游特点,这样品牌个性的打造也就成功了一半。

3. 加强媒体宣传

品牌形象的确立,需要有强大的媒体宣传为基础。特别是信息高度发达的今天,许多品牌营销的成功,无一不是从消费者的需求出发,满足消费心理并借助强大的信息传播而展开营销的。据不完全统计,目前我国各类大小节事活动每年有五千多个,而且大多数应该说是办得成功的,不仅有着丰富的文化内涵,成为旅游经济发展的催化剂,还具有民族性、国际性和市场性等特点。

4. 强化品牌营销

利用节事的吸引力和影响力可以说是品牌销售的一种新颖的推销形式。成功的节事品牌是旅游营销主体参与市场竞争的一种重要手段。它不但可以帮助旅游者从纷繁复杂的旅游市场中挑选出自己所需要的节事旅游产品,而且还可以向旅游者传递一定的信息,从而使旅游者对其建立起良好的印象和信誉。从某种角度上讲,妈祖文化节就是一个成功的节事旅游品牌。

5. 保证服务质量

保证服务质量是培育和维护品牌的基础。会展旅游经营者应通过建立产品服务质量标准和质量控制体系,确保旅游者在旅游活动中获得满意的经验,使其成为节事旅游产品的忠实消费者,提升产品的品牌忠诚度和影响力,从而稳固和扩大节事旅游市场。

6. 进行品牌创新

在激烈的市场竞争环境下,节事旅游经营者要获得可持续发展的动力,就必须进行品牌创新,以保持和增强品牌竞争力。应当根据旅游市场需求的变化,运用各种资源,创造品牌新的价值,给予品牌新的内涵和意义,从而提高品牌的吸引力和号召力。

任何品牌都不可能在一夜之间培育起来,却可能在顷刻间化为乌有。因此,节事旅游品牌管理要有长远眼光和战略思维,并且需持续不断地去经营节事旅游品牌。

 阅读资料

中国上海国际艺术节品牌吸引力影响力进一步增强

第八届中国上海国际艺术节已于 11 月 18 日落下帷幕。为期一个月的艺术节,共有 50 多个国家和地区的艺术家来到上海,其中 71 台优秀剧(节)目参加演出(包括参演剧目 45 台,墨西哥和内蒙古文化周 8 台,全国"三剧"汇演 18 台),观众逾 20 万人次,平均出票率达 85%。本届艺术节经典汇聚、名流云集、名团咸至、名剧荟萃。演出交易会,硕果累累;群文活动内容丰富、市民参与广泛。艺术节的品牌吸引力、影响力进一步增强。

本届艺术节开幕式演出节目选用入围国家舞台艺术精品工程剧目的山西省优秀原创舞剧《一把酸枣》,这是艺术节创办八年来,首次在开幕式上选用外地剧目。对此,文化部部长孙家正赞扬说:"上海这块土地上成长起来的国际艺术节,以宽阔胸怀、世界眼光接纳世界各国和我国各地的优秀文化,很好地起到了文化滋养的作用。今年艺术节开幕式启用山西舞剧《一把酸枣》、举办内蒙古文化周都体现了上海艺术节服务全国的胸怀。"

本届艺术节舞台演出着重突出话剧、新潮、热演三大系列,一个月的舞台演出,波澜壮

阔、好戏连台。《一仆二主》《平头百姓》《望天吼》《李尔王》《秀才与刽子手》等中外优秀话剧,赢得了观众很好的响应。《钢琴别恋》《墨西哥塔尼亚现代舞》《舞夜上海》《倾情舞夜》等节目,让观众可以清晰地看到当代舞蹈大师格林•莫非、塔尼亚•佩雷斯莎拉斯、罗兰佩蒂、尼拉斯•马丁斯新的理念和造诣,成为今年艺术节的一大特色。

经典与创新是艺术节参演节目中的两面大旗:英国 BBC 广播交响乐团、德国德累斯顿交响乐团、意大利米兰斯卡拉歌剧院芭蕾舞团、悉尼舞剧团为艺术节的高品质奠定了坚实的基础,也为上海市民了解世界一流名团开阔了视野;新编芭蕾《花样年华》、瞿小松的打击乐《行草》、胡雪桦的《莎士比亚与他的女人们》无不彰显艺术家可贵的创新意识与责任感。

京剧《梅妃》、越剧《虞美人》、新疆阿克苏塔里木大型乐舞《龟兹一千零一》、山东淄博市五音戏剧院新创聊斋戏《云翠仙》等,在传承民族艺术方面的探索与追求,给观众留下了很深的印象。

本届艺术节的群文活动凸现"欢乐上海、和谐家园"的主题,通过艺术节著名品牌"天天演"、"周周演"以及艺术家下社区、进企业等形式,共组织了 109 项不同类型的大型活动,总计共演出 600 余场,130 万人次观众观看了演出,并首次实现乡镇全覆盖,即在全市 102 个乡镇开展演出活动,体现了"人人参与艺术节,人人享受艺术节"的办节目标。

群众文化展示活动同样内容丰富多彩、形式新颖,有展示民间艺术魅力的"宝山国际民间艺术节"、反映长三角地区群众文化建设成果的"长三角文化周"、吸引都市青年白领参与的新天地"时尚风"之夜等展示活动,都很有特色。

据统计,本届演出交易会共达成各种形式的合作意向超过 200 项,意向成交量为历届之最,是 2005 年的一倍。内蒙古音舞节目成为中外机构"抢夺"的焦点,与西班牙阿玛戈罗戏剧节、英中友好交流协会签订书面合作意向,还与 100 家演出机构洽谈合作。与此同时,一批海外优秀节目已与 2007 年艺术节签约。连续几届携项目前来上海交易会的冰岛索奈特经纪公司,2006 年与艺术节中心签订了著名歌星比约克以及冰岛八重奏参加 2007 年艺术节的意向。本地公司也不甘落后,上海城市舞蹈公司以大型舞剧《中华鼓舞》积极投标明年上海艺术节开幕剧目。

2006 年艺术节论坛异军突起,以较高的起点、宽阔的视野、敏锐的话题,赢得了业内的一致赞誉。"艺术节高峰论坛"围绕中国文化艺术发展现状、文化演艺市场的特点分析、中外大型艺术活动的组织等话题展开。"艺术节大师论坛"也吸引来自近 20 个国家和地区的艺术大师及行业中的领军人物参与。

(资料来源:国家政府网,http://www.gov.cn.)

(二)节事旅游的现场管理

节事旅游现场管理是指在具体的实施期间,对各项节事旅游活动现场进行管理。现场管理不仅可以有效地保障节事旅游按计划实施,而且可以纠正在实施期间的偏差,保证节事旅游服务与管理的质量。对于节事旅游管理者来说,控制好现场各种工作,保证节事旅游顺利进行是一项非常重要的工作。可以说,现场管理决定节事旅游的成败。现场管理主要包括以下内容。

1. 场地管理

场地管理主要包括以下内容。

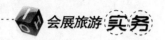

（1）场地功能区域划分

如舞台和表演区域、观众和参演者区域、设施设备管理区域和服务区域等。

（2）场地布置和装饰

场地的布置和装饰必须围绕整个节事旅游活动的主题来开展，如灯光、音像、布景和各种特殊效果，都应是为了烘托主题活动的气氛而设计的。

（3）活动开始前的场地检查

在活动开始之前，必须对场地进行认真检查，如场地的安全性、观众的舒适度、观众对活动项目的可视性、出入区、舞台区等情况，尽可能减少意外事件发生的概率。

2. 后勤服务管理

后勤服务管理主要涉及活动现场的各种后勤保障和接待服务。主要包括以下内容。

（1）交通方面

包括确认旅游者的接送、停车需求，向有关方面发放通行证和停车证，同时应做好现场交通调度等工作。

（2）安全管理方面

现场管理者应加强现场安保力量，维护现场秩序，防止伤亡事故的发生。应在活动现场设立紧急医疗设施和医护人员，接受消防部门的安全检查，物品存放、装饰性搭建设施需遵循消防部门的规定。同时应加强人员出入管理及重点区域的安保，建立紧急疏散系统。对有可能发生危险的活动应在现场设置防护设施，并提醒参与者注意安全。

（3）接待服务管理

主办方应安排迎宾员、引座员接待宾客，尽快使宾客融入活动的欢乐气氛中，适当地为宾客提供饮料和点心，向其赠送有保留价值的纪念品，营造积极的、值得回忆的印象。同时，还要做好宾客的入场和退场安排，快捷高效地疏导人流等。现场接待服务工作不仅要程序化、规范化，而且要尽量提供宾客所需要的个性化服务。

3. 现场人员管理

现场管理的执行和落实必须依靠具体的工作人员，因而"人"的管理就非常重要了。对工作人员的管理主要有以下几方面。

（1）教育培训

应在节事旅游活动举办前对员工进行教育培训，提高员工对活动重要性的认识，使其熟悉整个现场管理的内容和流程。

（2）落实岗位职责

要做到分工明确、责任到人，明确每个人员的工作职责以及每项工作的具体负责人。

（3）加强沟通和协调

应使现场工作人员保持及时、顺畅的联系和沟通，加强分散在各处员工之间的工作协调与协作，从而提高现场管理的效率和效果。

4. 突发事件的处理

开展节事旅游活动，特别是人流量特别大的时候，就必须事先制定各种突发事件的预防措施和应急预案。应将各种可能发生的问题和危险想在前面，切实加强各种防范措施，并进行突发事件模拟演练，强化工作人员应付突发事件的能力。如此的话，一旦突发事件发生，就不会手足无措,而可以按照预定方案冷静处理,从而最大限度地减少损失。

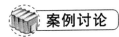 案例讨论

第十届中国黄山国际旅游节暨徽文化节活动总体方案

举办第十届中国黄山国际旅游节暨徽文化节,是市委、市政府全面贯彻省委、省政府"抢抓机遇、乘势而上、奋力崛起"的号召,着力打造"安徽旅游龙头、华东旅游中心、中国旅游名牌、世界旅游胜地",加快推进"两山一湖"旅游发展,实施"三大一强"目标的一项重大举措,是我市经济社会生活中的一件大事。为使各项筹备工作高效、有序运转,确保节庆活动取得圆满成功,特制定本活动的总体方案。

一、指导思想

坚持以邓小平理论和"三个代表"重要思想为指导,全面贯彻落实科学发展观,以提升黄山形象、打造黄山品牌为主线,以加速黄山旅游国际化进程、提高对外开放水平为目的,以政府主导、市场运作的办节模式,通过对底蕴深厚的徽州文化的发掘和再现,对品位极高的自然资源的整合和展示,进一步扩大黄山市的对外影响,加快实现建设现代经济强市和旅游大市、文化大市、生态大市目标。

二、名称

第十届中国黄山国际旅游节暨徽文化节

三、主题

走进黄山 感受徽州

四、节徽节旗

节徽、节旗继续沿用上届中国黄山国际旅游节暨徽文化节图案。

五、模式

节庆模式为政府主导、社会参与、市场运作。通过节庆平台,促进旅游与文化的深度结合,充分展示黄山的无形之美和徽文化的惊世之绝,突出群众和社会的参与度,提高市场化运作水平。

六、时间

11月4~10日

七、地点

黄山市(中心城区、各区县、黄山风景区)

八、组织机构

主办单位:国家旅游局、安徽省人民政府

承办单位:安徽省旅游局、黄山市人民政府

具体承办机构:第十届中国黄山国际旅游节暨徽文化节组委会

协办单位:商请国内知名企业

筹备工作由第十届中国黄山国际旅游节暨徽文化节筹委会承担,其组成人员如下:(略)

筹委会下设综合办公室、筹资保障处、活动策划处、新闻宣传处、旅游经贸处、外联接待处、安全保卫处。

九、主要活动

节庆由五大板块、11项活动组成。

开幕式暨歌舞晚会板块:开幕式;歌舞晚会。

1. 开幕式

时间:11月4日

地点:世纪广场

主要内容:采取方阵形式,组织中外嘉宾、游客、群众参加第十届中国黄山国际旅游节暨徽文化节开幕式。

2. 歌舞晚会

时间:11月10日

地点:世纪广场

主要内容:拟推出中央电视台的品牌栏目。

徽文化展示板块:2006年黄山市首届民俗文艺调演;徽菜技艺大奖赛。

3. 2006年黄山市首届民俗文艺调演

时间:11月4～10日

地点:世纪广场或徽州大剧院

主要内容:充分保护和挖掘徽州民俗,展示民间舞蹈、民间杂技、徽州民歌(含原生态)、目连戏、傩舞等,以及适合乡村旅游表演的民众节目。

4. 徽菜技艺大奖赛

时间:11月6日

地点:徽派美食城

主要内容:弘扬徽菜文化,展示徽厨技艺

旅游促销板块:乡村旅游产品展示;发起"中国黄山国际乡村艺术节";举办"中国乡村旅游研讨会"。

5. 乡村旅游产品展示

时间:11月4～10日

地点:各区县、相关景点

主要内容:策应"中国乡村旅游年",进一步科学整合黄山市乡村旅游资源,培育特色旅游产品,推出和展示农家乐精品旅游线,形成黄山市旅游产品的新卖点,把黄山乡村旅游打造成中国乡村旅游第一品牌。节庆期间,各区县围绕黄山节举办系列活动:屯溪区举办"激情新安江"大型篝火歌舞晚会,黄山区举办民俗文化节,徽州区开展名山秀水古徽州乡村游,歙县举办徽墨、歙砚、徽州四雕精品展,休宁县举办状元文化系列活动,黟县举办2006年中国黄山乡村旅游摄影节,祁门县举办第二届红茶节。

6. 中国乡村旅游研讨会

时间:11月5～7日

地点:黄山国际大酒店

主要内容:由国家旅游局发起,邀请国内知名专家学者和长三角地区、云南、四川、贵州等乡村旅游发展较好的省市旅游局长(旅委主任)来黄山考察、交流,把脉、策划黄山乡村旅游发展。

7. 发起"中国黄山国际乡村艺术节"

时间:11月4～10日

地点:世纪广场或市体育馆,各景区(点)

主要内容:邀请美国乡村音乐中国首行乐队和瑞典、韩国及国内有地域特色、有民族风情的若干家乡村(民间)艺术团体赴景区景点巡回演出。

商务活动板块:2006年中国黄山台商峰会;中国黄山(首届)国际旅游商务礼品博览会。

8. 2006年中国黄山台商峰会

时间:11月4~6日

地点:黄山高尔夫大酒店

主要内容:加强黄山台湾两地间经贸交流,特邀一批台商来黄山市实地考察,与相关企业对接,为两地经贸发展搭建平台。

9. 中国黄山(首届)国际旅游商务礼品博览会

时间:11月5~8日

地点:黄山礼品城

主要内容:旅游商务礼品展销

国际体育赛事板块:第二届中国黄山国际登山节;"雨润杯"黄山高尔夫精英赛。

10. 第二届中国黄山国际登山节

时间:11月5日

地点:黄山风景区

主要内容:积极推广登山健身活动,培养国民积极向上的思想品质,树立热爱自然、保护环境意识,为构建和谐黄山、奋力率先崛起作贡献。比赛路线:黄山温泉景区的慈光阁至玉屏楼的"迎客松"下,全长约7.5千米,即1979年邓小平同志徒步登山的路线。

11. "雨润杯"黄山高尔夫精英赛

时间:10月下旬~11月10日

地点:黄山高尔夫大酒店

主要内容:邀请国内知名人士和高尔夫俱乐部会员参加精英赛。

黄山节期间,欢迎、鼓励企业和社会团体举办各类旨在丰富节庆内容的经贸和文化活动。

十、总体宣传

(1) 开展系列集中宣传活动,大力宣传办节的目的和意义,营造全社会参与办节的浓厚氛围,强化人人都为黄山节作贡献的意识,调动全市上下的积极性,整体联动,共同办好节庆活动。

(2) 市内新闻宣传:各新闻单位从9月1日起开辟"迎接第十届中国黄山国际旅游节暨徽文化节"专栏,每周不少于一版;节前一个月开始设立倒计时栏;节庆前,推出专题、专版,介绍文化徽州、秀丽黄山,宣传旅游与文化的成功结合。

(3) 对外新闻宣传:围绕推进黄山旅游国际化,打造乡村旅游品牌,以平面媒体、可视媒体、网络媒体为平台,以中央和省级主流媒体为主要宣传阵地,展开全方位宣传。

(4) 选择一家中央或地方电视台对黄山节进行全程录制,形成有特色、有品位的原创宣传品。

(5) 专场晚会录播。

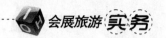

（6）做好后续宣传，出版节庆的专题画册、光盘等，进一步扩大黄山节的影响。

十一、邀请嘉宾

1. 主要外宾

联合国教科文组织、世界旅游组织、世界遗产管理中心、世界环保组织官员；外国政府前政要、驻华使领馆官员；著名华侨华人；境外旅游城市、友好城市和友好景区代表；境外旅行商、经贸商及记者。

2. 主要内宾

中央首长、国家有关部委领导；省领导、省直有关部门领导；友好市、州、区及风景区代表；境内旅行商、经贸商；徽学专家及记者。

（资料来源：黄山网，http://www.huanghan.cn.）

【讨论】

1. 试分析本次节事旅游活动对黄山市的影响。

2. 在举办类似旅游活动时，应特别注重哪些方面的运作和管理？

◄◄ 本 章 小 结 ►►

节事活动是指举办地组织的系列节庆活动或有特色的非经常发生的特殊事件。节事旅游是指人们由于受到节事活动的吸引而进行的旅游活动。通常情况下，节事旅游活动能够给节事旅游举办地带来巨大的经济效益和社会效益，其发展也需借助一定的条件。

在我国，节事旅游运作模式往往采用"政府主导、社会参与、市场运作相结合"的模式，运作过程大概可分为节事旅游的决策、节事旅游的规划、节事旅游的实施以及节事旅游的评估四个阶段。

复习 思考题

1. 什么是节事？节事活动包含哪些内容？

2. 什么是节事旅游？

3. 节事旅游的特点表现在哪些方面？

4. 联系实际阐述节事旅游的作用。

5. 结合本地区节事旅游活动的特征，分析节事旅游活动的运作与管理。

案例分析

案例分析一：如何利用清明节开发旅游产品

清明节是有着数千年历史的传统节日，是中华民族孝文化和寻根文化的载体，是对已故祖先、亲人表达哀思与纪念的节日；清明节时万物复苏、春暖花开，是人们踏青、郊游的好时节。今年我国年休假制度调整后，我州（恩施土家族苗族自治州）如何做好清明节旅游产品的开发和营销，迎接新的法定假日——清明节，确实值得深思和探讨。

恩施清明节有自身的特点。首先，我州清明节祭祀人流分散，因为以往我州大多实行的是土葬，墓地讲究风水，散布于全州各个角落，目前没有大规模的墓地群。其次，我州清明节祭祀文化深厚,祭祀方式丰富并具有地方特色,一般有送亮、挂青、烧封包、清理打扫墓地等,还有许多祭祀习俗有待民俗专家进行挖掘、整理。

结合我州清明节的特点,为实现清明节旅游小黄金周的大丰收,我州各景点应该做好充分的准备,深入挖掘具有土家族特色的传统祭祀文化,进行踏青旅游的开发。

生态旅游景区(点)以坪坝营、枫香坡、福宝山、齐岳山等为代表,以开发生态旅游产品为主线,各景区立足于自身优势,做好特色生态旅游文章。如枫香坡可以充分利用全国标准化茶叶基地的优势,大力开发与茶相关的旅游项目和旅游纪念品。紧紧抓住市民踏青、郊游、亲近自然的机会,有针对性地做好清明节的宣传和促销。

红色旅游景点以鹤峰满山红、恩施叶挺纪念馆、五峰山烈士陵园为代表,主要做好学生和各单位团体的清明节扫墓活动。要大力丰富、创新纪念先烈的方式,可以在全州范围开展纪念先烈的征文大赛、演讲比赛等;在全社会学习先烈先进事迹的同时,进一步拓展周边客源市场。

以土司城、鱼木寨等为代表的传统特色景区,需挖掘、整理土家族特色的传统祭祀文化。土司城、鱼木寨等景区(点)利用自身资源,把祭祀文化以适当的载体转化为具有文化性、参与性、娱乐性、互动性的旅游项目,不仅可以丰富景区旅游项目,还可以给游客带来全新的体验,增强景区的吸引力和知名度。

建议政府举办盛大的、具有地方民族特色的祭祀活动,祭祀廪君、巴蔓子将军等土家族祖先,请土家族名人、精英出席祭祀仪式,邀请湖北卫视对祭祀仪式进行全程直播,邀请全国知名媒体进行相关报道。祭祀土家族祖先的活动,不仅可以增强土家族民族凝聚力和自豪感,加大我州作为巴文化发源地的影响力,还可以丰富我州节事旅游活动,使全州旅游目的地的形象在全国更加鲜明。

清明节列为国家法定节假日,不仅是对传统民俗的尊重,更是民俗旅游发展的良机。我州抓住清明节旅游小黄金周,针对清明节旅游特点,挖掘、整理、开发相关旅游产品,有利于进一步带动我州旅游的快速发展。

(资料来源:恩施新闻网,http://www.enshi.cn.)

【分析】
1. 恩施清明节旅游开发对当地旅游业发展有何作用?
2. 探讨当地清明节节事旅游开发的思路和对策。

案例分析二:中国昆明国际旅游节

中国昆明国际旅游节是由中华人民共和国国家旅游局和云南省人民政府共同主办的一项旅游节庆活动,也是为加快云南省旅游业发展的一项重要举措。2000年4月10日至5月10日举办了首届为期一个月的中国昆明国际旅游节,经过每年一届国际旅游节的举办,已经发展为在国内外具有较大影响的国际活动。

旅游节期间,昆明及云南其他15个地区和自治州(市)政府将举办少数民族风情游、民歌演唱会、国际歌手演唱会等特色浓郁的系列旅游活动。云南省位于中国西南部,人文旅游资源和自然旅游资源都极为丰富。这里聚居着26个民族,是中国聚居民族数量最多的省区。同时,云南素称中国的"动物王国"和"植物王国",自然景观丰富多样。

总结以往几届旅游节的举办情况,可总结出昆明国际旅游节的一些特点。

本届中国昆明国际旅游节主要特点是多节事、多赛事、多会事、多展事、多演事。在活动

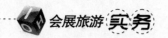

内容上,力求突出民族文化特色,充分展示云南及参加本次节庆活动的各个国家(地区)和各省区市风格迥异、各具特色的旅游资源和民族文化艺术,体现国际性和旅客参与性。

在办节形式上,实行主会场与分会场相结合,同时推出若干条旅游路线。在昆明市设主会场,在全省除思茅、昭通外的13个地州市设分会场。为使长达1个月的中国昆明国际旅游节隆重、热烈、高潮迭起,组委会在昆明主会场和各分会场均组织了形式多样、丰富多彩、具有浓郁云南少数民族历史文化特色的各种活动。

为确保中国昆明国际旅游节创水平,上档次,体现国际性,并使之发展成为在国内外具有较大影响的国际活动,组委会邀请了部分国家政府官员、驻华使节、海内外主要旅游机构、旅行商社、新闻媒体记者、知名人士、专家学者、文化艺术团体及中外客商等,前来参展、参会、参节、参赛、参演、参观,开展经贸等活动,并且还通过多种渠道广泛开展宣传促销工作,积极组织和招徕众多的海内外游客前来参节和旅游观光。

第五届中国昆明国际文化旅游节,是在已经举办四届的"中国昆明国际旅游节"的基础上首次加入"文化"二字,更名为"中国昆明国际文化旅游节"。这届旅游节的主题为"七彩云南,快乐天堂",期间昆明主会场和云南各地州市分会场将举办100多个民族风情浓郁的节庆活动,中国—东盟商务自驾车考察、民族风格赛装节、西双版纳泼水节、丽江国际东巴文化节、大理三月街、迪庆香格里拉旅游节等节事活动。

举办中国昆明国际旅游节,不仅有利于云南省旅游等相关产业的发展,同时也有利于发掘和弘扬民族历史文化,加快民族文化大省的建设进程。在当前形势下,也是创造热点,扩大内需,拉动经济增长的有效途径。从长远来看,有利于充分展示云南民情物貌的经济发展成就,树立云南的良好形象,扩大对外交流与合作,促进我省对外开放和两个文明建设的发展。

(资料来源:昆明信息港,http://news.kunming.cn.)

【分析】

1. 国家旅游局为什么把国际旅游节放到昆明举办?
2. 结合案例,分析昆明国际旅游节在具体实施过程中,应做好哪些服务工作。

实战演练

背景资料:北京市某郊区种植草莓比较盛行,每年春季,会吸引大批市区游客前来观赏、品尝草莓。于是,该地区政府决定举办草莓盛宴节事活动。

可是,不久就暴露出一些问题:

首先,一些当地居民担心游客破坏自家草莓园,在其周边设置了带刺的树枝,使游人看不到里面的景观,令游客非常扫兴。

其次,草莓盛宴活动单调,除了观赏和品尝草莓,只有一些主题公园的活动,除此以外再无可玩之处,令游人难以长久驻足。

此外,在活动期间,还有很多问题让游人难堪不已,如停车问题、没有洗手间和垃圾桶等。

根据以上背景资料,请你制定一份草莓盛宴旅游节事方案,以帮助该地区解决这些棘手问题。

第六章
奖励旅游

【知识目标】
- 了解国内外奖励旅游的发展现状;
- 掌握奖励旅游的概念、类型和作用;
- 掌握奖励旅游的运作模式。

【能力目标】
能利用所学知识分析我国奖励旅游发展中存在的问题。

引导案例

奖励旅游经典案例:30 名葡萄酒行家沉醉意大利

企业:美国 Harris Teeter 公司

时间:2007 年 4 月 13～23 日

奖励旅游内容:意大利北部和中部葡萄酒乡旅游

奖励人数:30 人

委托旅游公司:梦幻意大利旅游公司(Dream Italy——一家意大利旅游公司(编者注))

简介:美国 Harris Teeter(HT)公司是一家拥有 155 家大型零售商店、18 000 名员工的,美国东部最大的高端食品连锁集团。公司每年的葡萄酒业务都超过了 16 亿美元。为褒奖葡萄酒部门最优秀的雇员,HT 公司在今年安排了一次特殊的奖励旅游——意大利葡萄酒之旅,同时也为葡萄酒部门寻找新的合作伙伴。

分析:HT 公司原本准备的奖励旅行是 500 人,但如此大规模的团队很难真正体验葡萄酒之旅的美妙,难以针对受奖励员工做到量身设计的特殊旅行,不能让每一位团员的体验终身难忘。酒庄体验、城堡入住和私人晚宴等活动的安排,都必须要求是小规模团体,才能让参与者感到尊贵感。

解决:梦幻意大利旅游公司在接到客户意向后,进行估量商议,最后拒绝了大团队订单,劝说 HT 老板从原有 500 人的团队中精选出 30 名最优秀者,参加这次深度的醉酒之旅。此

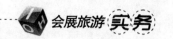

次活动的整个行程,是旅游公司在对 HT 公司的了解下,根据 HT 公司性质和奖励旅游目的而设计的,真正做到了量身定制。

10 天的行程中,旅游公司为团员精心挑选了城堡酒庄,每个酒庄都以不同的葡萄酒、酿造工艺和建筑特色闻名。此外,还安排了两晚市中心的酒店入住,为的是让团员对于城堡的住宿更加印象深刻。每餐的菜式与葡萄酒都是精心搭配。除了大型酒庄,还安排了小村庄里的特色餐厅,他们都有自家酿造的葡萄酒,别有风味。

为了给所有团员一次铭记一生的旅游体验,旅游公司安排了一场属于 HT 的私人城堡酒会,并用直升机将所有的团员运送至酒会举办地——Castello Banfi(班菲城堡)。

行程安排:

奖励团成员从美国费城出发到达米兰国际机场,令所有人吃惊的是,在机场迎接他们的不是导游,而是旅游公司的 CEO。作为葡萄酒领域的资深专家,他一路为成员解释意大利的葡萄酒文化,豪华奔驰大巴车身上是葡萄、水晶杯、城堡酒庄的图案和 HT 公司的标志,在所有人的注视中开往 Verona(维罗纳)——罗密欧与朱丽叶的故乡以及意大利最重要、规模最大的国际葡萄酒与烈酒展的举办地。两者加在一起造就了 Verona 醉人而浪漫的魅力。

组织方为团员安排了浪漫的 Verona 之旅,在朱丽叶的窗下品尝葡萄酒;充满艺术气息的佛罗伦萨之旅,在米开朗琪罗的大卫雕像前驻足惊叹;感受历史沉淀的罗马之旅,卡拉卡拉浴场、古罗马竞技场、数之不尽的古迹,做客美国大使馆;以及托斯卡纳静谧安详的美丽小镇,尝试最传统的托斯卡纳美食,品尝家酿的葡萄酒。

团员体验:

意大利这个国家,从北到南,从丘陵到山区,甚至在那些特别小的海岛上,葡萄树就是特有的一道风景,葡萄酒是意大利每处阳光和土壤赐予他们的琼浆,让我们艳羡不已。

在整个行程中,组织者的安排无可挑剔。出发前我们每人收到来自梦幻意大利的CEO——Giorgio Dell'Artino 的邮件,告诉我们应该准备的衣服,并注明男士带上一套西服,女士需要一套晚礼服,告知我们每个住宿城堡和酒店的设施。并附上一份无比精美详尽的 10 天行程,里面甚至有所有地点的联系方式。在米兰机场,一个高大英俊的意大利男人展开双臂迎接我们,诧异半天,才知道是 Giorgio 本人。

10 天的葡萄酒旅,让所有人都沉浸在醉人的气息中,而最让我们难忘的便是班菲城堡的特殊安排。清晨我们在托斯卡纳醉人的空气中醒来,一杯卡布奇诺和美味的牛角面包后我们开往 Montalcino 镇。在专业品酒师的陪同下,我们步行参观了班菲独特的酒杯、酒瓶博物馆、酒窖、品酒屋,然后,私人直升机将我们送上天空,以最为完美的方式俯瞰班菲近3000 公顷的葡萄庄园。

灰品乐(Pinot Grigio)、霞多丽(Chardonnay)、常相思(Sauvighon Blanc)、赤霞珠(Cabernet Sauvignon)、美乐(Merlot)、西拉(Syrah),这些国际知名的葡萄品种在这儿应有尽有。天空暗淡成琥珀色,行程在我们的惊呼中结束。

螺旋桨产生的风让所有女士裙角飞扬,缓缓走下直升机,沿着红地毯走向班菲城堡,我们的私人晚宴正式开始。历史古堡,微微清风,美酒醇香,音乐奏响,所有人都沉醉在这场迷人的晚宴中忘乎了自我。

旅程结束后,我们在订单中除了对 Banfi、Gallo、Palm Bay 的继续,还增加了新的进口品牌 Fosters。

评价:

HT 公司 HR 经理评价说:"此次行程设计非常独特,每位团员都有着深切的体验,而且整个过程没有任何担忧和劳累,组织方已经为我们做好了所有详尽的安排。从行程结束的那天,我们就开始期待着下次旅行。"

梦幻意大利旅游公司的 CEO Giorgio 也说道:"行程的每个细节我们都经过深思熟虑,力求带给客人最完美的尊贵感。当客人告诉我这是他们此生体验过的最难忘的旅行,尤其是古堡晚宴和直升机酒庄体验,我们觉得一切努力都是值得的。"

(资料来源:马来西亚观光局官方网站,http://www.promotemalaysia.com.tw.)

第一节　奖励旅游的概念及本质分析

奖励旅游(incentive travel)作为 MICE 的重要组成部分,起源于 20 世纪二三十年代的美国,如今已有八十多年的历史,其后在欧美地区得到广泛的发展,并成为旅游市场中一个重要的细分市场,其中美国是世界上最大的奖励旅游市场。

据统计,美国约有 50% 的公司采取奖励旅游的方法来奖励员工;英国商业组织的奖励资金中,约有 2/5 是以奖励旅游方式支付给员工的;在法国和德国,公司奖金已有一半以上是通过奖励旅游支付给职员的。近几年,随着经济全球化和企业国际化,在欧美地区发展成熟的奖励旅游已逐渐向世界其他地区扩展,特别是亚洲地区,虽然起步很晚,但已表现出巨大的潜力和强劲的发展势头。

一、奖励旅游的概念

奖励旅游是现代旅游的一个重要组成部分,是为了对有优良工作业绩的员工进行奖励,增强员工的荣誉感,加强单位的团队建设,用公费组织员工进行的旅游。由于奖励旅游是一种特殊的会展旅游形式,因此,其功能、档次和内容都有其自身的特点,不同的机构、不同的研究人员根据对奖励旅游的不同认识和理解,从不同的角度都可以对奖励旅游做出解释。目前在业界有代表性的定义有以下几种。

1. 国际奖励旅游协会

奖励旅游是现代的管理法宝,目的是协助企业达到特定的目标,并对达到该目标的参与人士,给予一个尽情享受、难以忘怀的旅游假期作为奖励。

其种类包括:商务会议旅游、海外教育训练、奖励对公司运营及业绩增长有功人员。需要指出的是,奖励旅游并非一般的员工旅游,而是企业业主提供一定的经费,委托专业旅游业者精心设计的"非比寻常"的旅游活动。用旅游这一形式作为对员工的奖励,会进一步调

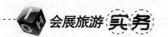
动员工的积极性,增强企业的凝聚力。

2. 旅游服务基础术语(GBT 16766—1997)

奖励旅游是相对观光旅游(sightseeing tour)、度假旅游(vacation tour)、专项旅游(specific tour)、会议旅游(convention tour)、特种旅游(special interest tour)等旅游服务产品而提出的,具体是指由企业或社会团体提供费用,以奖励为目的的一种旅游活动。

3. 中国旅游百科全书

一些组织单位为调动职员的积极性、增强凝聚力,举办的免费旅游。

4. 香港大辞典

奖励旅游是指工商企业及其他行业为刺激工作人员的积极性、增强归属感以及搞好有关部门、团体和个人的公共关系而组织的免费旅游。

5. 迟景才

奖励旅游是指公司职员因工作、生产和销售等表现优异而获得的免费外出旅游。

6. 四川旅游网

奖励旅游是现代旅游的一个重要项目,是为了对有优良工作绩效的职员进行奖励,增强职员的荣誉感,加强单位的团队建设,用公费组织职员进行的旅游。

7. 李立,张仲啸

奖励旅游是指公司在职员完成了公司有关销售指标和营业收入指标的基础上,以奖励旅游的方式进行奖励的活动。

8. 陆林

奖励旅游是企业及厂商为提高产品数量与质量,增加销售,振奋士气,鼓励从业人员、经销商及消费者所举办的活动。

综合以上几种定义,我们可以对奖励旅游重新界定:

奖励旅游是基于工作绩效而对优秀职员及利益相关者进行奖励的管理办法和以旅游方式进行的商务活动。

从以上定义可以看出:

首先,奖励旅游的本质是现代企业的一种管理手段和激励措施。

其次,奖励旅游的形式既表现为一项特殊的旅游活动,又具有会展活动的显著特征,是旅游与会展的综合体。

最后,奖励旅游的参与主体是奖励旅游者、奖励旅游主办者和奖励旅游服务商。

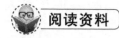 阅读资料

国际奖励旅游协会组织中国分会正式成立

国际奖励旅游协会组织成立于1973年,是目前国际上奖励旅游行业最知名的一个国际性的非营利性的专业协会,主要向会员提供奖励旅游方面的信息服务和教育性研讨会。目前国际奖励旅游协会组织有2000多个会员,分属33个大区的80个国家。

国际奖励旅游协会组织的会员的专业涉及航空、游轮、目的地管理公司(DMC),顾问、

酒店和度假地,奖励旅游公司、旅游局、会议中心、旅游批发商、研究机构、景点、餐馆,供应商等。

2006年12月12日召开的国际奖励旅游协会组织(SITE)国际大会上,SITE的负责人正式宣布在北京成立"SITE中国分会"。目前,国际奖励旅游协会组织中国分会有来自北京、上海、西安、桂林、苏州等地的25名会员。北京市旅游局表示,国际奖励旅游协会组织中国分会的正式成立表明,中国的商务、会议、奖励旅游活动已经得到国际社会的认可,意味着中国拿到了奖励旅游的国际通行证。

二、奖励旅游的内涵

可以通过以下几个角度来理解奖励旅游的含义。

1. 管理方式

在国际奖励协会给出的定义中,明确将奖励旅游作为现代管理的法宝,除此以外,奖励旅游也是企业达到管理目标,增强自身实力的重要手段。通过奖励旅游这种方式,企业可以有效地加强团队建设、塑造企业文化、促进企业与经销商及客户的关系、树立企业形象等。

2. 精神奖励

奖励旅游的出现是企业激励方式转化的一种表现,在物质激励边际效用递减的情况下,企业为了保持和提高职员的工作效率和积极性,转而依靠精神手段满足职员的社会需求和人性需求。与传统的奖励形式相比,奖励旅游是一种长效激励。在参加奖励旅游的过程中所产生的令人愉悦的精神享受和难以忘怀的经历,对员工和其他奖励旅游者的内在激励将是长久的。

3. 绩效标准

奖励旅游是基于工作目标的实现而对工作业绩表现优异的职员进行物质与精神双重的奖励。这种标准来源于职员个人所承担的工作目标、部门目标和企业目标的完成情况,其评估结果来源于人力资源部门的年度考核和业绩评价,其方式来源于企业的奖励政策和对奖励方式的认可程度以及企业对实行奖励旅游所进行的预算。

4. 福利政策

奖励旅游属于带薪的、免费的奖励方式,整个活动的费用由企业全额支付。企业为了达到奖励优秀职员和宣传企业形象的目的,在活动组织方面不惜花费巨资,以期使奖励旅游者满意。可以说,奖励旅游是企业给予优秀员工和对企业做出重大贡献的供应商、经销商、客户等利益相关人员的一项福利。

5. 旅行游览

奖励旅游的目的是激发职员的进取精神,而这一目的往往也是通过旅行游览的方式实现的。当旅游成为一种奖励手段时,其旅游过程中的食、住、行、游、购、娱等各个方面都需认真考虑,且在游览过程中一般都会安排一些企业会议、公司展览、员工培训、主题晚会、颁奖典礼等活动内容,行程非常丰富。

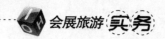

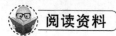 阅读资料

奖励旅游与常规的休闲旅游是有差别的,具体如表6-1所示。

表6-1　奖励旅游与休闲旅游的差别

项　　目	奖　励　旅　游	休　闲　旅　游
付费人员	雇主或机构,而并非旅游者	旅游者
目的地决定者	奖励旅游的组织者	旅游者
旅游时间安排	全年的任何时间	通常是节假日或周末
旅行前期准备	一些奖励旅游的准备十分仓促	长假通常提前几个月预订,而短假则仅提前几天
旅行人员	工作中需要旅行的人以及各协会会员	任何有闲暇和有经济能力的人
旅游目的地	主要在经济较发达国家的大中型城市	任何地方

三、奖励旅游的类型

(一) 按奖励旅游的目的划分

按奖励旅游的目的来分,可分为慰劳型、团队建设型和商务型。

1. 慰劳型

奖励旅游作为一种纯粹的奖励,其目的主要是慰劳和感谢对公司业绩成长有功的职员,缓解紧张的工作压力。奖励旅游的特点是旅游活动安排主要以高档次的休闲、娱乐等消遣性活动项目为主。

2. 团队建设型

奖励旅游的目的主要是为了促进企业员工之间,企业与供应商、经销商、客户等的感情交流,增强团队氛围和协作能力,提高员工和相关利益人员对企业的认同度和忠诚度,旅游过程中注重安排参与性强的集体活动项目。

3. 商务型

奖励旅游的目的与实现企业特定的业务或管理目标紧密联系,如推介新产品、增加产品销售量、支持经销商促销、改善服务质量、增强士气、提高员工工作效率等。这类奖励旅游活动几乎与企业业务融为一体,公司会议、展销会、业务考察等项目在旅游过程中占据主导地位。

(二) 按奖励旅游的活动模式划分

按奖励旅游的活动模式来分,可分为传统型和参与型。

1. 传统型

传统型奖励旅游有一整套程式化和有组织的活动项目,如在旅游中安排颁奖典礼、主题晚宴或晚会,赠送赋予象征意义的礼物,企业首脑出面作陪,请名人参加奖励旅游团的某项活动等。通过豪华、高档和大规模来体现奖励旅游参加者的身价;通过制造惊喜,使参加者产生终生难忘的美好回忆。

2. 参与型

越来越多的奖励旅游者要求在他们的旅游日程中加入一些参与性的活动,而不再仅仅满足于一个"有特色的 party"。如参加旅游目的地当地的传统节日、民族文化活动和品尝风味餐,安排参与性强和富于竞争性、趣味性的体育、娱乐项目,甚至要求加入一些冒险性活动。参与型奖励旅游使奖励旅游者通过与社会和自然界的接触,感受人与社会、人与自然的和谐,有助于唤起他们的责任感。

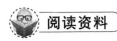 阅读资料

北京将办亚洲最大会议及奖励旅游展览会

目前亚洲地区最大、最成熟的商务会奖旅游展览会——中国国际商务及会奖旅游展览会(CIBTM)于 2010 年 8 月 31 日至 9 月 2 日在北京国家会议中心举办。

CIBTM 项目经理许华锋先生在发布会上表示:"中国是世界上最具活力、增长最快的经济体,而众多跨国企业选择将其区域总部设在北京,这无疑是亚洲地区举办会奖旅游(MICE)的最理想的地点。"

而据北京市旅游局相关负责人介绍,北京市将力争用 5 年时间成为亚太地区首屈一指的国际会奖旅游中心。

据悉,本届 CIBTM 参展面积、参展商人数及特邀买家数量均创历届新高,而有关中国国家旅游局和北京市政府共同主办 CIBTM 2010 的相关手续也已进入到最后的审批阶段。

CIBTM 于 2005 年推出,是中国乃至亚洲地区最大、最成熟的专注于商务会奖旅游(BTMICE)行业的年度展览会。CIBTM 吸引了世界各国数千名买家和行业参观者前来,并与来自全球和区域的会奖旅游行业的供应商、参展商进行面对面的交流。

据介绍,CIBTM 是奖励旅游展览集团专门针对会奖行业举办的五个大型国际性展览会之一,其余几项展览会分别为西班牙巴塞罗那(EIBTM)、阿联酋阿布扎比(GIBTM)、美国巴尔的摩(AIBTM)及澳大利亚墨尔本(AIME)。

另据最新的中国国家旅游局对中国入境旅游市场的分析数据显示,商务及会议旅游的游客占总游客数量的 39.9%,会奖旅游(MICE)已成为中国旅游市场的重要组成部分。

四、奖励旅游的特征

奖励旅游是一种特殊的会展旅游形式,与传统的旅游形式相比,有其独特的市场特征,主要表现在以下几方面。

(一)高端性

1.档次高、规格高

参与奖励旅游的旅游者不同于一般的旅游者,是企业中最出色的职员、对企业有贡献的人,其整体素质高。因此,企业为了达到"奖励"的目的,一般在组织奖励旅游时都会在企业承受范围内"不惜血本"。所以,奖励旅游无论在交通、住宿、餐饮、接待、游览、娱乐等各方面的需求均体现出档次高、规格高的特点,如专人接送、豪华游轮、头等机舱、五星级酒店、盛大宴会、特色活动、与众不同的旅游线路等。

对于实施奖励旅游的企业来说,价格不是重要的考虑因素,质量和创意才是衡量奖励旅游是否成功的关键。奖励旅游过程中的每一个环节都要求提供最优质的服务,最终在活动内容、组织安排以及接待服务上达到尽善尽美。

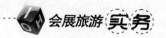

2. 经济效益高

奖励旅游需求的高端性,加之奖励旅游团队规模大,使得奖励旅游接待地可以获得很高的经济效益。据国际奖励旅游协会的研究报告显示,一个奖励旅游团的平均规模是110人,而每一个客人的平均消费是3000美元。一个奖励旅游活动结束后客户在未来12个月的时间里回头咨询反馈的比率是80%,其中有效比率为15%~20%。

(二) 创造性

奖励旅游是一种创造性的旅游活动,它必须创造与众不同的体验才能给奖励旅游者留下难忘的经历。奖励旅游并非简单地提高接待标准的豪华旅游,而是融入了企业管理目标的具有创意的旅游形式。奖励旅游必须为整个活动设计一个具有一定创意的主题,通过各种主题活动的巧妙策划和精心安排,并在这一主题下,把各个旅游要素有机地组合在一起,从而满足奖励旅游者的需求并实现企业的奖励目的。

(三) 文化性

奖励旅游要求为企业提供适合企业自身特点的专业化产品,将企业文化与理念尽可能地融合到奖励旅游活动的计划与内容中,并随着奖励旅游的开展,逐渐体现出来,比如在奖励旅游包机、观光景点、下榻酒店和宴会大厅都可以巧妙地布置公司的 CIS(企业形象识别系统),这些都是显示企业文化和传播企业形象的绝佳机会。奖励旅游活动的安排是与公司的企业文化相适应的,奖励旅游充满着富有浓厚人情味和深寓文化气息的活动项目,具有鲜明的企业文化特征。

(四) 季节性

与传统旅游相比,奖励旅游的一个突出特点就是季节性不强。国内旅游市场目前还不如欧美地区成熟,每年"黄金周"期间,大规模的旅游流就会给全国的旅游、交通、住宿、餐饮等方面带来巨大的压力。而奖励旅游则恰恰相反,一些奖励旅游团在季节上一般都会错开旅游的旺季月份,这将会成为缓解旅游高峰和旅游市场压力的主要调控手段,同时也填补了旅游接待企业在旅游淡季的业务空白。

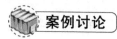 案例讨论

将福利变成激励

据人力资源专家介绍,福利从诞生之日起,更多地是作为一种保障制度存在的。大工业时期,很多欧洲企业采取的是直接的货币报酬形式,企业和员工之间的联结不紧。但随着经济的发展,企业对员工工作的延续性要求也越来越高,员工流失率过大无形中会增加企业的负担和成本,在这种情况下,不少企业就增加了福利手段,比如解决午餐、提供住所……这样一来,企业与员工之间就产生了千丝万缕的联系。

但福利制度在其后的发展中,也出现了很多弊端。最突出的就是,企业管理者不注意改进方法、方式,使福利的保障功能被放大,但激励功能却无法体现,这就导致了企业福利好,只能保证员工流失得少,但并不能激励员工创造更高效率的现象。只有将福利与企业的激励机制挂钩,才能最大限度地发挥其真正效用。

改进的方法有很多。最主要的一点就是在设置福利系统时要考虑不断变化。就算对同

一个人在不同时期也要采取相应的变化手段,这样才能对员工产生新鲜的刺激感,而不会让他们对这一切习以为常后,熟视无睹。

比如早在20世纪七八十年代,中国略有实力的企业或者机关,都会在风景秀丽、山清水秀的地方寻觅一块好地方,然后盖起楼房,作为自己员工的疗养院。但这种疗养人人有份,久而久之,就成了一种"大锅饭";此外,这种单纯的疗养也没有把企业文化与团队建设融于其日程安排中,丧失了很多加强员工归属感的机会。

一家跨国制药公司则采取了奖励旅游的方式,每到年底,就安排一次200人参加的豪华游,奖励为公司做出最大贡献的人。人力资源总监李芸说:"如果是发奖金的话,不声不响钱也就花光了,对个人来说,荣誉感不强;对公司而言,表率的作用没发挥。但奖励旅游不仅能让员工的荣誉被彰显,还因为融合了团队建设和企业文化的内容,能给员工带来更多精神层面的东西,比如归宿感和凝聚力等。"李芸说,他们前年组织的是菲律宾游。公司为此特地租了一架飞机,无论是坐椅还是靠枕上,都有企业的标识。

在晚宴现场,为了给有突出贡献的销售人员一个惊喜,工作人员还秘密邀请了销售人员的家人来到菲律宾,让他们参加这次特殊的奖励游。当主持人邀请坐在台下的员工家属走上台与自己的亲人同享荣誉的一刻,员工与亲人抱成一团,泣不成声。据说,这个特别设计的环节令受到奖励的员工倍感骄傲。

从事人力资源管理工作十数年的李芸很自豪地说:"其他公司可以和我们在价位上、设备上竞争,但到目前为止,他们没有谁能比得上我们的斗志昂扬和友好关爱,而员工的这种精神面貌也给企业带来了很长一段时间的良好发展。"李芸认为,只有把企业营造成家的感觉,真正从员工的角度出发去制定福利措施,才能让员工认同公司文化,在享受工作人生的同时,也带给企业良性的发展。

(资料来源:新浪网,http://www.sina.com.)

【讨论】

奖励旅游作为一种有效的激励手段,与常规的激励相比,它有哪些优势?

第二节　奖励旅游的操作流程

奖励旅游是一个高端的旅游市场,利润率很高,奖励旅游发展的好与坏,关键是产品和服务。通常情况下,奖励旅游较一般的旅游团更为复杂,要融入企业的文化,要安排一些会议、主题活动等,需要花费更多的时间和精力。

一、奖励旅游的操作机构

奖励旅游的高端性决定了其对操作流程的高要求,并不是每个旅游企业都可以承接奖励旅游项目。在奖励旅游市场,通常有以下三类专业的奖励旅游公司。

1. 全面服务型奖励旅游公司

这类专业公司在奖励旅游活动的各个阶段向客户提供全方位的服务和帮助,从项目策划到具体实施,从绩效标准的制定、开展公司内部的沟通到鼓舞士气的销售动员会,直至整

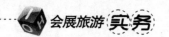会展旅游实务

个奖励旅游活动的组织和指导。这类公司的报酬是按专业服务费支出再加上交通、旅馆等旅游服务销售的通常佣金来收取的。

2. 以安排旅游为主的奖励旅游公司

这类公司通常规模要小些,它们主要是"完成"公司客户自己设计好的奖励旅游项目,业务专门集中于整个奖励旅游活动的旅游部分的安排和销售上,而不提供需要付费的策划服务。它们的收益就来自通常的旅游佣金。

3. 设有奖励旅游部的旅行社和航空公司

许多旅行社设有经营奖励旅游的专门业务部门。大多数旅行社的奖励旅游部主要负责旅游计划的实施,但有些也能为客户提供奖励旅游活动策划部分的专业性服务。由于越来越多的企业将旅游作为一种激励工具,因而许多航空公司亦把奖励旅游作为一项重要业务来抓,并设立专门的奖励旅游部门。

二、奖励旅游的运作过程

奖励旅游的运作过程和会议旅游、展览旅游类似,大体都包括前期策划、中期实施和后期跟踪总结三个阶段。具体步骤如下。

(一)了解奖励旅游市场需求,开展市场营销

在高度发展的信息时代,各种各样的信息充斥着人们的生活。奖励旅游作为会展旅游业的一个细分市场,了解这一市场的构成和需求,对于奖励旅游公司有针对性地推出受市场欢迎的产品至关重要。一般而言,有以下几种渠道可以获取有效信息。

1. 中介机构

大型公司要举办奖励旅游活动时一般都不直接和奖励旅游中心或旅游企业联系,而是委托给相应的中介机构,中介机构再根据需求寻找符合要求的专业奖励旅游公司承接项目。

2. 直接客户

一些客户直接找到专业奖励旅游公司,而不经过中介机构。

3. 互联网

互联网信息具有丰富、及时、广泛的特点,奖励旅游市场开发人员可以通过网络查找世界各地资料,获取有用的信息,从而有针对性地去争取或开发该市场。

4. 其他

除了以上几种渠道,还可以通过政府指定、客户介绍、行业协会委托等其他形式获取有用信息。

奖励旅游市场的构成和需求情况因地而异,因此奖励旅游公司需要仔细地对不同地区的客源市场进行调查研究和分析,以便有效地开展市场营销工作。

(二)确定实现奖励旅游的工作目标

由于奖励旅游已经成为世界很多公司重要的管理手段之一,因而受到越来越多的重视,奖励旅游市场也随之得到了前所未有的扩展。而在奖励旅游的具体运作过程中,首当其冲的就是奖励旅游活动的策划,完整而详细的策划是奖励旅游成功的基础和保障。

奖励旅游策划的第一步便是帮助开展奖励旅游的企业制定实现奖励旅游的工作目

标,要根据客户提出的要求和其实际经营情况来拟订一个合适的目标,这一目标将是今后选择奖励旅游参加对象的基础,而且需要奖励旅游对象为之努力奋斗。目标的制定应该既富有挑战性,又具有可行性;目标要量化,还要明确达到的时间限制,这一期限不宜过长。

(三)制定绩效标准

绩效标准是用来确定奖励旅游对象是否具备参加奖励旅游活动资格的指标,是根据企业目标的预定完成情况和奖励旅游对象为实现这一目标应作的贡献来拟订的,在企业中最常见的是制定生产和销售定额。在制定绩效标准时,应注意标准不宜过高,并保证公平性,尽量使奖励旅游的激励面和受益面更宽、更广。

(四)进行内部沟通与宣传

专业性的内部沟通与宣传对于奖励旅游活动的成功实施十分必要。因此,应该选择恰当的时机以隆重的形式(如召开动员大会)宣布奖励旅游计划,并鼓励企业全体成员积极投入到争取奖励旅游资格的活动中。奖励旅游策划者还要与奖励旅游对象保持经常性的沟通,随时把奖励旅游计划的最新进展告诉他们,并与其进行充分、热烈的商讨,从而赢得他们的热情支持与配合。

(五)精心选择旅游时间

奖励旅游活动的旅游时间安排不应使客户的正常经营活动感到过分的紧张。另外,时间的选择既要利用淡季价格,又要顾及奖励旅游参加者的愿望。当然,这样的要求有时会有冲突,所以奖励旅游公司必须有足够的灵活性并善于做出妥协。

(六)严格选择旅游目的地

奖励旅游活动所选择的目的地必须令人兴奋,要有广泛的吸引力和某种自我促销性。当然,不同奖励旅游市场在选择目的地时考虑的主要因素有所差别。目的地的选择必须迎合奖励旅游参加者的兴趣。奖励旅游策划者不能凭自身好恶决定旅游目的地,而应首先尊重奖励旅游者的意见。此外,为了保持奖励旅游对象的兴趣,奖励旅游目的地还必须不时地更换,具体如表6-2所示。

表6-2 美国奖励旅游策划者选择目的地的重要考虑因素

非常重要的考虑因素	占策划者百分比/%
娱乐设施如高尔夫、游泳池、网球场等	72
气候	67
观光游览文化和其他娱乐消遣景点	62
位置的魅力和大众形象	60
适合举行会议的饭店或其他设施	49
交通费用	47
往返目的地交通难易程度	44
奖励旅游者到目的地的距离	22
因考虑多种因素,总数大于100%	

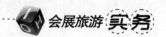

（七）提出奖励旅游活动方案及具体日程安排

活动方案和日程的设计应该考虑以下因素：

（1）客户开展奖励旅游活动的目的；

（2）客户的特性和背景，特别是企业文化特征；

（3）客户和奖励旅游参加者对活动行程及内容的特殊要求；

（4）依据绩效标准确定的每次奖励旅游活动的团队人数；

（5）客户的奖励旅游预算。

方案和日程设计必须周密，应该制定一个明确的准备工作进度表。此外，奖励旅游方案设计和活动安排还应该让奖励旅游者充分参与进来。

（八）奖励旅游方案和日程的审核与批准

通过与客户的反复讨论和协商，并完成奖励旅游方案的预算审核和可行性论证，最终达成共识，奖励旅游活动方案和日程安排获得客户的批准。奖励旅游公司和客户双方还应根据实际情况的变化，及时对原方案进行调整。

（九）奖励旅游活动计划方案的实施

奖励旅游执行阶段的成功关键取决于周密、细致的旅游接待服务工作，搞好各方面的协调也很重要。奖励旅游公司在整个旅游活动期间，应派专业代理人员随团工作，负责指导当地接待企业搞好服务，并充当接待企业与奖励旅游团的联络人。

（十）提供完善的奖励旅游后续服务

奖励旅游公司在奖励旅游活动结束后，要进一步做好后续服务工作。后续服务主要分为外部后续服务和内部后续服务两部分。

1. 外部后续服务

企业物品回收、礼品的运送、场地整理、器材归位，按客户要求提交评估报告等，并请客户填写客人反馈表，具体反馈表如表 6-3 所示，及时收集客户和奖励旅游者的反馈信息，改进产品和服务质量，争取下一次合作机会。

表 6-3　客人反馈表

尊敬的宾客：

　　您参加我社的旅游团已多日，这几天的旅程您已领略到桂林如画的风光和诱人的风土人情……为了确保您的合法权益，同时也为了确保本公司旅游团的质量和声誉，麻烦您填写此反馈意见表。对于您的要求和建议我们会迅速给予答复，对于您的投诉，我们会以最快的速度调查并给予满意的处理。

编号：

（请您在认可处打"√"）

游览活动	1. 游览活动的安排 很好（ ）好（ ）一般（ ）差（ ） 2. 此行最喜欢的景点	司机服务	1. 司机的驾驶水平 很好（ ）好（ ）一般（ ）差（ ） 2. 服务态度 很好（ ）好（ ）一般（ ）差（ ） 3. 车辆状况 很好（ ）好（ ）一般（ ）差（ ）

续表

导游服务	1. 讲解水平 很好（ ）好（ ）一般（ ）差（ ） 2. 服务态度 很好（ ）好（ ）一般（ ）差（ ） 3. 处理问题的能力 很好（ ）好（ ）一般（ ）差（ ） 4. 普通话标准程度 很好（ ）好（ ）一般（ ）差（ ）	宾馆餐厅	1. 下榻宾馆与计划标准 相符（ ）不相符（ ） 2. 餐馆菜品哪家最好？哪家最差？ 3. 餐饮的总体质量 很好（ ）好（ ）一般（ ）差（ ）
要求建议			
客人签名		欢迎您再次光临！	

（资料来源：桂林国际旅行社会议奖励旅游中心，www.bestguilin.com.）

2. 内部后续服务

包括公司职员应该在 3 天内制作出此次奖励旅游活动的成本表，以供单位进行利润评估；进行内部总结，对在此次活动中表现出色的部门和个人进行表扬；分析此次活动的不足之处，不断提高策划的操作水平。

如企业物品回收、礼品的运送、按客户要求提交评估报告等，并及时收集客户和奖励旅游者的反馈信息，改进产品和服务质量，争取下一次合作机会。

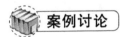 **案例讨论**

"玉溪卷烟厂优秀调烟师奖励旅游"活动策划方案

一、成功策划本次奖励旅游的前期准备

1. 此次奖励旅游的实质目的分析

调烟师是现代烟草集团新产品研发的高级骨干技术人员，专门从事对卷烟新产品的开发，在保留烟草的香味的同时，对尼古丁、焦油等有害人体健康的物质进行严格调控，尽量减少对烟民的身体损害。根据了解，在挑选合格的调烟师时，要求十分苛刻，尤其是对身体素质和技术水平的要求较高。普通的调烟师年薪一般达到 30 万元以上。

北京神舟国旅雍和官门市此次受红塔集团玉溪卷烟厂厂部的委托，对本年度被评为优秀调烟师的 10 名员工以及一名优秀女主管策划一次奖励旅游活动。其中男性 6 名，女性 5 名，男女比例基本上维持在 1：1。这样的比例有利于本次奖励旅游线路及特殊行程的安排策划。

根据玉溪卷烟厂厂部领导的委托，本次奖励旅游主要是为了对这 10 位优秀员工在开发红塔新产品"人为峰"、"新势力"这两种品牌烟上做出的突出贡献，并适当起到增强员工荣誉感、加强团队协作精神、放松身心的作用。期间的旅游娱乐费用全部由厂部报销。

2. 客户的企业特性与背景分析

玉溪卷烟厂是全国卷烟行业唯一的国家一级企业，中国乃至亚洲最大的现代卷烟生产基地，以卷烟的优质高产闻名遐迩，享誉海内外。玉溪人以"天下有玉烟，天外还有天"作为企业精神，它生动形象地体现了广大玉烟人的共同信念和必胜信心的精神风貌。要做到这

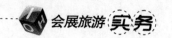

一点,就必须练就一流的技术,创造一流的产品,提供一流的服务;就必须树立一流的厂风,培养一流的素质,造就一流的人才队伍。因此,培养和留住企业优秀技术人才至关重要。

调烟师作为该企业的特殊人才,在开发奖励旅游时,我们应着重重视他们对个人隐私和希望受到团体注目等特点,再根据不同性别类型的客户进行不同的规划。这些人员作为一个团体,应推出具有团体协作性,又注重个人享受的旅游产品。

3. 行程的特殊要求分析

调烟师是高级技术人才,长期在较为压抑的环境中工作,渴望放松,有多数为年轻人。鉴于这一点,可推出探险、狩猎、登山等个性突出、探险性强的旅游产品;他们属于高消费群体,对价格不敏感,对住宿和餐饮质量要求高,因此在选择饭店时可选择四星级以上的酒店;同时这些年轻人正处于恋爱阶段或新婚初期,追求浪漫的旅游方式和旅游产品。丽江作为浪漫之都、柔软时光的胜地应作为首选目的地。

同时,我们还要举行具有民族特色的主题晚会,或惊喜派对,根据场部要求。期间还要对此11位员工开一个表彰大会,会议地址选择上应尽量空旷,具有一定的特色。

4. 对企业的预算分配分析

根据厂部财务处分配额来看,本次奖励旅游最大可用资金为10万元,其中除要求召开一个小型的表彰大会外,其他活动为本旅行社作具体安排。神舟国旅雍和官门市蒋经理认为该企业此次奖励旅游经费比较充裕,且奖励对象都为高薪阶层,在奖励旅游次数、主题活动、出游时间上可做较为宽裕的安排,有信心将其举办成为丰富多彩、娱乐身心的旅游活动。

二、本次奖励旅游的执行流程

1. 决定执行人员及工作分配

经过神舟国旅内部会议讨论,决定此次策划方案由市场营销部完成,其他部门配合其完成工作。根据策划方案决定选配一名特种导游和一名优秀的地方导游。特种导游主要负责探险旅游的引导工作,而地方导游则负责丽江观光景点的解说引导工作。全部方案由市场部经理统一指导。

2. 行程设计与规划

(1) 明确线路名称:"寻梦香格里拉"。

(2) 旅游线路:丽江—香格里拉县—泸沽湖—稻城亚丁—丽江。

(3) 计划活动日程:6月8日抵达丽江,住宿国际大酒店,当天游玩古城,次日上雪山,感受玉龙风情。

6月10日乘越野车抵达中甸,游玩3天。主要景点及线路:松赞林寺—纳帕海—奔子栏—金沙江第一弯—东竹林寺—德钦县城—梅里雪山。

6月13日晚抵达泸沽湖,游玩3天。第一天,参加摩梭人的民族歌舞晚会,住宿湖边摩梭人家。第二天,乘船游泸沽湖,游玩蓬莱三岛,还有半天沿湖溜达;晚上吃湖边烧烤,与摩梭姑娘、小伙聊天。第三天(6月16日),起程去稻城亚丁。

稻城亚丁的游玩路线:稻城—日瓦,俄初山—冲古寺—洛戎牛场—牛奶海,五色湖—海子山。游程为3天,20日返回丽江,在丽江国际大酒店举行优秀调烟师表彰大会。

(4) 线路评价与分析。

本路线主要为厌倦常规旅游喜欢特别体验和刺激的特种人群所设计的,本次服务对象都是文化水平较高的年轻人,热爱探险,这条线路适合团队协作精神的培养。

(5) 出发前动员誓词。

除在丽江住宿酒店外,大部分地区住宿为帐篷露营或住宿当地民居,途中需耐住泥泞山路的颠簸,需习惯瞬息万变的霜雨与烈日,需克服在万丈悬崖上盘旋行车的恐惧,需在军用帐篷中忘掉热水、灯光与抽水马桶,咀嚼着青草的香味沉沉入睡,需要一种激情,就是无论多脏,多苦,多累,多险,你能爱这条路,因为这里是寻梦香格里拉之路。

(6) 征询企业意见。

策划方案制订后,征询玉溪卷烟厂领导及 11 位受奖励的员工的意见,再进行局部的改动。与企业决策者进行面对面的交流,同时介绍北京神舟国旅有关奖励旅游行程、路线、活动设计、服务、经典案例,让企业决策者了解本旅行社能为企业提供哪些细致、独特、完美的服务。

三、与玉溪卷烟厂保持密切的售后关系

(1) 在适当时间举行企业招待会、联谊会等活动。旅行社还可举办野餐会、舞会,以及旅游摄影比赛等活动,以扩大影响。

(2) 赠送纪念品,寄生日贺卡和假日贺卡,或者赠送特殊奖品。

(资料来源:神舟国旅,http://www.guolvol.com.)

【讨论】

结合奖励旅游的运作过程,试评价案例中的奖励旅游策划方案。

第三节　奖励旅游的发展趋势和国内奖励旅游的发展

一、奖励旅游的发展趋势

(一)文化气息渐强

作为一种层次较高的会展旅游项目,今后的奖励旅游活动将比以往更加注重人文关怀,强调个性彰显,关注人的内心需要和人性的充分满足。奖励旅游作为满足员工高层次精神需求的特殊形式,其文化性、人性化、个性化发展趋势将体现得更为明显。

21 世纪以来,奖励旅游目的地的选择更多地考虑了当地的文化因素。在旅游项目的选择方面更倾向于具有文化品位的活动,能够突显企业的文化与经营理念,并与体育运动、户外活动和其他娱乐项目相结合。

(二)奖励旅游与商务活动结合紧密

当前,奖励旅游已不再是一种纯旅游方式,而是与会议、培训和企业业务活动相结合的趋势越来越明显。奖励旅游与会议、展览、大型活动、公司业务等商务活动由过去的泾渭分明转向了现在的相互交融与结合。企业员工对奖励旅游的观念也从原来单纯地以参加纯旅游活动为荣转为追求参加专业会议或培训为自己所带来的成就感和充实感。

(三)参与性奖励旅游崛起

过去的旅游者常常满足于观赏,而今天新一代的旅游者则强调亲身体验。常规的观光、

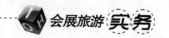

购物等包价旅游项目已无法满足奖励旅游者的需求,他们要求在日程安排中加进更多的参与性活动项目,使他们的奖励旅游活动变得更加丰富多彩。参与性奖励旅游符合当今人们追求更充实、更完美、更有价值的生活愿望,为奖励旅游的发展开辟了更为广阔的空间。

(四) 旅游形式多样化

随着奖励旅游者个性化需求的增强,以及团队出游经常发生团员时间上的冲突,越来越多的企业开始采用多样化的奖励旅游活动形式。采用个体旅游形式使奖励旅游的实行具有充分的灵活性和选择余地。让受奖人员携带家属出游,也越来越受到企业的青睐。奖励旅游将通过发掘家庭价值和所蕴涵的人情味,进一步发挥其激励作用。

二、我国奖励旅游的发展现状

奖励旅游在国内发展时间尚短,专门从事奖励旅游业务的公司和旅行社数量还较少。我国最先开展奖励旅游的企业多是外资公司和合资公司。在外资、合资公司的带动下,许多国有企业和规模较大的民营企业也开始接受奖励旅游这一有效管理方式,如中国旅行社总社国际会议奖励旅游部是我国第一家从事奖励旅游的专门机构,中青旅也于2001年9月成立了会议与奖励旅游部。应该说国内奖励旅游总体上还处于发展的起步阶段。

随着旅游业的发展,人们对于奖励旅游的认识也在不断深入,经过不断培育和推广,奖励旅游作为一个新兴的旅游项目,受到了国内很多企业和员工的青睐。当前,国内奖励旅游发展较快的是经济发达的东部沿海地区,北京、上海和广州表现最为突出。

(一) 北京奖励旅游的发展现状

北京是个有着三千多年历史的古都,无论是其历史文化,还是旅游资源,都特别适合作为奖励旅游目的地。北京于2000年接待了第一个国际奖励旅游团,并开始积极拓展奖励旅游这一高端市场。2000年9月9~14日中国和平国际旅游公司成功组织了美国大都会保险公司(Metijfe)在北京举行的总裁会议。

此次活动的成功举办,有利于迅速打开美国奖励旅游市场,使北京成为世界奖励旅游的中心城市。2003年,北京市旅游局举办了“亲历古都文明,感受现代风采”百名奖励旅游客商考察北京的活动,客商对北京的奖励旅游资源和产品表现出极大的兴趣。

(二) 上海奖励旅游的发展现状

目前,上海市旅游事业管理委员会已加入ICCA组织,成为国内首位ICCA组织的地区代表。这是对外整体推销上海形象、打造上海会展之都,把上海的会展业发展导入正规并进入良性循环的一个契机。

在成功举办99财富论坛和2001年APEC会议后,上海发展会展业的优势已经凸现出来。目前,上海正在重点开发国际会议、展览及奖励旅游业务。近年来,上海相继承接了一批国际奖励旅游团:如2000年,接待了日本大型奖励旅游团;2001年,接待了西班牙波利CRV322奖励旅游团;2002年,锦江旅游有限公司接待了一个大型豪华的奖励旅游团等。

(三) 广州奖励旅游的发展现状

广州的城市经济发展十分迅速,在珠三角地区一直是龙头城市,商业发达。经过多年的培育,广州已成为中国内地仅次于北京、上海的最受欢迎的奖励旅游目的地之一。

近年来,奖励旅游在广州悄然兴起,已给各旅行社带来显著的效益。"广之旅"是广州地区最具规模的综合性大型旅游企业,全国百强国际旅行社之一,其奖励旅游的接待人数现占到旅行社业务总量的 5% 以上。1996 年,广东"新之旅"开始涉足奖励旅游市场,目前奖励旅游收入已经占到该社总收入的一半。在国际市场促销方面,2002 年广东组织省内各市参加了由国家旅游局牵头组织的一系列奖励旅游促销活动。

三、国内奖励旅游的发展措施

(一)加快奖励旅游市场的培育

国内发展奖励旅游首先就应该转变观念,深化对奖励旅游的认识,加快国内奖励旅游市场的培育。奖励旅游经营企业需要加大宣传力度,采用各种宣传手段,比如邀请企业高层管理人士参加供需双方见面会,向其介绍奖励旅游知识;通过各种媒体加大对奖励旅游宣传;介绍国外采用奖励旅游的成功案例及流程;向企业发放宣传材料等,让更多的人、更多的企业了解奖励旅游,提高奖励旅游在国内的普及率。

(二)提高奖励旅游产品的质量

奖励旅游属于高级旅游市场的重要组成部分,高质量的奖励旅游产品是开发奖励旅游市场的基础和前提。奖励旅游目的地须充分了解客户企业和奖励旅游者两方面的需求,并设计出让双方都满意的高档次、高质量的奖励旅游产品。产品的设计一定要围绕奖励旅游客户的企业文化和企业目标来"量身定做",应注重"以人为本"和体现创造性,同时必须关注和完善奖励旅游服务流程的每一个细节,努力做到将一个"完美的经历"奉献给奖励旅游者。

(三)加大国际市场促销力度

目前,全球奖励旅游业务主要来自北美、欧洲和亚太地区的国际奖励旅游市场。许多跨国性的国际公司每年都举行管理层和营销人员的大型年会、业绩总结会,并相应为员工、经销商和客户组织奖励旅游活动,国际性的著名旅游胜地通常就是举办奖励旅游的首选地。

据世界旅游组织预测,到 2020 年中国将成为世界第一大旅游接待国。所以,加大我国奖励旅游产品的对外促销力度,积极开拓国际奖励旅游市场,为入境奖励旅游创造条件,是推动我国奖励旅游发展十分必要和有效的措施。

(四)提升奖励旅游企业的实力

国内开展奖励旅游业务的企业基本都是在传统旅行社基础上发展起来的,突出的问题是比较缺乏奖励旅游活动操作和管理的经验,在国际专业化的奖励旅游公司竞争中处于弱势地位。因此,我们必须尽快提升奖励旅游企业的专业化素质,通过调整整体业界结构、整合内部资源,培养一批素质高、技术强的奖励旅游专业人才,以增强奖励旅游企业经营能力和国际竞争力。

应该在行业资源优化整合的基础上,成立一批专门经营奖励旅游业务的专业奖励旅游公司,并打造出具有国际知名度的企业品牌。奖励旅游企业还要具有与客户建立长期合作关系的能力。

(五)政府给予一定的政策扶持

我国奖励旅游市场和奖励旅游业尚处于摇篮时期,在现阶段,政府的支持对于我国奖励

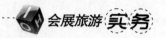

旅游的发展是非常重要的。政府应该尽快出台规范和鼓励奖励旅游发展的法律、法规,同时实施相应的扶持政策,如简化奖励旅游团的签证手续、对奖励旅游设施建设和产品开发给予资金支持、减免企业开展奖励旅游活动的税收,成立专门的奖励旅游管理和服务机构等。

**案例讨论**

年底企业"奖励旅游"正当时

近日由沪上各大旅行社获悉,年底将至,为奖励辛苦工作一年的员工,不少企业都会前来咨询包团的线路和相关事宜,为员工们精心策划一年一度的奖励旅游。

据某企业负责人介绍,奖励旅游已成为该企业年终奖励的首选。对有优良工作业绩的员工进行奖励,增强员工的荣誉感,加强单位的团队建设。组织员工进行旅游,既可协助企业达到特定的目标,也能为该目标的参与人员提供一个非比寻常的假期。这样一举两得的奖励方式,企业十分赞同。

从目前报名的团队来看,不少企业希望这种旅游不单纯是观光休闲,需要专业性的机构在旅途中穿插主题晚宴,以及"惊喜"、"感动"的一些小创意活动,塑造企业文化。针对这种情况,沪上各大旅行社的旅游路线策划人士还会应企业要求,在旅游的过程中安排些相关的活动,来丰富行程,达到企业奖励旅游的目的。

一般来说,公司举办奖励旅游,大多都是全公司人倾巢出动,动辄几十人、数百人,这样大规模的团队,就考验旅行社的"功底"了,如何尽量让行程安排得既有气派,又省钱;又让参加人员有自豪感,还要有高效率的集体活动。这让许多旅行社在制订企业奖励旅游路线时,都是煞费苦心。

据上海旅行社副总经理张建权表示,目前上海的旅游市场正逐步进入冬季旅游淡季,旅游散客已经不多,而企业奖励旅游、团队游则开始成为旅游市场主力。而上海旅行社的冬季滑雪等主题的旅游路线,报名组团人数现在还不多,一些常规的如海南三亚、昆明大理、温泉游等路线,预定组团成行的人数则较往常有所增长。

据了解,奖励旅游既是对员工的一次奖励,又能加强员工之间的沟通,现在正日益受到企业的欢迎。针对这一市场,沪上各大旅行社也专门开设了相关包团线路,《每日经济新闻》特精选出四条既有特色又比较成熟的线路,给想为员工来次"奖励之旅",却又苦于无处参考的您。

(资料来源:新浪网,www.sina.com.cn.)

【讨论】

1. 结合案例分析奖励旅游在企业管理中的作用与功能。
2. 旅行社如何设计和开发深受市场青睐的奖励旅游产品?

◀◀ 本 章 小 结 ▶▶

奖励旅游作为一种现代管理手段和激励措施,在形式上表现为特殊的旅游活动,同时又是与旅游相交融的会展活动形式。由于奖励旅游具有高端性、独特性等特征,从而对其操作机构提出了更高的要求。奖励旅游的操作流程总体上包括前期策划、计划执行和后续工作三个环节。目前,世界奖励旅游出现了一系列新的发展趋势,我国奖励旅游由于经济的持续快速发展也逐渐兴起。

复习 思考题

1. 试举例说明"奖励旅游是现代管理的法宝"。
2. 奖励旅游的高端性表现在哪些方面?
3. 试述奖励旅游在目的地选择上与会议和展览的不同之处。
4. 试分析企业开始采用多样化的奖励旅游活动形式的原因。
5. 就某一城市或地区给出你的奖励旅游发展建议。
6. 调查一个企业的奖励旅游活动并写出分析报告。

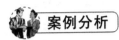 案例分析

参与性奖励旅游正在崛起

涉险旅游刚刚闯进旅游业的大门,参与性奖励旅游又在开始崛起了。常规的观光与购物旅游已无法满足旅游者的需求,他们要求在日程安排中加进更多的活动项目,使他们的旅游活动变得更加丰富多彩。乘筏逐浪漂流、徒步旅行还有划艇等活动正在逐步成为奖励旅游活动中不可缺少的组成部分之一。

随着旅游者要求的增多,旅行社已经觉得:要使今天的旅游搞得多姿多彩,有声有色,且富有一定的特色,确实要下一番工夫。仅仅提供观光、购物这种纯包价旅游的方式已是不够了。新的奖励旅游的参加者要求在他们的日程中能加入一些参与性的活动。这至少是"欧洲会议与奖励旅游博览会"上发出的一则信息,参与性奖励旅游正是在那里的"奖励旅游经理协会"会议上提出来讨论的问题。

参与性奖励旅游的发展趋势,在欧洲市场上反应特别强烈。这丝毫不足为怪,因为德国人对涉险活动的胃口一向很大,然而法国人则热衷于对文化的追求。

法国一位女士帕特丽娅称:她们公司有300多名雇员,年营业额为10亿法郎(约合1.83亿美元),其激励机制并不仅仅来自奖励旅游,因为"雇员们自己也能支付得起,他们需要的是真正的度假。他们需要在各方面得到帮助,需要参与活动。""在以往几年中,我们已将许多体育活动加进我们的活动日程中去",她认为:在克尼亚的游猎远征是一项很好的奖励旅游活动;公司最近还为40名奖励旅游获得者组织了一次去西印度群岛中卡他马兰岛的游船旅游,并在周围的岛上搞了一次涉险性的旅游活动。

英国激励旅游公司董事总经理约翰•劳逊先生道出了同样的信息,他说:奖励旅游是一种创造性的旅游活动,它创造了与众不同的东西,给一生中留下值得回味的经历。涉险和参与就可以起到这样的作用。这种参与性旅游活动在英国发展得很快,同时,产品促销活动也很容易。

白昼的参与活动是越来越普遍了,例如野外的郊游、射泥鸽和乘赛艇都很具有吸引力。当然,能请一位名人参加这类活动将不失为锦上添花,但这样做会花去很多的钱。劳逊先生说:例如请高尔夫球名手 Ballesteros 参加,就得花去 2 万英镑(约合 3.089 万美元),而且包括餐饮。

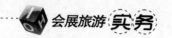

该公司在泰国组织了沙滩骑象活动,在夏威夷安排了造船比赛和火山口自行车旅游,在开罗举办了吉普车接力赛,在葡萄牙进行了探宝活动,还在新加坡和槟榔岛搞了乘三轮车旅游等。当然,肯尼亚、南非和津巴布韦等地的游猎远征活动也是很好的奖励旅游项目。

然而,劳逊先生也提醒大家注意:对活动参加者的健康状况要有正确的估计,才能安排恰当的活动,"其中,年龄的因素并不十分重要,要紧的是:他们的健康状况究竟如何?"

他说:参与活动对协作精神的形成特有好处,"它对人们能起到激励作用,激发他们相互竞争的心态,因为每个人都想获得胜利"。瑞士一位旅游咨询顾问英格女士称:回归大自然的倾向正在日益增强。"人们需要尝试不同口味的东西,打着黑领带的团体已经过时了,他们需要到森林中去,需要徒步旅游和氢气球旅游。"

可是美国对此有不同看法。美国的劳拉女士称:美国人并不像欧洲人那样富于冒险心理,"根据我们的看法,奖励旅游的参加者对有组织的活动还是喜欢的,公司管理人员也喜欢这样做。我们尚未听说我们奖励旅游参加者有回归大自然的要求,他们喜欢参加打着黑领带的仪式,也乐于成为众人瞩目的目标"。

荷兰公司联络咨询员莫塞特先生提醒讨论会注意的一点是:活动日程的安排要适合团体的特点和需求,要不就有可能达不到预定的目标,令顾客感到失望,"例如一个化妆品生产厂家想要增加 10% 的销售量,而销售渠道是通过 40 岁以上的女性零售商,难道因此而组织一次涉险性奖励旅游是明智之举吗? 或者你为一个主要兴趣在周围环境的 35 岁以上的男子团组织一次赛跑,难道能起到激励的作用吗?"

旅游活动的安排应当与公司的企业文化相适应,莫塞特先生举了罗来克斯公司的例子,他说该公司的广告主题都与体育运动有关,"那么,该公司的奖励旅游活动或许就含有某种体育活动的因素在里面"。

然而,对参与性奖励旅游不利的因素是:公司所要承担的责任问题。欧共体的有关规定就足以使奖励旅游的规划人员和公司感到头痛,并必须对安排什么样的活动项目绞尽脑汁,慎之又慎。

在美国这种情况更为严重,在那里,法律诉讼几乎是家常便饭。负责安排 Whirlpool 公司顾客奖励旅游活动的约翰·奥尔逊先生说,风险管理部门告诫他对某些活动的安排必须慎重,譬如骑马,"切勿将这项活动列入日程中去。如果他们掉下来摔断了腿,那我们就会受到人家的指控,但若他们自己去骑马出了事,那就与我们无关"。

"有一次,我们在埃及安排了一次骑骆驼旅行,其中一人摔断了腿,我们就被卷入了诉讼。"劳逊先生表示赞同此议说,"在欧洲,我们也要小心,因为组织者是要承担责任的。"可另一方面他又认为,规划者可以采取措施,尽可能将风险降到最低程度:"你必须做到确有把握,你的客人能够参与该项活动,而且他们事先要有训练,再配置合适的设备和上妥保险。一切都按专业化的做法去做,参与性奖励旅游活动是值得一试的。"

旅游目的地的经营管理公司,也看到了参与性奖励旅游中的这一倾向。奥地利特种旅游项目主任马格雷特先生称:"参与活动给人留下了深刻而难忘的印象。在团队活动中,人们会因此而产生一种新的价值观,例如:爬山、划艇或徒步旅游,会有助于唤起人们的责任感。"问题在于公司对此是否抱有信心,是否想通过其奖励旅游活动建立起参与者之间的协作精神。

"从事参与性奖励旅游的旅行社要对目标团体进行分析,并将此信息传递出去。对于目的地管理公司的情况介绍则往往过于简单粗浅。"马格雷特说:在参与性奖励旅游活动中,事先做好准备是十分重要的。"如果他们以前从未经历过这种活动,那么至少70%的参与者应该是业余爱好者。活动项目应该与懂得奖励旅游的专门教练人员一起付诸实施。各种安全措施也都必须经过检查方可使用。"

然而,他并不同意这种说法,认为参与性奖励旅游的趋势发端于对环境爱好的心态,他说:"人们并未要求我们安排'环境心态'的旅游项目,人们只想满足一种简单的欲望,即通过不同的经历对体格和心灵的触动,使每天的生活过得更充实,更完美。"

在亚洲,奖励旅游业的发展尚处在初级阶段,参与性活动项目与普通项目之间还存在着较大的差距。然而,就涉险旅游而言,它已从新加坡和香港的某些地方悄然兴起,那么,参与性奖励旅游不久以后便也会从某些公司的观光购物旅游活动中脱颖而出的。

Lncharge Pacific公司的总经理迪尔克先生,已从一些比较发达的亚洲市场上看到了对参与性奖励旅游活动的兴趣及其发展的趋势,他说:"就我个人而言,我喜欢艰难的涉险旅游。但是对有些亚洲人来说,轻松的涉险也不失为一种很好的激励机制。生态旅游可使人们体验一下群落生存的滋味,而文化性奖励旅游活动则可使人们领略某种文化的点点滴滴。"

然而,发展潜力最大的还是那些参与性奖励旅游活动的培训机构,在旅游目的地管理公司中,那些富有参与性度假活动专长的人们,早已摩拳擦掌,做好了各种准备,要与一些公司合作,进行各种不同的户外训练活动。

马格雷特先生说:在奥地利,旅游目的地管理公司在这方面已经进入角色,他们已就参与性奖励旅游项目展开了研讨工作,并雇用一些从解决矛盾开始,到培育带头精神的专业培训人员。"像徒步旅游、驾船航行之类的活动能使参与者之间产生相互作用,这对于增进联络技巧是有助益的。登山有助于培育起带头精神,驾筏逐浪漂流也可使参与者扮演各种不同的角色。对于解决矛盾的问题,你只要把他们置于参与性活动项目中,使他们忘却前嫌,打破僵局就可以了。"

在沙捞越,有一处天然的参与性奖励旅游目的地,婆罗洲涉险旅游公司总经理罗伯特先生,已在此就各种培训活动的范围进行了探索。他说:"我们已经踏勘了一些沙洲和接触了一些公司,并对他们说:你们已经找到了目标,我们可否在利用这些户外场地方面帮你们做些什么?例如,我们试着将大森林布置成了教室模样,但是我们必须谨慎,适合于西方国家奖励旅游者的活动。我们也试办了富于创造性的旅游活动,把人们置身其境,使他们在那种环境中感到心境豁朗,萌发协作精神,并起带头作用。"

罗塞先生则对进取性的促进作用深信不疑,他以最近他们在关岛举办的一项跳跃活动为例,说明只要经过充分训练,做好了冒险的心理准备,就能增强驾驭自己的能力。他还说:若是课堂上训练对培育协作精神或带头作用奏效不大,就可采用一些新的训练方式,诸如:划艇、航船或从船上跳到滑水板上等,都是很好的训练方式。蒙上你的眼睛,在跳板上走15分钟,或徒手翻过一垛墙去,就能改变你的心态,并会有助于你创造性的提高和协作精神的发挥。

综上所述,参与性奖励旅游已经在欧洲旅游市场上推行,在亚洲,少数发达一些的国家和地区也已在尝试之中,尽管看法不一,各个国家和地区的做法和情况也不尽相同,但随着旅游业的进一步发展,参与性奖励旅游的发展或许是值得业界人士注重的一种倾向。

(资料来源:中国网,www.china.com.cn)

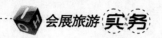

【分析】

1. 结合案例,试分析参与性奖励旅游的特点和作用。

2. 参与性奖励旅游在世界各地的风行给我们哪些启示?

实战演练

试根据以下资料,为北京某啤酒企业集团策划奖励旅游计划。

1. 背景资料

(1) 奖励旅游企业:北京某啤酒企业集团。

(2) 公司行业:糖酒副食行业。

(3) 主营产品:酒(白酒、啤酒、生茶饮料)。

(4) 获得奖励旅游参与资格的对象如下。

集团优秀职员:100人。

分公司优秀职员:80人。

全国各省总代理商:150人。

全国一二级城市优秀经销商:120人。

集团主要领导和各分公司领导30人。

(5) 企业文化:创造美酒的同时,创造灿烂的酒文化。

2. 企业要求

(1) 奖励旅游产品必须与企业文化相结合;

(2) 依托企业文化,创意奖励的主题活动;

(3) 要展现该公司是"北京的、中国的、世界的!";

(4) 要展现该公司"走出首都,走出国门"和"强化大集团,建设大市场,树立大品牌"的雄心壮志;

(5) 奖励旅游要做好旅游前、中、后的各项服务细节;

(6) 必须让所有参与者在旅游过程中或参与活动时了解企业的人性化管理和与员工、代理商、经销商"一同发展"的决心;

(7) 要表现该集团的实力;

(8) 奖励旅游计划在春节前执行,要避开旅游旺季;

(9) 交通工具应尽可能地结合观光、休闲、度假的方式;

(10) 其他。

第七章
会展旅游营销管理

【知识目标】
- 了解会展旅游营销包括的内容;
- 掌握会展旅游涉及的领域与会展的关系;
- 掌握会展旅游营销中广告宣传的内容和营销策略的运作。

【能力目标】
- 能够联系实际分析会展旅游行业的发展趋势;
- 可以将新技术、新手段应用到会展旅游广告营销中。

引导案例

贵天钻石深圳展览会的"一石多鸟"营销推广方案

一、项目背景

贵天钻石,国内裸钻批发运营商前五强。2009年,贵天钻石股东发生变化。新贵天决定新格局,新老客户如何看贵天的现在和未来?贵天又如何构建新的竞争优势?如何抓住新的机遇和应对市场竞争中的变局?如何利用展览会加强营销推广?项目服务围绕贵天钻石2009年9月13~17日深圳展览会,做了集"品牌梳理、展览策划、视觉表现、促销活动和宣传推广"为一体的系列综合性工作,取得了"一石多鸟"的最佳营销效果。

1. 战略定位:先天下之忧而忧。

2. 本次展览会的宗旨:向"专业化、品牌化、规模化"的营销方向进军!

3. 缔造优势:掌控商业话语权。

贵天钻石虽然成立的时间不长,但已经拥有了全球顶级的钻石上游资源掌控话语权:全球唯一拥有钻石矿的钻

图 7-1 贵天钻石获得的资质证书

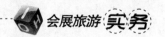

石制造商、LLD 钻石有限公司中国地区战略合作商、上海钻石交易所会员,如图 7-1 所示,这是一个公司最核心的品牌竞争优势,我们必须在任何时候都要传播和强化的品牌资源。

二、贵天本次展会的主要目的

1. 传播"新贵天、新格局"的企业动态信息;

2. 强化"精细分级、个性服务"的竞争优势;

3. 消化库存、降低风险,促销以回馈客户。

三、本次展览会的主题

1. 主题:新贵天、新格局。

2. 副题:贵天钻石 2009 精细分级、个性服务订货会。

3. 内容:1000 颗美钻真情回馈。

四、传播媒体整合

本次展览的传播整合了公关、广告、促销三大手段,分两条主线三个层次(两条主线为:新贵天、新格局,贵天 2009 精细分级、个性服务订货会;三个层次:企业、品牌、产品)对本次主题进行整合传播,以求获得媒介相乘的最佳传播效果。

1. 公关方面:邀请行业平面媒体、网络媒体等对活动进行跟踪报道。

2. 主题:新贵天、新格局——贵天钻石 2009 精细分级、个性服务订货会。

3. 内容:

(1) 新贵天、新格局;

(2) 贵天钻石精细分级、个性服务;

(3) 汇聚浩瀚裸钻海洋;

(4) 订货会。

4. 广告方面:杂志广告,展览会现场包装,发邀请函,发宣传单,如图 7-2 和图 7-3 所示。

图 7-2　展位宣传

图 7-3　邀请函

五、促销方面

1. 促销政策:略,见库存消化促销细则。

2. 人员促销:销售人员带领客户"看、谈、订"。

3. 促销工具:宣传和销售资料。

可见,本次展览高度整合了"企业动态、品牌传播、促销活动、顾客关系、库存消化、招商推广"等多重营销手段,既有即期销售目标,又有长远发展效应,一次展会同时达成多项任务目标,对于贵天来讲:投入低、回报却相当得高!

(资料来源:http://www.chinavalue.net/Blog/319621.)

会展旅游业是会展业和旅游业的总称,会展旅游市场从理论上说也涵盖了会展和旅游两方面的市场份额。现今,会展旅游业已形成一种经济形态——会展旅游经济,即以会展业为支撑,通过举办各种形式的展览会、博览会和国际会议,提供信息交流的平台,促进贸易的达成,并利用会展业的连带效应促进交通运输业、餐饮业、旅游业、酒店业、广告业、印刷业等其他行业发展的一种经济,形成了具有开放化、多样性、年度性和依存性为主要特征的会展旅游市场。

第一节　会　展　市　场

加入世界贸易组织以来,随着国内经济管理体制改革的深化和服务业对外开放的扩大,我国会展行业的管理政策和体制进行了一些调整,开始了一些会展市场对外开放的尝试:2002年11月国务院取消了非涉外经济贸易展览会审批制;出国展览审批交由中国贸促会负责,从国务院政府部门转移到非政府中介机构;中国内地与中国香港签订的CEPA首开先河,允许中国香港企业在中国内地组办展览会。

2004年2月颁布实施的《设立外商投资会议展览公司暂行规定》放开了外商进入内地会议展览市场的限制,我国会展行业发展迅速,受到各方面的高度重视。

一、会展与城市发展

我国的会展业起步较晚,从20世纪80年代至今只有一二十年的时间,但发展速度很快,年均增长达到20%。到2002年,会展数量达到2400个,展馆数量达到150多家。2002年全国展会总收入突破70亿元,带动的相关经济收入达到700亿~1000亿元。

通过举办会展,可推动城市完善配套设施建设,并向所有参展和观展人员展示城市的经济水平、文化特色和城市形象,提高城市的影响力和国际地位。

1. 宣传城市

城市形象是城市的品牌,良好的城市形象是当今都市重要的、潜在的无形资源,会展业被誉为城市的窗口,是人们了解城市的一个最佳途径,也是向外推广城市形象的一个主要手段。衡量城市的一个重要标志就是看这个城市召开国际会议和举办国际展览的数量和规模,一次国际会议或展览不仅可以给举办城市带来可观的经济效益,更能带来无法估价的社会效益。

国际展会是最大、最有特色、最有意义的城市广告,它能向世界各地的参展商、贸易商和观展人员宣传一个国家或地区的科学技术水平、经济发展实力,展示城市的风采和形象,扩大城市影响,提高城市在国际、国内的知名度和美誉度,从而提升城市竞争力。会展成为提升城市整体形象和知名度的有效推动器,国际上的许多城市,如德国的汉诺威、莱比锡,法国的戛纳,瑞士的日内瓦等,都依托会展提高了城市的国际知名度。

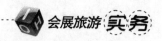

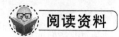阅读资料

2010 年上海世博会与上海城市形象

在第 20 次上海市市长国际企业家咨询会议上,德国西门子公司总裁兼首席执行官罗旭德表示,世博会除了能带来经济效益以外,还有以下三个机会。

第一,可以作为非常有效地进行品牌建设的工具,展示全新上海形象。

第二,选择把"城市,让生活更美好"作为世博会的主题,一定会成为世博会历史上的经典,再次强调了上海在城市发展中的愿景,如图 7-4 所示。

图 7-4   2010 相约上海

第三,这是一个跨领域的活动,其中包括上海上一代人的创新,包括特大型城市应对住房、交通、医疗保险方面的解决方案。

(资料来源:上海新闻网,http://sh.eastday.com.)

2. 创造经济效益

会展经济通过其强大的带动效应,促进城市多种相关产业的发展。会展经济不仅可以培育新兴产业群,还给交通、旅游、餐饮、广告、金融等带来巨大商机,并牵动第一、第二产业发展。

据有关资料显示,国际上展览业的产业带动系数大约为 1:9(许多发达国家已经达到 1:10)。1:9,即展览场馆的收入如果是 1,相关的社会收入为 9。虽然我国会展业起步较晚,但国内这一比例目前也达到了 1:6。会展经济不仅是一个带动旅游、商业、物流、通信、餐饮、住宿等多方受益的产业,而且能够发展成为带动区域产业聚集的"动力引擎",提升区域产业的品牌价值。

3. 创造就业机会

作为一种新兴的第三产业,由于其具有很强的行业相关性,会展业可以为社会提供大量的就业机会。从会展行业自身需要的策划、设计、建造、服务人员,直至接待大量国内外客商所需要的酒店、交通、翻译等从业人员。

据英联邦展览业联合会计算得知,每增加 1000 平方米的展览面积,就可以创造 100 个就业机会,而在我国,专家预计会展业的带动效应相对弱一些,但无论如何,对于人口密集的中国大城市而言,会展经济的发展无疑为增加城市就业提供了一条有效的渠道。

大力发展会展业,也有利于提高举办地的知名度。如瑞士的日内瓦、德国的汉诺威、慕尼黑,美国的芝加哥,法国的巴黎,英国的伦敦,以及新加坡、中国的香港等城市都是著名的"展览城"。会展业的兴盛不仅为这些城市带来了巨额利润,也带来了城市的繁荣,提高了这些城市在国际上的地位。

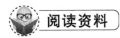 **阅读资料**

会展业是拉动城市经济增长的"生力军"

会展业不仅能够带来直接的经济效益(利润率约在 20％～30％以上),如门票收入、场地租金等,具有高收入、高赢利的特点,而且能够带动大量相关产业的发展。有的城市(如广东中山市)将会展业与房地产、旅游业当作未来城市发展的三大支柱产业。

专家测算,国际上会展业的产业带动系数为 1∶9,已成为带动交通、旅游、住宿、餐饮、购物的"第三产业消费链"。

(资料来源:胡萌,王海玉.青岛科技大学学报:社会科学版,2010(3).)

二、北京会展业发展的特点

1. 国际会展增长较快

随着世界经济一体化进程的加快和我国对外开发的深入,国内会展市场进入快速发展期。从区域分布来讲,北京、上海、广州、大连、武汉、哈尔滨、成都等城市的会展市场已经初具规模,发展态势较好。北京作为全国的政治中心、文化中心和国际交往中心,已成为全国最重要的会展城市之一。据北京市统计局资料显示,2008 年北京举办的国际会议 5379 个,国际展览 452 个。

2. 会展以经济贸易和科技类为主

2008 年在北京 13 个主要会展场馆中举办的 916 个展览中,排在前两位的是经济贸易展览 304 个,科学技术展览 228 个,北京的"科博会"已成为每年定期举办的国家级大型科技会展活动。

3. 品牌会展得到培育和发展

在全国 14 个被世界展览业协会(UFI)认可的展览中,在北京举办的国际机床展、制冷展等 10 个展览位列其中。

4. 政府对会展业发展给予高度重视

对于给城市带来巨大影响力和拉动效应的新兴的会展经济,市政府给予了极大的关注,政府职能逐步从管理型向服务型转化。

5. 会展行业主体行为趋于理性化

会展业的理论研讨、培训逐年增多,通过研讨和培训,关于会展运营和操作也越来越规范和专业,相关会展管理的教育在高等教育中目前也已开设相关专业,中国的会展正在走向规范和理性化管理。

国际会展业的加入也会给我国会展业的竞争和平衡增加砝码,中国会展业走市场化是必由之路,实现政府作为展场所有者与会展举办单位作为经营者的"政企分开",这对各个展览公司、咨询公司、传播公司、广告公司既是机遇又是挑战。

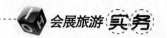

三、中国会展与国际水平存在的差距

中国会展业刚刚起步,作为一个新的经济产业,中国会展业从小到大,行业经济效益逐步攀升,成为国民经济新的增长点。近十年来,中国通过展览实现外贸出口成交额达三百四十多亿美元,内贸交易一百二十多亿元人民币,创造了良好的经济和社会效益,在发展的同时还与国际会展强国存在着一定差距,这也是我们要面对和注重的。

1. 我国的会展业存在着严重的不足

主要是展会规模小,重复办展严重,缺乏明确的主题和定位,具有影响力的会展品牌少,管理无序,服务质量差,展览业市场化水平不高,缺乏营销观念,具有综合实力的展览公司少,会展市场巨大的潜力还有待挖掘。

2. 形成独立产业为时尚早

尽管近些年来我国会展行业发展迅速,受到各方面的高度重视,但行业在国民经济中的比重不大,产业化程度很低,尚不足以构成一个国民经济的独立产业,国际上即使一些会展行业比较发达的国家,也大多没有将会展作为国民经济的重要产业对待。

3. 会展市场开放与否对整个市场的开放影响程度有限

中国会展市场已经进行了一些对外开放的尝试,上海浦东的展览场馆建设引进了外资参与,中国内地与香港特别行政区签署的更紧密经济合作安排中明确规定允许香港公司以独资形式在内地提供会展服务,拉开了内地会展市场开放的序幕。

四、中国会展的发展趋势

我国会展业要发展壮大必须实现产业化经营,使之成为一个真正意义上的产业。提高我国会展业的国际竞争力必须实现专业化、规模化和国际化经营,必须具有专业化运作主体、市场化运作方式和专业化运作手段,开放是会展业发展和提高竞争力的必由之路。

(一)会展业呼吁开放的理由

从会展业目前发展的现状来看,专业化运作队伍尚处于形成过程之中,队伍很不稳定,专业化程度不高;会展运作主体的专业化运作水平参差不齐,多数会议和展览的运作主体属于临时机构,或商会协会秘书处,没有实行企业化运作。

还有一些会展运作主体虽然采取企业法人形式,但其经营管理模式远没有脱离家族或行会的性质,离现代企业制度相去甚远,中国会展还缺乏具有国际影响的跨国龙头企业;市场化运作的体制还没有形成,市场竞争机制还有待于完善,市场行为还不够规范,政府、市场、企业三者之间的关系还没有理顺,规范市场的法制建设还有相当长一段路要走;与会展产业发达国家和地区相比我们专业化运作的技巧和水平都存在很大的差距。

(二)会展业开放的意义

开放有利于国际竞争力的培育,开放有利于促进积极意义上的保护。

开放国内会展市场,引进国际竞争、国际会展运作主体、运作机制和运作技巧,有利于中国会展整体水平的提高和市场体制的建设,加快市场化、产业化、国际化进程,促进中国会展经济的发展。

会展市场开放,对中国会展行业发展带来的好处不言而喻,肯定会促进整个行业的发展和规范,进而促进中国会展业竞争力的提高。

(三)会展开放营销的方法

国内市场开放,国际会展旅游企业和会展品牌进来,势必导致会展市场竞争加剧,进而对我国会展业的发展产生重大影响,境内会展旅游企业不得不在家门口迎接挑战,关键在于把握机遇,选择制定正确的发展战略,采取恰当的合作方式,找准自己的市场定位,把自己的事情做好。

1. 合作方式

从合作方式选择方面来看,与境外会展合作,无非可以采取请进来,走出去,把国外品牌引进来,走出去参加国际品牌展览和会议;合作经营品牌会议或展览,或建设、经营会展基础设施,或提供会展服务;互为代理,在自己享有影响的地区为对方品牌会展招商。

2. 进入方式

在进入方式上,可以采取"绿茵投资"方式,新增投资设立全新企业,包括外商独资企业、中外合资企业和合资经营企业;可以通过兼并与收购,形成新的会展品牌,或强化原有的品牌;可以加强品牌合作,实现强强联合,扩大品牌影响;后两种合作可以组建股份制企业,也可以通过合同明确合作各方的权限、责任和利益,实行合作经营。

3. 企业合作

从企业层面上看,根据当代国际经济竞争的规律,竞争并不排斥合作,竞争当中有合作、合作之中有竞争已经成为不争的事实,制造业对外开放已经证实了这一点。我们的会展旅游企业现在应尽快找准自己的市场定位,积极营造和形成自己的核心竞争力,在残酷的国际竞争中生存下来,发展自己,任何市场都是多层面的,展览市场也不例外。

各类企业同样具有自己的相对竞争优势,具有较强国际竞争优势的强势企业或品牌,可以加强与国际企业和品牌的合作,在合作中扩大自己的品牌效应,形成自己的独家优势;具有一般竞争优势的企业和品牌,也可以在合作中学习别人的经验,积累优势,待机而发,形成自己的独家品牌,或形成新的、更高层次的竞争局面;不具备竞争优势,或具有很小竞争优势的弱势企业,也可以在竞争中找到自己的定位,通过与强势企业和国际企业的合作,将自己纳入国际展览体系,承担国际会展某些层面或某些环节的工作,不断积累经验,蓄养后发挥优势。

第二节　会展旅游营销组合策略

会展旅游业作为绿色产业和朝阳产业,具有极强的产业带动效应。会展旅游经济通过其强大的带动效应,促进城市多种相关产业的发展。会展旅游经济不仅可以培育新兴产业群,还给交通、商业、餐饮、广告、金融等带来巨大商机,并牵动第一、第二产业发展。营销定位与成本控制直接关系到会展的收益,以及会展的长期效应。

在经营会展项目的时候,营销是个普遍关注的问题。

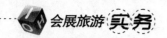

一、营销组合要素

会展营销组合是会展旅游企业依据其营销战略对营销过程中与会展有关的各个要素变量进行优化配置和系统化管理的活动。

营销组合要素主要包括：产品(product)、定价(price)、渠道(place)、促销(promotion)、人(people)、有形展示(physical evidence)和过程(process) 7 个方面。

1. 产品

会展旅游产品是指会展旅游企业向会展参加者提供的用以满足其需求的会展旅游活动及全部服务。要打造成一流的会展旅游产品，必须考虑提供服务范围、服务质量和服务水准，同时还应注意品牌、保证及售后服务等。会展旅游企业的营销应该注重针对不同行业的特点，实行差异化策略。

根据不同行业和企业的市场战略、不同产品的目标消费者和目标市场，以及本企业所具备的资源、技术、设施、人员的具体情况制定各自不同的产品和服务差异化策略。

2. 定价

与有形产品相比，会展旅游服务特征对于服务定价可能具有更重要的影响。由于会展旅游服务的不可储存性，对于其服务产品的需求波动较大的企业来说，当需求处于低谷时，会展旅游企业往往需要通过使用优惠价或降价的方式，以充分利用剩余的生产能力，因而边际定价策略在包括会展旅游企业在内的服务企业中得到了普遍的应用。如，航空业中就经常采用这种定价策略。

就基本的定价策略而言，会展服务产品的定价也可以采用需求导向定价、竞争导向定价和成本导向定价。

会展旅游企业除了要考虑在需求波动的不同时期采用不同的价格外，还需要考虑是否应该在不同的地理细分市场采用不同的价格策略。一般来说，在全球市场中执行统一的服务价格策略是不现实的。即使同样的服务项目和服务内容，而且为客户创造的服务价值相同，所支付的费用相同，但在不同的国家，收费可能需要做出巨大的调整。

价格方面要考虑的因素包括价格水平、折扣、折让、佣金、付款方式和信用。在区别一项会展服务和另一项会展服务时，价格是一种识别方式。而价格与质量间的相互关系，即性价比，在许多会展服务价格的细部组合中，是重要的考虑对象。

3. 渠道

提供会展服务者的所在地以及其地缘的可达性在会展营销中都是重要因素。地缘的可达性不仅是指实物上的，还包括传导和接触的其他方式。所以销售渠道的形式(直销与分销)以及会展服务涵盖的地区范围都与会展服务的可达性的问题有密切关系。

针对目标市场对会展服务的特殊需求和偏好，会展旅游企业往往需要采用不同的渠道策略。当会展产品的消费者相对集中、量大，且购买频率低时，会展旅游企业往往采取直销策略，因为消费者要图谋供求关系的相对稳定，取得更加优惠的条件；反之，就采取分销策略。

4. 促销

促销包括广告、人员促销、销售促进和公共关系等市场沟通方式。针对目前会展市场对会展服务的特殊需求和偏好,会展旅游企业应采取不同的促销组合策略。

以上四项是传统的"组合"要素,但会展营销组合要素还要增添更多的要素,如人、有形展示和过程。

5. 人

顾客满意和顾客忠诚取决于会展旅游企业为顾客创造的价值,而会展旅游企业为顾客创造的价值能否让顾客满意,又取决于员工的满意和忠诚。由于会展旅游服务的不可分离性,服务的生产与消费过程往往是紧密交织在一起的,会展旅游人员与顾客间在会展产品或服务的生产和递送过程中的互动关系,直接影响着顾客对会展服务过程质量的感知。因此,会展旅游企业的人员管理应是会展旅游营销的一个基本工具。

会展旅游企业人员管理的关键是不断改善内部服务,提高企业的内部服务质量。企业内部服务即会展旅游企业对内部员工的服务质量,包括:一是外在服务质量,即有形的服务质量,如工资收入水平;二是内在服务质量。但员工对企业的满意度主要还是来自员工对企业内在服务质量的满意度,它不仅包括员工对工作本身的态度,还包括他们对企业内部各个不同部门和同事之间合作的感受。

6. 有形展示

一般的实体产品往往通过其产品本身来实现有形展示,但会展旅游产品则不同,由于其产品的无形性,不能实现自我展示,它必须借助一系列有形要素如品牌载体、实体环境、员工形象等才能向客户传递相关信息,顾客才能据此对会展旅游产品的效用和质量做出评价和判断。

7. 过程

会展旅游服务的产生和交付顾客的过程是会展旅游营销组合中的一个主要因素,会展旅游企业提供的所有活动都是服务实现过程。加强会展旅游服务过程控制是提高会展旅游服务质量、实现顾客满意的重要保障。因此,规范服务流程、完善服务过程、强化监督制约机制具有十分重要的意义。

二、营销策略

1. 市场调查和定位策略

对于举办一个成功的会展,市场调查是必不可少的,在确定会展项目以前,必须进行深入的市场调查。调研主要针对有参展需求的参展商,还有要了解这些展会信息的人群,寻求"买与卖"的结合,并着眼于未满足而竞争对手较弱的市场。

市场调查还要掌握地区经济、地理方面的优势,使之充分为会展服务。在掌握了市场信息的基础上,确定会展的定位,是走综合性的会展道路还是走专业性的会展道路。

综合性的会展是指将各个产业、行业与内外贸结合的交易会、博览会或大型国际会议;专业性会展是指以某一个产业或者行业为依托举办的交易会、博览会或大型会议。前者以"广交会"为例,其宣传口号为"来到'广交会'就可以找到中国大多数的出口商品",后者以"高交会"和宁波"中国国际男装展"为例,一个是高新技术产品的展会;而另一个的细分更加明确。

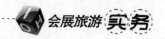

2. 打造会展品牌

中国会展旅游业缺乏品牌意识,会展旅游企业鱼龙混杂,竞争无序性带来整个行业的效率低下与恶性循环,行业缺乏品牌企业和品牌会展,缺少领头羊。

以上海为例,国际性会展每年高达300多场,曾经出现暑假期间,面向儿童推出三个卡通展的情况,展期接近,题材重复,各展会规模上不去,效益也打了折扣。参展商面对众多的招展函不知所措,不知道该信赖谁家。

而在国外,多年的市场竞争已经实现了优胜劣汰,打造出不少品牌会展,如汉诺威工业博览会、科隆国际博览会、法兰克福国际博览会等。许多出色的品牌展览公司都有自己独家的领域,如美国的夏洛特展览公司专门举办针对妇女、家庭用品和草坪、农场用品的展会;Weathersfield展览公司主要从事鲜花、礼品和户外体育活动用品展。

3. 注重服务营销

服务是会展旅游业的生命和根本所在,没有一流的服务就不可能有一流的会展,因此,从立项、招展、办展到会展结束,都必须贯穿良好的服务意识。

要做好展前的信息发布,帮助参展商做好展馆展台的布置工作和展场企业的广告宣传,设置展场的各类咨询服务。有的会展中参展商遇到了金融、法律、会计等方面的问题不知该如何解决,影响了参展效果。举办各种洽谈会、主题研讨会,交流信息,创造商机,"广交会"设立跨国定点采购专区的做法很值得借鉴。设立海关、商检的绿色通道,为参展商提供便利;提供运输、保险、翻译等各方面的服务。

最重要的然而也往往容易被忽略的一点是会展结束后的后续服务问题,这需要我们建立参展商、观展商的资料库,保持会后的联络,了解他们的意见和建议,便于日后改进工作,现在要做到这一点对于我国一些会展经营者来说,有一定的难度,但对于有品牌意识和长远发展打算的公司来说是非常重要的。

4. 制定网络营销策略

电子商务已经发展到相对成熟的阶段,网上展览也已经为众多的展会所采用。会展本身具有集中性和实物性,但这也决定了其时空的有限性,即它是在某段时间在某地集中举行。但是开辟网上会展则可以突破这些限制,除了在会展举办期间作为主场的有力补充之外,它还可以提供全天候、跨地域、跨国的会展环境,为各国贸易商提供一个丰富、开放、全息的信息交流场所。

在网上会展中,只要输入自己想要的产品信息,就会有众多相关供应商的资料提供给你。当然这也需要展会经营者从观念到技术都不断更新,并保证网上会展的时效性。

5. 会展营销要注意与旅游资源的联合开发

会展与旅游具有十分紧密的联系,会展参加者向来是旅游业的重要客源。

开发会展地旅游资源对会展的成功也举足轻重。汉诺威世博会旅游与票务处主任沃尔特·克罗姆贝奇先生在同上海旅游业世博团考察团谈到汉诺威世博会的赤字原因时说:"汉诺威世博会一开始就只把精力集中在办展上,而没有考虑到如何同旅游结合起来,没有考虑如何吸引旅游者,没有把宣传促销和招徕旅游者放在一定的重要位置上,没有用大型的广告把周围景点结合起来向世界展示。"会展如何实现与旅游资源的结合,利用旅游资源促进会展成功举办是一个很值得思索和实践的问题。

三、会展营销的一般手段和误区

（一）会展的一般营销手段

根据目前中国会展业的状况，如果组展机构对某个展览会的销售额不满意，一般会首先想到以下措施。

1. 扩大有针对性的宣传

加大广告宣传力度，使更多的参展商对展览会产生兴趣，以扩大潜在市场的规模。

2. 降低的参展报价

通过严格控制成本和开展规模经营，降低展览会的报价，以增加有效市场购买者的数量。

（二）会展营销的误区

会展为了吸引客户和赢利，会采用一些会展营销的手段，这些手段造成的后果是影响会展营销的良性发展的不利因素。

1. 增加广告

广告并不是多多益善，广告越多带来的费用预算也会增加，广告发布的渠道要根据不同行业的特殊情况区别对待，有的可以吸引学术界的关注，有的可以靠强大的行业协会推荐，有的则要靠政府的相关部门支持，把力度放在行业最具权威的机构上，必能起到更好的效果。

2. 改动展览会价格

严格控制成本和选择适当的经营模式是每个公司在每个时期都应注意的事情，但为了吸引更多的潜在客户而利用各种可能的方式降低展览会报价不可取。

价格是应该在做好市场预测之后就已经决定的，决不能因为没有完成销售额而降低价格，这样会使主办者丧失信誉。合理的成本节约是有限度的，也应是一贯的，一味地追求低成本必将引起行业内价格战的恶性循环。

价格的决定必须慎重，必须建立在详细的、真实的、审慎的市场分析基础之上，一经决定，应不再更改；否则，带来的后患将不仅是公司本身的，也将影响整个行业利益。

3. 降低参展商资格

降低参展商资格的方法在任何时候都断不可取，虽然这种方法可能会吸引到一些原不符合参展资格的客户，但会令绝大多数参展商有上当受骗的感觉，失掉的是更多的客户，影响展会的信誉。

会展应该通过制定更有竞争力的营销组合方案是最好的方式，而且每个企业各有优势，利用优势横向或纵向强强联合，降低成本，改善服务，提高市场份额，才是解决会展营销的最有效的方式。

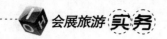

第三节 定位与控制

一、营销策略定位

社会经济产业一般分为竞争性产业、新兴产业、成熟产业和衰退产业四种典型的产业类型。会展旅游题材所在产业的环境对会展营销有着重大的影响,处于不同产业环境里的会展应该选择不同的营销策略。

(一)典型的产业类型

1. 竞争性产业

竞争性产业是指中小企业数目众多并成为主体的行业。在这些竞争性产业中,没有任何一家或几家企业占有较大的市场份额,也没有任何一家企业能对整个产业的发展具有重大影响,行业里不存在具有左右整个产业活动能力的领袖型企业或垄断型企业。

竞争性产业是一种很常见的产业结构形态,它存在于很多产业领域中,如目前国内的农产品行业、家具制造业和家用纺织品行业等。

2. 新兴产业

新兴产业是随着科学的进步和技术的创新不断涌现出来的,如信息技术、自动化控制、光纤通信、遗传工程、海洋技术等。新兴产业是一个相对的概念,并且还有地域性特点。

一个产业初创时是新兴产业,但经过几年或数十年的发展以后,它就逐渐变成了成熟的"老产业"了,曾经的"朝阳产业"就变成了"夕阳产业";同一个产业在此地为"夕阳产业",而在另一个地方则为"朝阳产业"。

3. 成熟产业

成熟产业是指从高速增长的新兴产业逐步过渡到平稳增长并处于鼎盛发展时期的产业。在一国经济运行中,新兴产业总是少数,更多的是成熟产业或者是正在走向成熟的产业。在成熟产业里举办会展,办展机构必须根据其产业环境的变化及产业的特点来制定会展的营销策略。

4. 衰退产业

衰退产业是指在一段时间范围内产品的销售量或销售额持续绝对下降的产业。一般而言,在衰退产业里举办会展尽管是一个不明智的选择,但是,产业走向衰退都是渐进的,并非一个产业一夜之间就从"朝阳产业"变成了"夕阳产业"。何况很多会展旅游在举办之初其所依赖的产业本是新兴产业或成熟产业,但经过一段时间的发展后,该产业逐步变成了衰退产业。所以,在衰退产业里举办会展在现实中是经常存在的,我们不能熟视无睹,必须正视。

(二)四种典型的产业环境中的会展营销策略

根据不同产业环境的特点,需要对展会营销策略有不同的定位和控制,如表7-1中列出了四种典型的产业环境中会展营销策略的比较。

表 7-1　四种典型的产业环境中的会展营销策略比较

产业环境	竞争性产业中的会展	新兴产业中的会展	成熟产业中的会展	衰退产业中的会展
产业特点	1. 市场准入门槛较低 2. 市场需求多样化 3. 缺少领袖型企业 4. 规模效益不明显	1. 市场发展潜力大 2. 成本下降快且附加值高 3. 新企业多且发展快 4. 目标顾客模糊不清	1. 产业增长趋于平缓，利润普遍下降 2. 市场竞争日趋激烈 3. 竞争方式多种多样 4. 巩固老客户比吸引新客户更重要 5. 产业创新趋缓，产能开始过剩	1. 产品的市场销售量绝对下降 2. 产品种类逐年萎缩 3. 企业的广告投入和研究开发费用逐步减少
营销策略	1. 与相关机构联合营销 2. 规范办展程序和服务标准 3. 广泛推行招展和招商代理制 4. 加强区域性会展的整合 5. 集中与分散营销相结合	1. 大力推行关系营销 2. 注重个性化服务营销 3. 注意会展定位和主题选择 4. 加强整合营销传播	1. 广泛运用营销组合策略 2. 用足、用好、用活价格和服务策略 3. 重视客户关系管理 4. 关注龙头型企业	1. 打造行业唯一会展品牌策略 2. 打造局部会展品牌策略 3. 收割剩余策略 4. 全面撤出策略

二、培育品牌展会的定位与策略

1. 制订品牌战略

要培育品牌展会,首要的一点就是要经营者与管理者树立牢固的品牌观念,认识到品牌现代化的发展才是中国会展业持续健康发展的唯一途径,并从场馆的设计、主题的选择、展会的规划、展会的组织与管理等具体方面来实施会展业的品牌化发展。

2. 提升品牌质量

主要从展会的硬件和软件两个方面入手。会展的硬件设施是影响品牌质量的一个重要因素,国际上著名的品牌展览会中所使用的设备也往往是最先进的。因此,要实现展会品牌质的飞跃则要求会展公司加大投入,不失时机地更新展会的硬件设备。

会展的软件服务方面,会展旅游企业要加大专业人才的引进力度,积极加入国际性的会展组织,通过这些途径实现展会服务与国际接轨。

3. 拓展品牌空间

会展品牌的拓展空间具有三维性,即时间、空间和价值。

(1) 时间

品牌的影响力随着时间的延续而不断发散和扩张。一般来说,展会延续时间越长则参展商与参观商之间的交流就越充分,展会的效果就越显著。国外的展会延续时间大约为十天,而我国的展会往往只有三五天时间,这对于会展品牌的拓展是远远不够的。

(2) 空间

空间指品牌在地域上的扩张。德国汉诺威展览公司就通过在上海举办的汉诺威办公自动化展(CEBLL),成功地迈出了世界性扩张的第一步。

(3) 价值

价值则指品牌作为会展旅游企业的无形资产,其经济价值的含量是可以增加的,品牌价

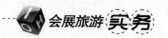

值的提升实际上也是为会展业品牌在时间上和空间上的拓展创造条件。

4. 打造网络品牌

如今,网络已日益成为人们生活中的第二空间,我国会展业应该充分利用网络的信息资源优势,在现实世界之外打造出知名的中国会展网络品牌。网络品牌的建立主要从企业网络形象塑造、网络展会的建设以及开展网络营销等方面进行。借助网络优势开发出形象生动、交互性能良好、功能强大的网络展会平台。

网络品牌的缔造同样离不开对品牌的宣传和推广,在网络世界,品牌的推广可以通过几种渠道实现。比如,将网络资源登录到国内外知名的搜索引擎上,便于人们建立相关的链接,对于专业性比较强的行业来说,该方式可能是较为有效的;与网民展开互动型的公关活动,同样可以达到网络品牌推广的目的。

第四节　新型营销运用

21 世纪是一个创新的时代,任何事物都要接受新观念、新技术的洗礼。营销观念的创新和新型营销手段的运用是未来会展业发展过程中要面对的重大课题。长期以来广告一直是企业获得直线利益收入、品牌知名度、企业名誉等最直接的投放手段。

随着信息时代的到来,广告投放的媒体也从传统的平面媒体衍生至今日的网络媒体、手机媒体,凡是人们生活所遍及的地方,大到机场,小到便利店,商家新兴的广告渲染方式无处不在。广告新技术的灵活应用,让受众眼前一亮,面对这些别出心裁的产品广告,从前看见广告产生的抵触心理早已被信息高科技带给我们的高质量便利生活消费的惊喜所替代。

一、切实更新营销观念

任何改革都来自观念的创新。市场营销学从 20 世纪初发展到今天,营销理论方法和技术手段都发生了巨大的变革,与此同时,会展市场竞争也愈加激烈。因此,从政府主管部门或行业协会到每一个会展旅游企业,中国会展界必须树立新的营销观。具体而言,主要表现在以下三个方面。

1. 营销主体

以前业界一提到营销就认为只是办展企业的事情,而事实上会展营销的主体包括政府、会展旅游企业、参展商和与会者甚至还有媒体。令人欣慰的是,这种落后的观念正在迅速发生改变。例如,目前国内政府部门和会展界已经达成共识:会展城市也应作为一个产品来经营和推广。显而易见,办展城市也需加强与 ICCA(国际大会和会议协会)等会议和展览组织的联系。

2. 营销对象

由于营销主体和营销目的不一样,营销对象及工作重点也应随之变化。举一个非常典型的例子,以前大多数国内展览公司都认为营销的重点是参展商,而现在正逐步倾向于专业观众或者说买家,这种观念的更新既反映了中国展览经理人经营水平的提高,也映射出国内展览市场的日益成熟。随着中国会展经济的进一步发展,城市营销、品牌营销、一对一营销等新的理念在会展业中将得到更广泛的认同和应用。

3.营销手段

从1894年的德国莱比锡博览会开始,现代会展业已经走过了100多个春秋,所使用的营销手段早已不限于传统的报纸杂志和广播电视,大量的新技术被应用到会展营销活动中来,使得营销竞争更加五彩纷呈。

其中,最耀眼的当属网络技术的发展,互联网在会展活动中被广泛运用使得会展经营中的定制化营销成为可能。此外,其他一些新的营销手段也不断涌现出来,如直接邮寄、电话销售、的士广告、地铁广告等。近几年,随着展览会之间竞争的加剧,国内展览公司在进一步拓展招商、招展渠道的同时,开始加倍重视最新营销理念及手段的运用。

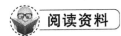

会展营销的破冰行动——"远特"一站式通信服务

众多会展广告代理机构面临的一个具体营销问题就是:如何联系和通告这些客户,以及挖掘新客户。目前,中小广告代理商所使用的手段原始单一,大部分就是雇几个人打打电话而已,效果不好,效率低下。而大型广告会展公司很多时候就是把业务分包给下级代理机构,无法自己运作。这本身存在成本高,无法第一手了解市场,导致客户服务水平不高,展会效果不能达到最佳效果等问题。

而北京远特通信公司的一站式通信服务为上述问题提出了一个行之有效的解决方案,特别是精准营销(传真营销、短信营销)、400电话、电话会议、呼叫中心等服务。该方案不需要企业架设任何底层的硬件设备,只需要拥有"远特"的一个账户即可解决目前企业在业务开展过程中遇到的上述问题。

1.精准营销

远特的精准营销具体包括传真营销和短信营销两种手段。

(1)传真营销:"远特"的千万级分行业的精准数据能够为该行业以极低的成本扩大企业客户资源及影响。它具备发送速度快、到达率高的特点。

(2)短信营销:"远特"1.5亿全国精准、分地区、分人群的手机数据库是该行业的首选推广方式。它具有成本低、覆盖广、定向准的特点。

2.加强版400电话(企业总机)

"远特"的加强版400电话不仅大大提升了企业的形象,而且改进了企业营销能力和监管水平。

企业形象提升:使用400电话可使这些企业提升品牌知名度和客户满意度。

企业营销能力和监管水平提升:任何来电都不会占线,都可以查出来电记录,可以对通话录音,对业务人员的外呼电话和接电话进行评价、抽查。如果有分支机构,400电话会根据区域进行定向呼转,既能统一全国品牌和电话,又能兼顾到当地的区域化服务。

3.电话会议服务

针对该行业普遍存在的沟通手段落后、沟通效率低下的特点,电话会议能够很好地解决该问题。通过4008-355-000这个全国接入号,客户、合作伙伴、公司内部员工等都可以随时拨打该号码,随时随地召开电话会议,无须任何预约。会议可以进行录音、远程演示等。每

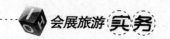

个员工都可以拥有个人专用的、独立的会议号。

加强与客户的沟通是业务拓展的基本保证,与合作伙伴的有效沟通也是保证业务顺利推进的助力。而加强企业内部,特别是与异地员工之间的沟通,经常性的培训,更是企业是否可以生存和发展的基础。"远特"的电话会议服务能够为这三方面的有效沟通提供低成本的工具。

4. 呼叫中心服务

"远特"的网络呼叫中心或人工坐席的呼叫中心,都可以使该行业大大提高效率、降低成本。

网络呼叫中心:客户无须任何额外投入,使用目前的电话和人员,就可以实现呼叫中心功能,对这些原参展客户和新意向客户进行一一回访沟通。

人工坐席呼叫中心:通过将该业务外包给专业的呼叫中心,"远特"与中国联通合作的人工呼叫中心基地可以利用先进的系统进行海量的客户回访和外呼服务。

由此可见,在展会行业飞速发展的今天,信息搜集与信息传递的效率和准确成为展会成功营销的重要环节之一。"远特"的一站式通信解决方案,面对广告会展行业的这几个问题,能够提供有针对性的解决方案,能够切实解决这个行业绝大部分企业所面临的问题和挑战,从而提升了这些企业的核心竞争力,是会展营销方式的一次破冰行动。

（资料来源：北京远特通信公司.www.yuantel.com.）

二、争取相关组织支持

综观世界会展旅游业的发展历史,德国、美国、法国、新加坡等会展经济发达国家无一不积极争取国际专业组织的支持,有些国家本身就拥有全球性的行业协会。换句话说,大到一个国家或城市,小到一家会展旅游企业,拥有相关权威性组织的认可和支持是至关重要的,对于像世博会这样的全球性展览会尤其如此。

即使对于单个企业,所主办的会议或展览会若能得到国际性组织的认可,对与会者和参展商及专业观众将具有更大的吸引力。从会展旅游营销的角度来讲,相关组织一般包括以下四种类型。

1. 政府有关部门

从中国改革开放的经济发展过程来看,任何一项产业在发展初期都离不开政府的扶持,会展产业同样如此。会议或展览会主办者应该而且完全可以把政府当作一个重要的信息来源,如通过政府有关部门获取国际专业买家信息,甚至将国际重要买家组织到展览会上来,或者协助在不同的国家或地区寻找销售代理商等。对国内展览公司来说,经常打交道的有外经贸系统、各级贸易促进委员会、旅游局等。

2. 各类驻外机构

从会展旅游企业可利用的资源角度看,这里的驻外机构主要指驻外使领馆、各种友好组织的国外联络处以及其他政府机构在国外设立的办事处等。例如,在举办国际旅游交易会时,承办单位(一般是各省、市旅游局)就应该与国家旅游局的驻外办事处合作,充分利用其熟悉当地社会经济情况的优势,选择适当的招展、招商渠道及手段。然而,从目前国内会展业的整体水平来看,会展旅游企业对驻外机构的这些优势开发得还远远不够。

3. 行业协会或学会的海外组织

这里的行业组织主要包括两类:一类是国际性或区域性的专业协会,如国际大会和会议协会(ICCA)、国际博览联盟(UFI)、国际展览管理协会(IAEM)等。能够得到这些权威性组织的指导和推荐,无疑会有效提高国内会展旅游企业的美誉度,增强展览会的吸引力。

其次是某一个行业的协会,如世界旅游组织(WTO)、中国纺织行业协会、中国汽车工业联合会、中国模具协会等,若能得到这些机构的认可,展会主办单位除了可享受技术支持和行业资源优势外,还能够迅速增强展览会的可信度。

4. 国际商业公司

对会展旅游企业尤其是会议或展览会的主办单位而言,这里的国际商业公司主要包括实力雄厚的管理咨询公司、公关公司、市场调查公司和营销咨询公司等。这些公司大都具备很强的获取市场信息的能力,并掌握有一批特定的客户资源,从而为会议或展览会营销甚至是整个城市的宣传推广提供强有力的支持。因此,国内会展旅游企业还应该熟悉国际惯例和法规,积极采取市场化的运作手段,充分发挥国际商业公司的作用。

三、积极开展联合促销

世界上许多国家的会议或展览业之所以能取得巨大成功,并在国际上享有盛誉,在很大程度上得益于整体促销活动的高效、有力。毕竟,开展联合促销既能塑造和推广地区会展业的整体形象,又可有效组织分散的资金、人力和物力,集中力量宣传本地区优良的办展(会)环境以及一批品牌会议或展览会。

1. 与政府合作

在会议方面,可以通过精彩的策划达到共赢,争取由政府有关部门牵头,大力推进目的地整体营销。因为广阔的市场前景和良好的外部环境能够吸引更多的国际会议组织者和公司会议策划人,而这需要依靠精心策划的目的地营销活动完成。何况,一些国际性的会议一般较少固定在某个国家或城市召开,这必将使得国家与国家、城市与城市会议业之间的竞争越来越激烈。

2. 建立并联合促销联合体

在展览方面,可借鉴法国专业展览会促进委员会(Promo Salons)的成功模式,本着平等自愿、投资多受益大的原则,成立全国范围内的促销联合体,使得面向全球开展联合促销成为可能。因为单个的展览公司,哪怕是实力雄厚的展览集团,都没有足够的实力在世界上几十个国家建立属于自己的办事机构网络,但是从属于不同展览公司的几十个展览会把各自的营销经费集中到一起,就能组成一个有效的国际促销网络。

3. 会展与旅游业合作

特别值得一提的是,国外在开展会展旅游活动尤其是全球性会议或世界博览会的整体促销时,会展部门和旅游业往往能精诚合作,而国内会展界(如行业协会和会展公司)在这方面做得还十分欠缺。可以尝试与旅游机构在联合促销方面进行一些大胆的尝试,因为,会展活动和旅游活动存在许多共性,这决定了城市在进行目的地整体促销时,会展部门完全可以和旅游部门协作。即使是会展旅游企业单独开展营销推广活动,也应将会议和展览会与城市及周边的旅游景点和旅游接待设施结合起来。

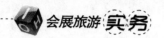

四、推进营销技术创新

（一）营销手段的创新

营销手段的创新是更新会展营销理念的重要内容之一。从营销主体的角度，可以将营销技术创新分为两类，即会展城市层面和会展旅游企业层面。

1. 会展城市层面

对于会展城市而言，行业主管机构可以与旅游、城建、媒体等部门联合，以积极建设目的地作为手段加强各行业之间的协作，切实提高对大型会展活动的综合接待能力。

2. 会展旅游企业层面

对于行业协会或企业而言，可以建立先进的客户关系管理（CRM）系统，完善市场统计制度和客户数据库，对参展商或主要贸易观众开展一对一营销；利用互联网与参展商和专业观众进行互动式交流，以便及时改进产品和调整营销计划。

与营销技术创新相辅相成的是积极拓展营销渠道，后者既是直接销售展览会的有效补充，也是新的营销技术得以迅速推广的主要途径。在国内会展旅游企业的整体实力还比较弱的状况下，拓展营销渠道不失为一条发展的捷径。

例如，出国展的传统目标市场和推广渠道是外贸进出口公司和贸促会系统（这主要是由我国过去的外贸体制和出展审批制所造成的），而这一情况在近几年发生了很大的变化。尽管渠道推广仍然占有举足轻重的地位，但现在大部分出国展组展单位都以直接的客户销售作为招展的主要手段。

（二）无线营销

1. 基本概念

"无线营销"（wireless marketing）是一个既涉及无线通信，又与市场营销有关的跨领域交叉学科。虽然看似复杂高深和神秘，但我们可以从以下两个方面来了解和理解"无线营销"的概念：固定电话和移动电话是人们非常熟悉的两种常用的通信手段，它们的功能有一些不同，但最根本的区别在于固定电话是有线通信，而移动电话则是无线通信。从技术层面考虑，移动电话与固定电话的根本区别主要是接入方式的不同，而通信网络本身却没有本质上的不同。

"无线营销"也可以理解为"网络营销"的一个技术性延伸，而"网络营销"已经是一个为大众所熟悉的领域，无论是以互联网为平台的电子商务网站（B2B 或 B2C），还是通过电子邮件开展的邮件推广，或者是企业网站宣传，它们的理论基础都是市场营销。"无线营销"的第一个概念，即"无线营销"是"网络营销"的一个技术性延伸，但它们的基础都是市场营销。

2."A 的立方（A^3）"的概念

正是由于"无线营销"对"网络营销"的"无线"延伸，从而带来了"无线营销"可以给市场营销创造"无限"应用的第二个概念，即所谓"A 的立方（A^3）"的概念。具体而言就是"无线营销"使人们可以在任何时间（anytime）、任何地点（anywhere）、做任何事情（anything）。这也是未来"无线营销"将给人们的学习、生活和工作带来翻天覆地变化的关键之处。

"无线营销"是基于一定的网络平台实现的，这个网络平台既可以是移动通信网络，也可以是无线局域网络,而对应的接入手段或设备包括手机、个人数字助理、便携式电脑或其他专用接入设备等。

3. 3G 时代的"移动营销"

随着 3G 时代的到来,"无线营销"(移动营销)的定义有了新的诠释,"移动营销"更偏向于被理解为基于手机媒体的新的营销模式,互动性成为"移动营销"最辉煌、最突出的特点。

手机媒体化的趋势已经呼之欲出,被称做继互联网媒体之后的"第五媒体",那么利用手机媒体开展的营销活动都属于移动营销。"移动营销"在不同的地区有不同的侧重表现形式,而中国作为移动用户最为庞大的国家和地区,手机用户习惯使用短信交流,以及 3G 时代下的手机上网功能,会有更多形态被消费者使用,比如,移动视频、移动邮件、移动多媒体等,这就为"移动营销"带来更多应用空间。

当公众越来越习惯这种快捷、随时随地获得信息的途径和方式时,势必会引发更多商业应用。比如,定向传播的广告业务、大型手机网站的流量宣传,以及移动搜索引擎的开发和应用,当然还有便利的移动支付等功用的开发等。

未来的会展营销可以充分运用无线营销这一全新的互动形式,为参展商或专业观众发送展会的即时互动信息,收集反馈和进行客户跟踪。

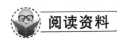

传统媒体、网络媒体、手机媒体之间有什么区别与特性

较比于传统媒体,网络媒体与手机媒体都有受众针对性高、消费者信息互动、二十四小时全日在线、投放灵活等特性。

从形式上比较,以网络媒体、手机媒体为主的现代广告有着传统广告不可比拟的优势:全天候和全球性、传播速度快、网络广告与手机广告可以追踪广告的效益、投资回报的优化、实现广告与购买一步完成、互动性。

展会现场商家积极地展示自己的新服务、新产品,推出了新的网络广告投放形式,在原有的广告表现形式上,通过技术的应用,增加了广告视频、音乐、游戏、趣味组合等。比如某款汽车广告,除了展示视频和相关产品信息外,在广告视窗里还有几种颜色的选择框,消费者可以自行更换广告车体展现的颜色,进行随意搭配组合。

(三)电子邮件广告

1. 基本概念

电子邮件广告(E-mail advertising)是指通过互联网将广告发到用户电子邮箱的网络广告形式,它针对性强,传播面广,信息量大,其形式类似于直邮广告。电子邮件广告可以直接发送,但有时也通过搭载发送的形式,比如通过用户订阅的电子刊物、新闻邮件和免费软件以及软件升级等其他资料一起附带发送。

也有的网站使用注册会员制,收集忠实读者(网上浏览者)群,将客户广告连同网站提供的每日更新的信息一起,准确送到该网站注册会员的电子信箱中。这种形式的邮件广告容易被接受,具有直接的宣传效应。譬如当你向新浪网站申请一个免费信箱成功时,在你的信箱里,除了一封确认信外,还有一封,就是新浪自己的电子邮件广告。

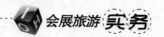

随着电子邮件使用的越来越普及,电子邮件广告现在已成为使用最广的网络广告形式,越来越多的企业开始采用这种直接而方便的广告形式。

2. 电子邮件广告的特点

电子邮件广告具有针对性强、费用低廉的特点,且广告内容不受限制。其针对性强的特点,可以让企业针对具体某一用户或某一特定用户群发送特定的广告,为其他网上广告方式所不及。电子邮件是网民最经常使用的互联网工具。30%左右的网民每天上网浏览信息,但却有超过70%的网民每天使用电子邮件,对企业管理人员尤其如此。

电子邮件广告分为直邮广告、邮件注脚广告。直邮广告一般采用文本格式或 html 格式。就是把一段广告性的文字或网页放在 E-mail 中,发送给用户,这是最常用的电子邮件广告形式。电子邮件广告可以作为未来新型营销策略中的一种推广形式,是互联网广告的一种延伸,也为定制化等个性服务提供了新的载体。

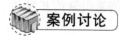 **案例讨论**

不可不"读"的二维码广告

——2007 北京 ad:tech 国际互动多媒体会展上的二维码技术

2007 北京 ad:tech 国际互动多媒体会议,以及 10 月 16~17 日为期两天的无限广告新技术展,就充分地为我们展现了无限广告新技术席卷营销市场爆发的魅力。此次展会将近 50 家企业参加,包括腾讯、搜狐、新浪、雅虎中国、阿里巴巴、意锐、亿动传媒、Accoona、Friendster 等,展会上来自国内外的商家各显其能,让人们不得不感叹广告业由广播、电视、报纸、杂志的传统大众媒体风行一时只不过是落日余晖。

在"意锐"的二维码自动售货机旁(如图 7-5 和图 7-6 所示),有人手持一张印制二维码的卡片,对准自动售货机的二维码识读端口,识读后即获得一听百事可乐。手持相同卡片的围观人群发出惊叹的赞许,原来这是"意锐"与亿动传媒联手为参加展会的每位人员提供的免费礼品,一张小小的卡片上,一个不足卡片十分之一大小的黑白色小方块,带给参会者如此大的惊喜。

图 7-5 "意锐"二维码自动售货机

图 7-6 扫码获取饮料

"意锐"和亿动传媒以这种娱乐趣味的方式向大家展示了二维码的时尚应用,实际上二维码技术在广告领域也能发挥其意想不到的优势。作为国际、国内双重标准的二维码——

QR码,广泛应用于海关、税务、工商、保险、运输、防伪、传媒等多行业、多领域。

二维码作为记录信息的新一代条码技术开辟了提供多样而丰富信息的捷径,手机网络作为新兴于广告业的传播媒介,如同一把双刃剑,打破所有媒体界限,把传统媒体和新媒体进行整合的新的营销平台。

二维码成为信息载体功能的媒介和商业终端,二维码技术在广告业的应用涵盖了传统媒体与新媒体的全部特性,它在实现自身基本功能属性的过程中,由于能与最终用户直接接触,因而能够将特定的信息进行最大限度的有效传播,进而达到超过普通媒体传播效果的状态,即所谓精准营销。

手机二维码应用最成熟的日本市场,海报、游览手册、传单、折扣券、电子票证,甚至公交车、大厦上都贴着二维码,成为手机用户登录网站以及获得广告商品信息的非常便捷的方式。

在国内,中国占据全球最大的手机市场,由"意锐"领航的手机二维码应用随着与中国移动、手机厂商的共同努力,手机将大量预装二维码的识别软件,这在广告业、传媒业均为实现平面媒体和互联网的内容同时展现在手机上打下坚实的基础。那么,平面媒体就能以多媒体的形式展现自己的内容,手机二维码可以印刷在报纸、杂志、广告、图书、包装以及个人名片上,用户通过手机扫描二维码,或输入二维码下面的号码即可实现手机快速上网的功能,并随时随地下载图文、音乐、视频,获取优惠券,参与抽奖,信息互动,了解企业产品信息等。

这种方式结合了平面媒体和手机的传播优势,不仅能为平面媒体的读者提供更多的资讯,用多媒体的形式展现其内容,而且还可以解决当前平面媒体缺乏读者互动的难题,读者能够在阅读的同时通过手机实现即时互动,比如参加读者调查、有奖竞猜等。

手机二维码技术在中国的诞生源自意锐多年的技术研发与商业应用探索。"意锐"早在2002年就涉足二维码技术的研发,并积累了意锐的核心技术;2005年,为国家物品编码中心研发了中国的"汉信码",2007年正式颁布为中国国家标准,成为中国第一个自主知识产权的二维码标准;2006年意锐与中国移动联合制定了中国移动的手机条码行业应用规范,自主研发了二维码编码解码的软件。

手机二维码作为一种基于平面媒体又超越平面媒体的新媒体形式,通过将二维码印刷在平面载体上,实现传统纸媒体与网络媒体的链接,使得传统媒体能够突破平面的界限,在手机上真正实现多媒体融合,从而充分发挥这两种媒体的优势,增加受众精准定位,提升广告效率。意锐的二维码技术为中国广告业新技术的腾飞做出了积极的贡献,相信二维码技术在广告业的应用必将有不可估量的前景。

(资料来源:http://new.163.com.)

【讨论】

结合所学内容,试分析案例中的新技术对会展旅游营销的影响。

◀◀ 本章小结 ▶▶

本章从会展旅游营销的概念入手,详细介绍了会展旅游经济与会展广告之间的关系,会展旅游广告宣传如何与会展营销相结合,以及如何在"绿色会展"中借助科技发展电子技术,开拓会展新的营销渠道。

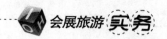

 **复习** 思考题

1. 什么是会展旅游营销？
2. 会展旅游城市如何利用会展发展旅游业？
3. 简述"绿色会展"与信息技术发展的关系。
4. 举例阐述会展旅游对城市宣传的影响。

案例分析

小松山"把买家留住"的营销管理

小松山是日本一家生产推土机和巨型挖掘机的集团公司。小松山参展目标并没有非常特别之处，无数参展商每年都制定出相似的主题和可以比较的目标。但是，小松山突出的地方却是用高明的措施，真正留住了买家。

一、汇聚人气

小松山展区的焦点是前区和中区，这是一个有着80个座位的剧场式的主活动场所，舞台的台窗点缀得像色彩斑斓的飘扬的风筝，是参观者到达小松山展区的第一站。每隔半个小时，沃比-格林公司派出的四个演员就会来一段12分钟的演出，节目直接表现展销主题，即生产率、可靠率和价值率。节目间隙，小松山播出婴儿潮时期出生的人喜欢听的摇滚音乐，目的是吸引这群人。

不出所料，当熟悉的摇滚音乐响起的时候，他们纷纷从其他展台到小松山的活动场所，并坐下来欣赏美妙的音乐。既然坐下来了，加上受到演出后抽奖送望远镜以及每人发一顶帽子的鼓励，他们也就索性看完一场演出。5天的展览，80个座位从未虚席，现场的气氛还感染着100多个围观者。初步估算，至少有8500人获得了12分钟演出传达的信息，超过了预先设定的7500人的目标。

二、推动观众

每场演出结束时，迷人的女主持就会把小松山的帽子发给要离去的观众。这些美女并不是演员代理公司派出来的，而是麦克林先生亲自挑选的。她们聪明、礼貌、可爱，都是最有效率的观众组织者。这种印象不仅因为她们通过了精心的挑选，还因为她们有偿参加了博览会开幕前一天的培训课程，并同小松山另外85名展区服务人员进行了配合演练，对展览的整体情况了如指掌。

大约80％的观众为演出所吸引，进入小松山的展区，只有1/5的人去了其他展区。入小松山展区的参观者很快就发现，这些女主持对他们很有帮助，因为主持人熟知产品经理、工程师以及具体产品的销售代表，她们可以帮助潜在买家与小松山的任何管理者见面。

三、多层展示

中心活动区域的演出结束一分钟之后，还有两个更短的演示活动。这两个演示主要是对具体产品的描述：中心区的左侧是推土机和滑动装货机产品系列；右边是挖土机、轮转装货机和垃圾车。产品演示原先设计都为8分钟，但在第一天的演示中发现，右侧的演示不能让观众坚持8分钟。于是，策划者们把其中的原因记下，以避免下一届展览犯同样的错误，同时把这一侧的演示时间减少了3~5分钟。女主持也运用她们学到的小松山产品知识,引导参观者积极参与进来,这样就延长了来此区域的参观者停留的时间。

展区内还有一个尖端的信息系统,利用该系统,参观者和员工可以追踪公司总部的雇员,以及参加展销的多数本地分销商。宾馆、手机号码、展台工作时间以及会议日程等全部都储存在该系统中,而且兼作产品示范台的15台电脑也都与该系统相连,随时可以查阅。

四、持续推动

如果参观者在产品演示结束之后不愿意参与销售代表组织的活动,也不想在电脑上查阅挖土机的技术指标,那么他们一定会注意到,在展区后部的轮转装货机模拟装置司机室和操纵杆是真实装货机上的复制品。这种装置就像一个复杂的虚拟现实的视频游戏,人们可以通过它来测试自己的操作技能,就像一个真正的重型机械的操作手。如果玩家能取得当天的最高分,那将是极大的挑战和自我满足。

参赛者们排起了队,司机室里通常有10个或12个人轮流操作,两分钟换一人。外面排队的人可以同时观看现场即兴的喜剧表演和参赛者们的操作水平,真是一种享受。参观者平均等待的时间为20分钟,但是,他们花在这里的每一分钟都意味着对手失去了观众本该花在他们展台上的时间。

五、网站点击

价值180万美元、型号为PCI800的巨型液压挖土机,只适用于采石和开矿,但却是会展上最大的挖土设备。这台挖土机是从日本拆装后运到会展举办地,然后再拼装起来的。对于参观的承包商来说,这台机器就像硕大的巨兽,本身就具有吸引力。但是,小松山把它带来并不仅仅为了展示其笨重的外表,还有其他用途。参观者们被邀请站在1414立方英尺的挖土机的铲斗里,拍摄一张数码照片,照片会立刻被贴到一个网站上,并被这个网站保留大约6个月。但小松山是如何让这些人回来访问它的网站呢?

个人照片是对参观展览的回忆,这种回忆证明是对上述问题的绝妙回答。在展中和展后的6周时间里,网站就被点击了375 000次。由于点击者要查看他们的照片,所以他们也能查看小松山在博览会展出的所有21种机械产品的技术指标。

六、收集客户资料

被认为是潜在客户的参观者才是客户资料的收集对象。小松山在会展上收集了2700份客户资料,麦克林先生认为他们完全达到了目标。90%的客户资料都包括了合格的问题答案,48%来自从未购买过小松山产品的人。这说明,在现有客户的基础上,这次展览成功地扩展了潜在客户群。

自参展以来,小松山每周都通过保存在"快速反应系统"内的客户资料来追踪分销商的销售进展。到6月中旬为止,由于参展的缘故,他们已经做成了好几笔买卖,包括博览会第二天就做成的交易。

看完这则案例,人们很容易抓住其中的几个关键词:"演出"、"女主持"、"演示"、"视频游戏"、"照片"、"客户资料"。这些词语,并非专业的展览用语,但正是这些词语,体现了"小松山"在展览中别出心裁的创意。

首先,我们来看"演出"。这次特别安排的演出,以半小时为间隔,以12分钟为一个演出段落,以"小松山"的生产率、可靠率和价值率为主题,以摇滚音乐为穿插点缀,以抽奖为奖励,5天内吸引了8500人观看,实现了把参观者留在自己展台的目标。

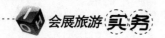

国内的一些参展企业也会有类似的节目安排,但在节目主题的设计和细节的安排上却总不尽如人意。节目或插科打诨,格调低下,或文艺味太浓,与产品无关,给人"作秀"的感觉。

再看这里的女主持,她们不仅仅是为了吸引观展者的眼球,同时担负着重要的接待与沟通任务,而严格的挑选、有偿培训、配合演习,使她们对工作胜任自如。当国内的美女们还在展台上风情无限地展示自己的迷人身段和漂亮脸蛋时,"小松山"的美女们已经得心应手地参与到了展览的商务环节之中左右逢源。

(资料来源:赵春霞.会展旅游管理实务.北京:对外经济贸易大学出版社,2007.)

【分析】

1. 试分析案例中企业的营销管理。

2. 结合所学内容和本案例,分析国内旅游企业在会展营销方面有哪些问题?

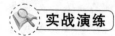

针对一个环保主题的会展的前期调研

一、项目背景

环保一直是人们关注的热点,从地球大环境到人们的生活品质,环保是一个关乎所有地球人的问题,在会展中环保涉及会展主题、商品、设计、装修等多个方面,如何探索人与环境的良性共生将值得我们深入研究。

二、项目要求

1. 确定调查方案:调研的目标、调研内容和官方政府和市民对环保的意向等。

2. 制定出调研进度与费用预算明细。

3. 执行调研过程并提交调研相关方案、问卷、数据等。

4. 提交调研报告。

三、项目分析

计划在你所在的城市举办一个关于环保主题的会展,该会展需要进行一次调查,以便客观了解该城市的发展定位、环保相关经济情况、环保产品企业、市民对环保的态度等,为该会展最后的定位和主题确定提供资料支持。

第八章
会展旅游服务管理

【知识目标】
- 了解会展旅游服务管理的一些基本知识;
- 掌握会展旅游交通、游览管理、会展旅游娱乐和购物管理的基本内容。

【能力目标】

能够运用会展旅游旅行社管理的相关知识,分析会展旅游的发展状况及趋势判断,为开展工作打下基础。

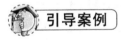 引导案例

如此会展服务

"当时住的是珠江新城的一家新酒店,声称五星级的装修,一进房间……简直跟没收拾过一样,"说起去年的秋交会,参展商梁先生就很气愤:床单很脏,地板有水渍,房间还弥漫着一股烟味。更让他觉得难堪的是,和他一同"见证"房间的,是他的合作伙伴,一位来自意大利的商人。他们在深圳一起办了一个电子零件厂,专门出口国外。

梁先生不介意这个所谓的"豪华套房"住一晚要花上 5600 元人民币,可是这样的住宿环境和服务明显让他不满意。但是没办法,交易会期间哪还有得住? 一想之下,梁先生只好住进这家环境比招待所好不了多少的豪华酒店,并且用手机拍下了当时的场景,留待以后投诉时用。在梁先生看来,这就是交易会期间的酒店,拥挤并且无序。不过最后他选择了沉默,并没有检举这家酒店,当然,他也告诉所有朋友——千万不要住进这家酒店,尽管它声称有五星级的装修。

案例分析:

现在会展对饭店的影响是不平衡的。一些重要的、大型的会展活动一般都集中在几个大的城市举行,突然增加的大量客源和城市饭店的接待量不足的矛盾日益突出,供需矛盾的严重不平衡给饭店业造成了严重的影响,饭店出现的高价格、低质量的问题严重影响着会展的客源。例如每年四月和十月的广交会,是我国开办时间最长、层次最高、规模最大、商品种类最全、到会客商最多、成绩效果最好的国际贸易盛会。

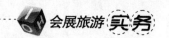

每年参加广交会的客源就有八十万左右,一到广交会,就有四十多万的住店客人涌入广州,但是广州可以提供住宿的饭店、宾馆、招待所等可以提供的床位却只有二十万。严重的供需不平衡使得广交会期间广州的房价大幅度提高,随之而来的却是饭店服务质量的严重下降。

2010 年的上海世博会出现同样的问题,大的会展城市的饭店在大型会展召开期间应该如何应对大量的客源?这可能不是饭店自身所能解决的问题。但是饭店自身能做的是什么呢?跟随涨价潮流?为了容纳更多的客人降低服务质量?这些对于饭店的长期发展来说是绝对不允许的。饭店始终都要做好服务工作,高品质的服务是其长期发展的决定性的保障。

(资料来源:世博网,http://www.expo2010china.com.)

会展是指围绕特定主题多人在特定时空的集聚交流活动。狭义的会展仅指展览会和会议;广义的会展是会议、展览会、节事活动和奖励旅游的统称。会议、展览会、博览会、交易会、展销会、展示会等是会展活动的基本形式,世界博览会为最典型的会展活动。会展业是集商品展示交易、经济技术合作、科学文化交流为一体,兼具信息咨询、招商引资、交通运输、城市建设、商业贸易、旅游服务等功能的一种新兴产业。通过会展活动,能带动巨大的物流、人流、资金流、信息流,提升城市品位和知名度,进而推动经济和社会的发展。

本文所讨论的会展旅游对应发达国家所指 M、I、C、E 细分事件旅游市场的概念,即 meetings(会议)、incentives(奖励旅游)、conventions(大会)、exhibitions(展览),并包括节日庆典和体育赛事为主题的节事(events)在内的旅游形式。即会展旅游是指借助举办的各种类型的会议、展览会、博览会、交易会、招商会、文化体育、科技交流等活动,吸引游客前来洽谈贸易,观光旅游,进行技术合作、信息沟通和文化交流,并带动交通、旅游、商贸等多项相关产业发展的一种旅游活动。

第一节　会展旅游与餐饮酒店管理

随着经济的发展,近 10 年来,会展业作为在我国新兴的朝阳产业,以年均 20%～30%的速度超常增长。会展业对城市经济特别是第三产业发展具有强大的带动力。而其与酒店业的互动发展更值得人们关注和研究。

一、会展与餐饮酒店的关系

(一)会展与餐饮酒店间的良性互动关系

1. 客源方面

会展具有人流量大的特征,这为当地酒店业提供了丰富的客源基础。随着会展业水平的不断提升,参加会议和展览的人数正不断增加,从而为酒店提供了丰富的客源。例如,国内著名的广州交易会就曾云集了来自 100 多个国家和地区的外商 10 多万人,这为酒店提供了巨大的发展空间。

2. 收益方面

据专家预算,展览业对一国经济发展的直接带动系数为1∶5,间接带动系数达到1∶9。会展期间参展人员及相关人员在举办地的住宿、餐饮、娱乐等都为酒店带来收益。例如1999年"财富论坛"在上海召开期间,就使当地酒店增收至百万美元。同时,酒店在为会展人员提供服务的同时也为会展产生间接效应提供支撑。

3. 质量方面

作为一种新型产业,会展对酒店业提出了较高要求。一方面酒店业必须充分发挥自身优势,加强硬性及软性环境建设以满足会展需求;另一方面酒店业在与国际水平接轨的过程中必须提高质量适应会展的新形势。两者在相互协调发展中实现良性互动发展。

(二)会展与酒店间的规模效应关系

首先是会展商务圈规模构建。会展商务圈是从事会展和展览业的城市经济区域带。宏观上讲,它是N个城市进行会展活动的联盟;微观上讲,它是某个城市在发展过程中,适宜会展发展的特定活动区域。具有一定规模和档次的酒店为会展发展提供驱动力。其次是服务规模体系的形成。在会展的驱动下,目的地酒店业竞争日趋激烈,新的统一行业标准建立,服务体系日臻完善,优质的服务规模体系逐步形成。

(三)会展与酒店间的资源交流关系

首先,是信息的交流。会展中大量信息流的集聚为酒店业带来了新的思想和理念,国际化信息的引入促使酒店业不断进步与发展,并与世界先进水平和标准接轨。其次,是文化的交流。酒店是一地与外界进行信息文化交流的场所,在展会过程中,大量外来人员的涌入刺激了当地文化与外界的碰撞,从而对会展发展理念有新的启示和借鉴作用。

(四)会展与酒店间的环境互造关系

酒店为会展营造较佳的外部环境。酒店良好的环境为会展相关人员提供完整的吃、住、行、游、购、娱一系列服务。他们的需求得到满足,就会更好地服务于会展,为会展顺利进行提供人员保障。此外,区域内各酒店为取得市场份额,必定形成你追我赶的局面,这种市场竞争机制更有利于提高酒店业水平,从而提升当地整体知名度和美誉度,为会展营造良好的外部环境。会展水平的进一步提升为酒店提出了更高要求,从而为酒店发展创造有利的竞争环境和协作环境。

二、会展与酒店业互动发展的支撑体系

(一)市场支撑体系

市场是任何经济活动赖以生存和发展的外部环境,作为第三产业的会展业和酒店业由于其行业特殊性要想实施相关经济行为更是离不开市场支撑体系。因此,会展与酒店业在互动发展中要获得双赢必须时刻以市场需求为基准。首先,酒店特色旅游产品的推出应以会展市场需求为中心。会展客人具有停留时间短、消费高、地域性强等特点,他们对酒店服务水平、硬件设施等具有较高要求,因此在发掘会展新产品时应以顾客需求为中心,并不断提高酒店服务水平。其次,会展旅游产品的定价应注重消费者需求。会展客人一般具有较高的社会地位和较强的消费能力,其更注重酒店自身的服务水平,因此定价应根据市场需求

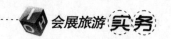

更注重服务等软性因素方面。再次,分销渠道的确定。分销渠道的确定是酒店扩大产品销量的重要途径之一,是与专业的展览公司直接联系还是与相关行业协会联系,必须因时因地而宜,合理确定。最后,促销方式的选择。适当的促销方式能缩减酒店的开支,缩短会展与酒店间的距离并减少双方的时间成本,为双方带来益处。

(二)组织支撑体系

它是成功实现会展与酒店共同发展的人员和机构保障。包括三方面的含义:首先是会展活动主体。它包括参展商、观展人员、相关管理者、工作人员、媒体及其他人员。而实际上在这类群体中能成为酒店的潜在客源的是参展商、观展人员。在入住酒店前,其决策依赖于外界信息基础。入住后,酒店服务水平等实际指标是他们继续选择该酒店的决定因素。因此会展客人对酒店的信任度和忠诚度是实现会展与酒店互动发展的先决条件。其次是会展旅游中介组织。它包括会展展览公司、旅游商务网站及与会展相关的行业协会。它们是联系会展客人与酒店的中间枢纽。会展与酒店间要实现共同发展首先建立在两者相关联基础上,而这依赖于旅游中介组织的调节、沟通、组织、协调等。最后是酒店从业人员。酒店业作为服务性行业,从业人员的基本素质和服务水平直接影响会展客人的评价和再次决策。高素质员工提供优质服务将有利于提升会展客人的忠诚度,从而实现会展与酒店业长期互动发展。

(三)基础支撑体系

它是会展与酒店业实现双赢的基础支撑,包括硬性支撑体系及软性支撑体系。硬性支撑体系是指确保会展顺利进行的公共基础设施及专业设施、酒店硬件服务设施等。软性支撑体系是指保障两者发展的外部宏观环境,包括会展相关法律法规状况、信息网络通畅程度、政府政策支持力度等。硬软性支撑体系是相互影响、相得益彰的。这两大基础支撑体系处理不当必会影响会展与酒店业双方的发展。

事实证明,政府组织、监督行为不当不仅影响会展的顺利进行,而且阻碍酒店业经济目标的实现。由此可见,加强基础支撑因素的建设具有十分重要的作用。

(四)媒介支撑体系

它是会展与酒店业实现互动发展的信息保障。具体包括三个层面:首先是广告传媒。它是会展与酒店双方了解的第一步。会展通过电视、报纸、杂志等新闻媒介发布展会信息,而酒店根据所获取信息适当组合旅游产品以满足会展的商务需求,两者实现初步互动。其次是会展中介组织。目前在我国较多的是展览中介公司及其他相关中介组织,它们是组织、协调会展与酒店等其他行业共同发展的重要机构。最后是会展行业协会。它们是保证会展与国际化水平接轨的重要组织,其提供的行业标准及行为准则为会展不断向前发展指明了方向,同时也为酒店业的创新经营发展提供了新的理念与要求。

三、会展与酒店业互动发展模式

(一)一体化发展模式

会展与酒店业的一体化互动发展主要通过活动主体、消费单元、协调机构表现出来。即会展活动主体在协调机构发挥作用的前提下,通过不同消费单元最终实现会展与酒店业一体化发展。它是结合我国会展旅游现阶段实际现状及酒店业自身特点而发展起来的一种新型模式。会展活动主体如参展商、观展人员、管理者、媒体相关人员等都可能成为酒店主要客源。他们因为会展这一目的而聚集在某地,并在酒店运用广告、新闻、互联网等媒介沟通的营销推广下成为酒店主要客源,进而在酒店完成住宿、餐饮、娱乐等消费单元,为酒店带来经济效益。甚至在酒店协助下完成购物、游览等相关旅游行为,从而推动酒店与会展客人关系向前发展。

而另一方面,酒店提供优质服务必然在客人心目中留下深刻印象,有利于回头客的增加。同时,众多酒店良好服务所形成的规模优势也会极大地提高会展承办地的知名度和美誉度,促进会展的持续化进行,为当地营造更广阔的外部发展环境。

实际上,一体化的发展还离不开政府、行业协会等中介组织的支持,它们所发挥的巨大作用必将推进会展与酒店的新型化进程。

(二)单体化发展模式

它是传统的会展与酒店业互动发展模式,两者间互动性并不强。即会展与酒店业基本上各自发展,关联性极弱。会展活动主体在参加展会过程中,自行决定和安排住宿、餐饮、娱乐等项目,缺乏会展行业、协会等中介的组织与协调,缺乏报纸、杂志、电视、互联网等新闻媒介的沟通和参与。

一方面,会展组织者在展会前没有进行充分的市场调研及信息查询,行为带有一定盲目性,在展会中也没有及时与中介、媒介机构进行沟通,从而增加了展会成本,在人力、财力、时间上造成一定程度的浪费;另一方面,酒店也缺乏一定的自我协调机制,不主动与会展组织者联系、不注重信息搜集,不开展一定程度的营销推广,这必定会错失巨大商机,与会展潜在客源之间的断层必会导致酒店经济效益的降低。

此外,从长远眼光来看,这种单体化发展模式也不利于地区知名度的提升,极大地阻碍了该地会展业发展。因此,随着时间的推移,这种发展模式将逐渐被淘汰。

(三)国际化发展模式

加入WTO后,中国面临的最大问题是国际化、全球化的发展趋势。作为第三产业中的支柱产业,会展业和酒店业更是如此。随着中国迈入国际化进程的步伐不断加快,更多除会展及酒店业之外的其他第三产业将融入两者,实现多方合作、共同发展的新局面。国际化发展模式呈现以下特点:首先是主题选择的品牌化。会展业在创造属于自己的主题会展品牌的同时酒店业推出品牌化的营销主题,两者充分合作。另外,会展在与酒店互动发展中应充分与第三产业中的其他行业如通信、邮电等协作,推进主题品牌化的发展进程。其次是技术运用的现代化,主要表现在信息沟通网络化的运用、酒店预订系统的完善、会展设施的国际化等。最后是组织运作的规模化,主要表现在中介组织沟通规模化、会展与酒店业沟通规模化。同样,规模化、集团化的酒店也更趋向于与大的会展组织者联系,从而形成组织运作的规模化局面。

四、我国实现会展与酒店互动发展的对策

(一)建立完善的行业管理体制

目前,国内会展业还没有形成统一的行业管理体制,这与完善的酒店行业管理体制形成

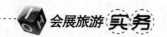

鲜明的对比。为实现两者互动发展,必须尽快建立会展行业管理体制以实现如下功能:首先是组织协调功能。充分利用行业自律机制组织协调会展在与酒店沟通过程中遇到的问题、矛盾,充分发挥行业机构在此方面的作用,以保障两者共同发展。其次是内外联系功能。对内加强会展业各机构组织间合作与沟通,对外加强与酒店业等其他行业的联系,以及与国外相关行业协会的交流与合作。再次是法规示范功能。在会展与酒店等其他行业合作发展过程中遇到的问题行业协会应提前预见,并制定相关的行业性法规,发挥示范作用,指导实际运作。最后是道路指示功能。在与外界进行交流过程中,行业协会充分学习国外先进经验,结合我国现阶段实际情况,为会展自身及与其他行业发展指明新的国际化道路,融入全球化的发展进程。

(二)开发新型酒店会展旅游产品

市场营销原理中不同的顾客会有不同的需求,而旅游产品的开发围绕的核心则是如何最恰当地满足旅游者的个性化需求。酒店在开发创新型的会展旅游产品时应充分考虑如下原则:①适应性原则。会展旅游具有专业性强、客户消费层次高、停留时间长、团队规模大等特点。因此酒店推出商务会展旅游产品应充分考虑上述因素。在满足整体同质化需求的基础上,针对会展客人的不同需求提供个性化的产品。如对于会展VIP客人的高服务要求,酒店应派专业水平高的优秀员工来为其服务。②创新性原则。创新产品是保证酒店持续发展的主要动力。会展作为一种新型产业,由于信息流、人流量庞大,因此对为之提供相应服务的酒店业提出了更高的要求。酒店为形成自身特色,动力来源于创新。做到"人无我有、人有我新",在满足会展客人基本需求基础上推出外延性强、高层次的酒店产品,并在配套服务上以最优服务满足他们。

(三)扩展网络信息化保障体系

网络信息化保障体系是联结会展活动主体与酒店的各种会展中介、酒店中介、旅游电子商务网站、行业协会等各种信息资源群形成的体系。它是保障会展与酒店互动发展的重要外部条件。首先,信息展示功能。会展、酒店可通过互联网、报刊、杂志等媒介或加入会展、酒店相关行业协会来展示企业信息,使会展、酒店双方获得初步认知。其次,信息沟通功能。在双方初步了解获取一定信息后,为寻求合作,双方通过网上预订系统、电话、传真等现代通信手段来进行信息交流。而随着会展、酒店业国际化趋势的到来,必须扩展网络信息化保障体系以增强主体合作机会。

(四)健全系统化服务保障体系

系统化服务保障体系是为保证会展与酒店共同发展的完整化、标准化服务及为服务提供支持的基础设施等构成的体系。它包括三方面的内容:首先是酒店产品售前服务。主要表现为营销的推广,将企业服务形象宣传到会展潜在客源地,并形成相应的形象定位,为会展与酒店互动发展提供基础。其次是售后服务体系。酒店与曾下榻过的会展客人进行定期或不定期联系,加强顾客关系管理,通过调查不断改进现有酒店会展产品以更好地满足顾客。最后是基础设施保障。会议召开对酒店在通信设备、硬件设施等方面提出较高要求,酒店根据不断变化的会展市场,完善和改进酒店基础设施,寻求商务会展旅游与酒店最佳结合点。

（五）充分整合区域内相关资源

资源组合表现在：内部资源组合，即会展、酒店各内部在相互协作、共同发展中需要优势资源；外部资源组合，指行业间资源组合，即会展业、酒店业、通信业、电信业、娱乐业、交通业等各行业间合作；地区资源组合，即展览、酒店与地区旅游景点等其他旅游相关资源整合起来；信息资源组合，即人才信息、市场信息、产品销售状况等资源组合起来。在对上述资源进行整合后将其与会展、酒店业发展联系起来，充分利用，最终实现两者互动发展。

会展旅游给酒店带来了大量的高品质的客户群。但是酒店存在大量的竞争，酒店对如何做好会展旅游还不是很成熟。酒店应该做出怎样的努力才能抢夺到会展旅游这块大蛋糕呢？

1. 强化酒店的营销工作

为了招徕更多的会展旅游客源，酒店要做好信息的收集和沟通，以及酒店的广告宣传，要通过各种渠道综合地了解会展的各种信息。与会展的主办单位，特别是主要的负责人做好沟通和联系。例如做好酒店的黄页，与广告公司联合，设计针对不同客源的专业的广告宣传册。

2. 要做好酒店的硬件和软件设施建设

现在酒店是很多会议和展览的举办场所。酒店要适应这方面的需要，需建设各种不同规格的会议室、展览厅、宴会厅、舞厅等设施，还要有提供会议商务需要的各种商务设备，例如传真机、无线宽带、多媒体设备等。

3. 酒店要提高服务质量

参加会展旅游的客人的素质一般比较高，他们追求高品质和高效率，对酒店的服务要求特别高。此外，会展旅游一般具有固定性的特点，容易形成酒店的固定客源。酒店不仅要做好会前服务、会展期间的服务，还要做好会后的服务。掌握好会展客源信息，做好售后的亲情服务工作。

4. 做好酒店的网络信息化保障体系

网络信息化保障体系是酒店与会展活动的参加者的沟通渠道，会展参加者通过网络进行酒店的预订、咨询沟通。酒店的信息化是展示宣传工作、进行网络营销的保障，还是满足会展客人需要的保障。

5. 酒店要开发自己特色的会展旅游产品

酒店在会展产业上的发展还不是很成熟，有很大的发展、创造的空间。酒店要组合具有创造性的酒店会展人才，开发出具有特色的、新型的、适合会展客源需要的酒店会展旅游产品。在提供同类酒店同质产品的前提下先提供特色服务，开发"人无我有、人有我优"的特色产品。

6. 酒店做好会展旅游要做好旅游的文章

会展旅游者的特点使得旅游在会展期间占有很大的比重，酒店要加强与其他部门的协调合作，特别是与旅行社的合作，开发出满足旅游者需要的旅游产品，安排好区域内旅游线路的开发，建立有特色的酒店地图，满足高品质的会展旅游者游览的需要。

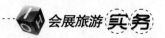

7. 酒店还要注意会展旅游人才的培养

我国具有专业知识的会展旅游人才还是比较缺乏的,具有酒店会展旅游专业知识的人才更少。酒店对会展旅游人才的培养有优势,可以与实际的操作联系起来。人才的培养是酒店可持续发展的动力。

第二节　会展旅游开发和游览管理

休闲是21世纪旅游需求的主题,温泉旅游凭借其健康、养生、休闲于一体的复合功能而逐渐成为休闲旅游市场的一大热点,其旅游产品的开发模式在经历了观光娱乐式—主题度假式—综合开发式的发展历程后,"温泉养生＋会展商务"以其较高的综合效益(生态、经济、文化效益)和广阔的发展前景而成为目前旅游业中的高端产品。

一、旅游开发管理

不同的温泉度假村、温泉酒店在借助温泉旅游资源发展"温泉＋会展"复合型旅游产品时,要实施差异化战略,根据自己的资源特点、文化主题和市场需求,确定会展旅游产品的类型、档次和规模。

世界各地在发展会展旅游的过程中,都深挖本地"地脉"和"人脉",根据特色打造会展旅游品牌,进行品牌化经营。如巴黎作为"时尚之都",展览主题主要以服装、化妆品等为特色;而德国作为世界上有名的重工业基地,主要进行汽车和制造业的展览。

北京针对温泉休闲养生、时尚现代的需求特点,应将会展与温泉旅游相结合,主要开展医药、服装、汽车和绿色生态产品等,打造"温泉＋会展"复合型旅游产品的"养生"品牌、"商务"品牌,从而与旅游目的地"温泉之乡"形象和时尚旅游需求特点相呼应,进行品牌化经营。

(一)会展旅游开发内容

1. 情景设计

在室内、室外展厅和展馆的设计中,引入水上展厅,增加情景体验的元素,通过视觉、触觉、听觉的不同设计,将蓝天、碧树、泉水、瀑布等景观要素相结合,依据各种展览要求,在不同的景观环境下进行产品展示、产品交流和洽谈,从而达到"天人合一"的意境。

2. 内涵提升

在室内和室外温泉旅游项目中,增加会展产品的内容介绍,通过在景观中进行小型会展模型的装饰、图片和电子屏幕介绍等,增加温泉酒店主要会展品牌的内涵,让游客在健康养生的同时对会展产品有所了解,吸引潜在顾客。

3. 产品创新

如开发和建设临时水上展厅,平时作为温泉疗养和娱乐区,当遇有中小型展览或者接纳会展较多时,通过各种自由伸缩的临时展台、展架的设置,开设临时水上展厅,从而增加游客的特殊体验。

再如温泉会展主题公园,借助目前各个温泉度假村的室外温泉建筑设施,规划建设温泉会展主题公园,在主题公园中分区对温泉酒店的主题展览进行历史展示和动态回顾。如以汽车为线索,将在此举办的各届汽车展览会上的经典车型的模型进行温泉景观装饰,并配以图片、电子屏幕介绍和乘坐仿真模型周游公园等各种参与活动,增强游客体验。

(二)基础配套设施

1. 交通

加强基础交通设施建设,增强旅游车辆的安全有效运行,方便"温泉＋会展"这种特殊旅游市场的进出、旅行等。

2. 游览

加强具有专业经验的旅行社的介入和合作,通过特殊旅游活动和游览路线的有效安排,增强会展、温泉和其他自然生态文化资源的有效整合,延长会展游客游览时间、刺激其消费欲望。

3. 娱乐

针对商务游客需求特点,在商务接待内容中增加娱乐项目。如在温泉养生中增加商务俱乐部,并通过各种高科技设备的设置,加强交流、远程联络等;增加水上休闲项目,如水上高尔夫、水上射击、温泉游泳等项目。

4. 购物

购物主要以满足商务游客日常生活需要的高档商品为主,而具有当地特色的旅游纪念品比例要小。

(三)社会保障体系

1. 生态环境

由当地政府和旅游主管部门牵头,出台一系列生态环境建设规划和评定标准,使整个地区展现出具有一定文化主题的优美意境,从而吸引会展旅游者的目光。

2. 文化环境

充分挖掘本地区民风民俗和民族节庆文化的内涵,并通过饮食、住宿、旅游纪念品以及各种娱乐活动进行展示,打造特色、古朴的文化意境。

3. 社会环境

加强社会治安和安全管理,保证社会环境的和谐、稳定;加强招商引资项目的建设,吸引外商参观、游览,从而推介当地特色的"温泉＋会展"特色资源,招徕旅游市场;加强与北京周边大型会展区域的合作,通过解决大型展览的食宿压力、安排会展顾客的参观游览,从而分流一部分会展客源,并用特有的"温泉＋会展"特色吸引大批潜在市场客源的到来。

二、游览管理——小汤山旅游发展新亮点

目前,昌平旅游业依托当地生态、文化等各种资源,充分发挥比较优势,开发出了不同主题和类型的温泉旅游产品。目前,小汤山成功实现了向会展旅游的转型,"温泉＋会展"复合型旅游新模式应运而生。"中国温泉之乡"作为小汤山旅游业的一块黄金招牌,对发展小汤

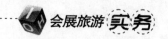

山旅游业起到了强大的推动作用。

目前,小汤山镇旅游企业总数已达 47 余家,1～5 星级酒店一应俱全,2006 年全镇共接待旅游者 350 万人次,旅游收入实现 6.5 亿元。但城郊酒店除周五、周六以休闲度假的散客为主,其他时间都有闲置难题。

(一) 优势

1. 便利的交通和区位优势

小汤山镇区位优势明显,紧邻市区,区域内顺沙路横贯东西,立汤路纵贯南北,与京承路、京昌路、六环路等城市主干道相连,确保了交通的通畅、快捷,提高了旅游市场的可进入性。

2. 丰富的特色旅游资源

小汤山作为千年温泉古镇,涵盖了名胜古迹、现代娱乐、康复疗养、休闲度假、知识博览、民俗风情、观光农业七大系列,形成了"吃、住、行、游、购、娱"六大要素齐备的接待服务体系,旅游资源丰富。

3. "温泉＋会展"旅游发展基础

目前小汤山共有 1～5 星级酒店 47 家,其中 33 家具备了会展功能,使用面积达 68.4 万平方米;会展配套功能基本齐全;具备了一定的会展组织能力和经验。

(二) 劣势

1. 知名度较低

小汤山作为"中国温泉之乡"近年来旅游也取得了迅猛的发展,但在全国乃至世界的温泉和会展旅游市场上知名度较低。

2. 市场形象不突出

小汤山"中国温泉之乡"旅游品牌已逐渐走向市场,获得大众认可,但对广大会展旅游市场来说,其丰富的旅游资源、先进的会展设施和管理经验、优秀的生态文化环境等优势还没有进行优化整合,从而形成优势化品牌吸引市场需求。

3. 会展和温泉旅游"两层皮"

会展行业的相对封闭性导致会展运作缺少行业服务意识,会展消费主要集中在食、住、行环节,而对游、购、娱环节消费不明显,对温泉旅游产品的体验较低。

(三) 机遇

1. 温泉和会展旅游发展强势需求

随着 1999 年上海"财富论坛"、"昆明世博会"的成功举办,以及 2001 年北京奥运申办成功等,与经济密切相关的会展业已将目光转向中国,会展旅游发展势头强劲;而随着休闲时代的到来,人们更加注重休闲环境的营造和健康养生,会展旅游在发展过程中同样注重生态和休闲,而温泉作为一大休闲亮点,必将引起会展旅游市场的高度重视。

从 2008 北京奥运历史机遇,到 2015 年,会展业预计将为北京带来 225 亿～325 亿元的年收入。为此,"十一五"期间全市将建设 5 个会展中心区和 3 个大型会展中心。北京市旅游局发布"十一五"期间旅游业及会展业发展规划,这是会展业首次被纳入规划体系之中。

2. 北京会展旅游发展上升空间巨大

北京由于其特殊地位,一直是中国会展城市中的老大,展览总面积居全国之首,展会规模、档次全国领先。预计到 2015 年,北京展览市场总规模将达近 60 亿元。但由于现有展馆超负荷运转,设施严重老化,使得北京急需建大展馆的问题日显突出。

(四)挑战

1. 国内其他城市对会展旅游业的争夺

最近国家旅游局发布的消息显示,我国入境旅游市场中,商务及会议旅游已占全部游客的 39.9%,已接近或超过发达国家的水平,各地都在积极争夺会展旅游这块诱人的"蛋糕",如上海、广州、大连、深圳等凭借着其先进的理念、特殊的地理优势和品牌的打造,会展旅游发展后来居上,对北京造成严重威胁。

2. 区域内竞争市场分析

在北京市的规划中,将重点完善和建设五个会展中心区,分别是朝阳 CBD 会展中心区、海淀北部会展中心区、奥运场馆会议中心区、顺义天竺展览中心区和亦庄展览中心区,小汤山必须将温泉和会展资源合理整合,形成核心竞争力,通过比较优势,在北京会展旅游中占有重要地位。

3. 相关基础配套设施薄弱

小汤山在"温泉+会展"复合型旅游发展过程中,交通、游览、娱乐、购物等相关基础配套设施薄弱,良性循环的产业价值链还没有形成,会展旅游带动效应不明显。

第三节　会展旅游娱乐和购物管理

旅游作为一种绿色产业,以其高收益、低污染、高附加值等特征成为各国重点发展的产业之一。随着会展旅游业的迅速发展,会展旅游购物开始展现出其在促进地区会展旅游产业和本土经济发展方面的重要性。购物的成功与否,往往直接决定游客的整体满意度。有的学者甚至把旅游购物的发展水平,看做评价地区旅游发展水平的重要指标。

如何有效地发展会展旅游购物,从而推动当地旅游和经济的发展,这是任何一个希望发展旅游的地区或者国家都必须考虑的事。要想发展会展旅游购物,就必须对旅游购物的内涵和外延以及发展模式有初步的了解,并在此基础上选择适合本地的模式,分析会展旅游购物的构成和价值,构建会展旅游购物发展模式。

一、会展旅游+购物=会展旅游购物

如上式所示,会展旅游购物简单地说就是发生在会展旅游过程中的购物行为,就是会展旅游与购物的一个综合行为。会展旅游购物是会展旅游过程中不可缺少的一个重要环节。会展旅游购物是发生在会展旅游过程中的购物行为,既包含了购物本身,同时也包含了因为购物活动而产生的其他活动,如在商场品尝当地特色食物,参观土特产加工等。这种活动本身不仅使游客们更感兴趣,同时也让游客对当地风俗习惯等有了更

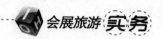

深的了解。

由此可见,会展旅游购物活动是一个复杂的活动,它不仅包含购买行为本身,同时也是一个重要的旅游吸引物,是加深游客对旅游目的地了解的一个重要渠道,是旅游活动成功的一个重要因素。

二、会展旅游购物发展模式

从旅游购物的分类出发,会展旅游购物包含两个重要部分:一个是购物旅游,指以购物为旅游首要目的的旅游活动;另一个是会展旅游者购物,意思是指那种发生在会展旅游过程中的购物,而其旅游目的并非以购物为首要目的。简而言之,也就是根据游客的旅游目的是偏重购买还是偏重旅游来区分不同的旅游购物行为。这种区分方法清楚地表明了旅游购物的不同类型。

该发展模式通常具备以下一些典型特征。

(1)具有特殊地理位置,如边境,或者洲际交通要道,港口。这些特殊的地理位置使得它们成为地区商业中心或者运输中转中心。

(2)天然旅游资源不丰厚。

(3)与周边地区或者国家相比较产品价格优势突出。这种优势可以通过低税率、免税或者出口退税等手段得以实现或者加强。

(4)具有一种或几种具有强烈吸引力的商品,如香港以其优质低价的电器产品而闻名,安道尔公国以其高档低价奢侈品而著称。

上述特征使得这些国家或者地区具备了与众不同的商品优势,而天然旅游资源的匮乏更凸显了其在购物上的优势,于是购物旅游成为其发展的首要目标。随着购物旅游的发展,游客数量迅速增加,各类旅游设施和景点也逐步完善,旅游业也开始成长。

而对于世界上大多数旅游目的地,如泰国、迪拜、法国或者其他地区,其会展旅游购物的发展过程都延续了传统的道路——先发展旅游业,随着旅游业的发展,会展游客购物增加,会展旅游购物设施和资源不断完善,购物旅游也得到发展。

不同之处仅在于一些国家或者地区仍处于初始阶段,旅游的其他收入仍然是当地的旅游收入主要来源,而旅游购物在其旅游发展中的比重处于较低水平;而另外一些国家或者地区已经走在前面,开始发展购物旅游,如法国、泰国、中国台湾、迪拜等,很多人到这些国家或地区旅游的首要目的就是为了购物。

通常,这些国家或者地区都具有多元化的旅游资源,尤其是天然旅游资源。旅游业的发展对旅游购物业提出了要求,于是旅游购物随着游客的增加也开始逐步发展和完善,一些独具特色、大受游客欢迎的产品成为当地特色产品,吸引游客大量购买,并成为重要的旅游吸引物,如法国的香水,泰国的鳄鱼皮、珍珠鱼皮制品。

随着游客的增加和购买量的提升,在旅游目的地的有意识的引导和鼓励下,各种购物吸引物将丰富完善,如各类旅游购物设施,产品优势,价格优势以及购物环境和服务质量,这些最终将引导购物旅游的成长。

三、促进会展旅游购物发展的基础因素

为了探索不同模式下的国家如何成功促进旅游购物发展,首先需要勾勒出促进旅游购

物发展的基础因素。

新加坡和泰国凭借着物美价廉的优质商品,成功地成为亚洲的购物天堂之一。而日本和韩国则以其独特的文化产品和高质量的现代化工业产品而闻名。这四国资源状况和发展模式都不尽相同,从这四个国家的会展旅游购物发展来看,它们成功都有以下一些关键因素。

1. 时尚

时尚是主导游客购物的一个关键词。在这四个国家,我们看到游客最常购买的商品都与时尚相关。如流行服饰、珠宝首饰、家用电器以及著名品牌,这些商品的价格、质量和种类与游客常居地的差异则导致了游客最终的购买决策。

对于旅游目的地本土产品而言,除了上述因素外,游客还十分关注产品的文化性特征,他们喜欢购买那些能够反映本土文化特性,同时具有独特的设计和良好质量的工艺品和纪念品。尤其是那些能够被人们在日常生活中广泛使用,同时具备本土文化特性的产品最受游客青睐,如泰国的 nayara 布艺系列产品就是一个很好的代表。

此外,我们还注意到游客很喜欢购买本土食品类商品,例如,韩国泡菜已成为国际知名旅游商品,成为访韩游客购买的主要对象。但无论如何,时尚名牌商品对旅游者的吸引力非常大。

2. 购物地点

购物区的可到达性对于游客而言是十分关键的。便利的交通是游客们选择购物地点的重要因素。此外,由这四个国家的经验可以发现,现代游客除了在那些专门的购物场所(如免税店)购物之外,越来越喜欢在城市的百货商店、大型购物中心等场所购物。

而那些有着浓厚地方特色的地方,如夜市、周末市场、专门的工艺品加工厂等也都是游客喜欢的地方,在这种地方游客不仅可以体会到当地的风土人情,与本土居民亲密接触,同时还可以挑选到物美价廉的本土产品。当然,可以讨价还价的乐趣也让游客们体会到"淘宝"的满足感。因此,我们不仅要注意现代化的商业购物中心的打造,同时还应关注传统市场的保护和改造,使其成为一个重要的旅游目的地。

3. 购物环境

购物环境对于游客而言也是十分重要的。多样化的商店以及便利设施,如停车场地、餐厅、银行和娱乐设施等的聚集是吸引游客的好办法。在这四个国家中,中心商业购物区是游客们喜欢的购物地区。这四个国家都十分注意发展良好的购物环境,建立现代化干净整洁的购物商场或者中心,在这些购物中心内,人们可以很容易地发现各类风格迥异的商店和丰富的名牌产品。

4. 便利设施

信用卡的流通使用度是吸引游客的一个重要手段之一。Visa 和万事达卡在这四个国家的大型商场、购物中心、免税店以及大部分零售店内都可以广泛使用。而随着中国游客的增加,新加坡和泰国的大型购物中心内都普遍接受中国银联卡,为中国游客购物提供了方便。

此外,泰国和新加坡还和亚洲的廉价航空公司合作开通了通往亚洲各地乃至澳洲、欧洲等地区和国家的航班,以吸引更多的国际游客。

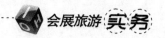

5. 服务

普遍而言,我们看到这四个国家都利用良好的售后服务来增强其购物吸引力。在这四个国家我们看到,大型的百货公司和购物商场、高档专卖店以及免税店都提供送货服务,有的还为顾客提供快递到家服务。此外,在这些购物点购物的游客还可以享受 7 天无条件退换货的服务。服务员的外语能力也是一项促进游客购物的重要因素。

目前这几个国家的各大购物中心都为游客提供能够讲日文、英文和中文的导购人员。而在泰国和新加坡,由于当地的人们普遍英语教育程度较高,所以游客们可以轻易地在各类市场购物,但在韩国和日本则相对比较局限。不懂当地语言的游客们只能在那些专门为游客服务的购物中心内购买,这在一定程度上也局限了旅游购物的发展。

6. 促销

每个国家都有自己的方法去推广他们本土的特色产品,尤其是当地手工艺品和旅游纪念品。泰国通过皇室成员在公开场合使用本国丝绸、皮革制品等产品来宣传本土的传统手工艺品;韩国利用其目前广泛流行于亚洲乃至全球各国的电影和电视连续剧的影响来宣传;日本则致力于利用其在全球流行文化的影响力来加强对其传统文化的宣传。

此外,新加坡和泰国还通过与旅游购物利益相关者的广泛合作来举办各种大型促销活动去吸引游客购物。季节性促销活动也被各国广泛采用去推广旅游购物。而国外消费税退税政策也是一个行之有效的吸引外国游客购物的方法。

7. 政府有效干预

不可否认,政府参与和大力支持也是旅游购物迅速发展的不可缺少的基础因素。这四个国家的政府都对旅游购物给予大量支持。例如,给予优惠的政策和资金支持,鼓励旅游购物产业发展;联合旅游参与者,合作推广旅游购物等。

四、对我国的启示

会展旅游购物的发展与旅游的发展密切相关,两者相互支持。虽然对于不同的国家而言,其资源优势不尽相同,结合自身优势可以采取不同的发展模式,但积极的政策支持和良好的购物环境是必不可少的环节。我国历史悠久,传统文化丰富,拥有丰富的会展旅游购物资源,发展会展旅游购物不仅可以促进我国的旅游收入,同时还可以有效保护传统地方文化,是我国会展旅游产业长期可持续发展的重要保证。但是目前我们仅注重单一生产,缺乏对其有效的营销,生产的产品缺乏时尚元素,很难在竞争中脱颖而出。

此外,我国缺乏品牌商品,名牌商品更是屈指可数,在国际竞争中处于不利地位。从会展旅游购物的发展趋势来看,名牌商品的培育是提高一国及旅游企业核心竞争力的重要手段,这需要我们尽快实施名牌战略。

因此,我们在城市规划和零售业发展中应积极考虑会展旅游购物这一因素,把购物旅游资源的开发作为社会经济发展的重要推动力。在积极构建良好的购物环境基础上,不仅要注意现代化的商业购物中心的打造,同时还应关注传统市场的保护和改造,使其成为一个重要的旅游目的地。

第四节 会展旅游和旅行社管理

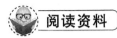

一、旅行社会展旅游业务服务的内涵

会展旅游是由于会展活动参加者在会展举办地的旅行和逗留而引起的一种旅游现象和关系的总和。根据《旅行社管理条例》的有关规定，旅行社是指以营利为目的，从事为旅游者代办出境、入境和签证手续，招徕、接待旅游者，为旅游者安排食宿等有偿服务的经营活动的企业。

因此旅行社的会展旅游业务就是指旅行社为满足会展旅游者旅行与游览需要而提供各种有偿服务，包括为会展旅游者提供接待服务、委托代办服务及组织旅游服务。具体内涵可阐述如下。

（一）会展旅游与会展服务具有主体的同一性

会展旅游服务具有会展旅游对象的特定性。会展旅游服务是由于会展参加者（特定群体）到会展地（特定地方）去参加各类会议、展览、大型活动等而产生的一种旅游方式，因此会展活动的参加者即为会展旅游者，会展旅游与会展活动具有主体的同一性。

由于会展活动参加者产生的空间转移及旅游消费需求，需要旅行社为其提供旅游服务，以帮助其完成到达目的地的旅行与游览，即旅行社会展旅游服务的对象就是会展参加者。这一特点要求旅行社在开展会展旅游业务时必须主动融入会展活动，积极提供相关服务。

（二）旅行社会展旅游服务业务具有复合性

会展旅游者既是一名会展参加者，同时又是一名旅游者，这种属性的双重性决定旅行社的会展旅游业务应包括针对会展活动中的旅游服务（旅行社对会展的多元化经营业务除外）和一般游客的旅游服务两类。

也就是说，旅行社一方面利用其完善的旅游接待体系对饭店、交通、餐饮等供应商的产品进行购买、组合或加工，为参展商、与会者提供高品质的（如预定客房、餐饮、票务等）配套服务；另一方面在会展之余，积极组织会展旅游者参观游览、娱乐、购物等消遣活动，拓展会展旅游服务，引导旅游消费，促使会展旅游者延长停留时间、提高综合消费。

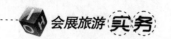

为方便旅行社会展旅游业务的组织协调,旅行社可将会展旅游业务分为基本业务与拓展业务两部分,并结合旅行社自身特点与实力,构建会展旅游业务体系。

(三) 旅行社会展旅游服务业务强调对会展活动的关注性

由于会展旅游对会展活动的依附性,旅行社只有关注会展活动的内容与特征,才能预测并了解会展旅游者的特点与需求,从而提供有针对性的相关服务,满足会展旅游者需要,继而进一步争取在游览、购物、娱乐等方面引导需求。

另外,由于会展旅游者就是因会展活动而来的会展活动参与者,所以会展活动一定意义上来说就是会展旅游的旅游资源,旅行社只有了解与研究这一旅游资源,才能有效开发相关会展旅游产品。但要注意的是旅行社关注会展活动,关注了解的是会展活动的类型、特色、时间、议程安排等,并不是关注如何举行会展活动。

二、旅行社会展旅游服务业务空间拓展

旅行社开展会展旅游服务业务并不是让其去举办各种会议和展览,而是让旅游企业发挥行业功能优势,为会展的举行提供相应的外围服务。那么这个外围服务的空间究竟如何,下面探讨旅行社会展旅游服务业务空间拓展的途径。

(一) 会展旅游服务客源市场拓展

1. 利用会展活动吸引招徕普通游客

会展旅游者包括以参加会展商务活动为目的的会展代表和将会展活动作为游览娱乐消遣目的的普通游客,前者的旅游方式首先表现为会展商务旅游,后者的旅游方式主要表现为主题式旅游。普通游客也是会展旅游的另一重要客源,这为旅行社拓展会展旅游客源市场提供了思路,即在积极服务好会展代表时,要重视利用会展活动这个旅游吸引物招徕普通游客,以扩大会展旅游客源市场。

然而,由于会展代表与普通游客的旅游动机不同,所表现的特征也有所不同。

2. 开发高品质会展旅游产品

会展旅游者大多是企业实体或政府机构的代表,通常他们的文化修养较好、个人素质比较高、独立意识强。该类旅游者在旅游活动参与上随机性大,可能仅限于会展商务活动的旅游,也可能在会展商务活动之余参加各种形式的旅游活动,但会受会展商务活动时间和财务报销限制,通常其他形式的旅游活动时间较少,其他形式的旅游线路要求近与顺道,在旅游内容上也要求新颖紧凑,喜欢有一定内涵的旅游产品,讲究舒适方便。而作为开发会展旅游产品的企业,其一项重要的工作就是开发出能够满足其需求的高品质产品。

3. 用特色旅游吸引游客

普通游客群体具有一般旅游者的属性,只不过他们是以各类会展活动为主要的观光游览内容,以会展活动地为主要旅游目的地。这类旅游群体一般以中青年为主,文化层次较高,喜欢新奇、寓教于乐的学习型的旅游产品。同时不同会展活动内容的会展旅游者又具有明显的特定指向性,与一般旅游者不同的是,在旅游方式上他们注重体验式、参与式、人文化,并借助会展旅游进行学习交流,获取时尚流行信息。

(二) 会展旅游服务产品拓展

会展旅游产品的拓展表现在两方面:一是针对会展代表开发设计适合的其他旅游活动,

引导会展代表的其他旅游需求,拓展会展旅游活动空间;二是针对普通游客开发以会展活动为游览观光内容的主题式会展旅游。旅行社可采用两种方法来开发拓展会展代表的会展旅游产品。

1. 丰富会展商务旅游

这种方法是通过模糊会展商务旅游与休闲旅游之间的界限,丰富会展商务旅游。会展代表的会展商务旅游通常作为他们职业的一部分,大多数情况是在工作时间进行,并不是在休闲时间进行的娱乐消遣休闲型的旅游。但是休闲旅游与商务旅游之间存在着很强的联系,当会展活动工作之余,会展商务旅游者便可转变为休闲旅游者,而且现代会展代表通常会有一个完全是休闲旅游者的同伴,因而会展代表完全可将其商务旅游与会展之余的休闲度假连接在一起。

2. 延长会展商务旅游链

这种方法是通过延长会展商务旅游链来拓展会展旅游。会展代表通常商业意识较强,在参加会展活动后希望能进一步了解学习先进的经济发展模式、产业的实际状况,对于一些产业部门来说,他们也希望有更多的营销机会,本着共赢的原则,以共同利益为纽带,旅行社和相关产业联合开发诸如经济探秘、产业考察等旅游,在保护商业机密的前提下,有针对性地为会展代表提供高质量的服务,从而将会展商务旅游从会展活动延伸至产业部门。

会展活动往往围绕一定的主题,在特定区域内定期或不定期举行,是宝贵的动态文化旅游资源,经开发规划后将形成一系列主题不同的会展旅游产品。这种针对普通游客以会展活动为游览观光对象的主题式会展旅游也有两种不同的开发方法。

一是以会展活动为核心开发系列主题式旅游。可以只针对某一会展活动进行开发,也可以以某个会展活动主题为核心,通过特定的内涵进行延伸开发,以便深化这一主题。二是对会展活动地的开发。作为定期举办会展活动的地域,可利用会展品牌的效应,结合当地的人文、自然资源开发不同的观光游览旅游产品,放大会展旅游的延续效应,如北京奥运会后,利用一些闲置的奥运场馆开发奥运村观光游,如果再利用某些设备设施、体育教练进行更深入开发还可成为"当一回奥运冠军"体验式旅游。

(三)会展旅游地理区域拓展

从我国目前会展活动的空间布局来看,会展活动的举办地通常都是现代化都市和风景秀美的城镇,为更好地扩大会展旅游的吸引力和影响力,应注意会展活动举办地之间,会展活动举办地与其他相关文化的景区、线路之间,会展活动举办地与相关产业基地之间的渗透和扩展,充分发挥其关联作用,促成各旅游区域之间资源共享、产品互补、客源互流。

然而,这种旅游目的地的拓展与联动,必须首先进行主题凝练,通过主题内涵将其串成一条线;其次要进行类型组合,通过对客源市场需求调查分析,进行特品、精品、名品、普品的多种组合;最后进行活动内容的组合,多种方式地为会展旅游者提供体验意境。如2006年杭州休闲博览会期间举行的"马可·波罗中国之路"游,借助的背景是马可·波罗当年从浙江前往当时的大都,沿途经过杭州、嘉兴、扬州等城市。

目前法国有一个马可·波罗自行车协会,"马可·波罗中国之路"游就通过自行车这一休闲方式,同"休博会"建立了联系,并借题发挥产生了相对独立的跨越浙江和江苏两省多个城市的跨地域旅游。

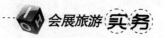

（四）会展旅游服务方式拓展

1. 旅行社要树立与会展企业共赢的观念

从特征来看，会展旅游兼具旅游业和会展业之共性，具有引发性、边缘性、综合性、依赖性等特点，它紧紧地依托于会展，不能脱离会展业而独立存在。旅行社通过全方位的优质服务为会展活动营造良好的支撑环境，提升会展活动的品质。

反过来，高品质的会展活动提高了会展活动的凝聚力与号召力，吸引更多的会展参加者，保证会展旅游的持续健康发展，使旅游与会展一起达到互动和双赢效应。

2. 旅行社会展旅游服务应贯穿于会展活动的始终

会展活动包括了除会展组织策划到设计布局外的食、住、行、游、娱等诸多要素，与旅游活动存在极大的共性，这些共性使得会展企业在产品组合、宣传、接待等业务操作上与旅行社具有很强的互动关联性。因此，旅行社应自始至终提供相关的会展旅游服务，保证会展活动的顺利进行。

在会展前，旅行社利用其成熟广泛的销售网络，主动开展会展活动的宣传促销；在会展期间，调动自身的协调与组织能力，为会展活动参加人员提供食、住、行、游、购、娱一条龙服务，全面服务于会展；在会展后，旅行社协助会展企业开展展后总结服务工作，旅行社可以利用为会展活动参加者提供一线服务的机会，为会展企业调查有关参加者的相关资料及征集反馈意见提供服务。

3. 服务方式上提供从一般性到个性化的会展旅游服务

会展旅游者的客源层次不一，需求不同，并且对服务的个性化要求较高，因此旅行社不仅要提供一般化的服务，还要求提供个性化的服务。一是旅行社开发多样化服务产品，通过灵活组合，以满足会展旅游者个性化的需要，这通常适用于规模较大的旅行社。二是细化会展旅游市场，集中优势，最大限度地发挥自己的优势，以满足目标会展旅游者的需要。

三、会展旅游旅行社代理服务

1. 会展人士的旅游目的

会展人士的旅游目的包括商务考察、休闲观光等。

2. 会展旅游代理服务

旅行社、景点方面为参展者提供的产品稍显不足，展览业与旅游业在把握、引导和满足客源的多种需求上合作欠佳，目前越来越多的以旅行社为主导的大型旅游集团进入会展旅游市场。一些大型的旅游集团如上海锦江、中青旅、春秋旅行社等已经加入了国际会展组织，开发会展旅游市场。

旅行社进入会展旅游市场的产品策略：在服务上，将展览期间的酒店、接送、餐饮等基本服务做成主体产品，将其他配套服务及产品做成菜单，由客户根据需要灵活选择；在形式上，旅游产品应广泛采取半包价、小包价等形式；在内容上，主要是投资考察游等专项旅游产品，短平快的城市周边游。旅游业和展览业联合起来，实现会展旅游的整体促销，旅行社应与会展公司分工协作；旅行社安排应既有集体活动又有分散活动，可以随时根据情况改变行程，临时增减内容，帮助参展团提高工作效率，提高参展的附加值。

3. 选择旅游代理商应关注的几方面

（1）如果代理客户联络，是否熟悉行业情况；

（2）对展览业的熟悉程度，过去的经验；

（3）旅游产品的设计是否恰当、是否有特色，以及行程安排是否合理；

（4）在办展当地网络的成熟程度；

（5）价格是否合理等。

◀◀ 本 章 小 结 ▶▶

本章首先从会展旅游餐饮酒店管理方面介绍了会展旅游服务管理的一些基本知识，然后介绍了会展旅游交通和游览管理与会展旅游娱乐和购物管理，最后介绍了会展旅游旅行社管理的相关知识。

复习 思考题

1. 会展与餐饮酒店有何种关系？

2. 会展与酒店业有哪些互动发展模式？

3. 酒店应该做出怎样的努力才能抢夺到会展旅游这块大蛋糕？

4. 会展旅游开发有哪些内容？

5. 我国实现会展与酒店互动发展的对策有哪些？

6. 促进会展旅游购物发展的基础因素有哪些？

7. 旅行社会展旅游业务服务的内涵是什么？

8. 会展旅游代理服务有哪些内容？

 案例分析

中国举办的规模最大的综合类博览会

上海世博会是中国举办的规模最大的综合类博览会，对我国会展旅游将起到很好的示范作用。上海没有太多的自然和人文旅游资源，可它在旅游方面取得的成绩不亚于北京，就在于它的商务旅游、会展旅游做得好。这次世博会，上海更是将这方面的营销做到了极致。网络、电视等媒体不间断地宣传，每天都有游客方面的情况通报，每天有不同的场馆介绍，每天有不同的活动安排。

在观众数量方面，这有可能成为空前绝后的一届世博会。在举办大型活动吸引游客方面，本届世博会也将成为全国乃至全球的一个典型案例，对我国展会旅游在组织、营销、安全保障等方面，都会有巨大的促进作用。

同属于第三产业，会展和旅游好像一对天然的"孪生姊妹"，彼此之间具有很大的相互依存性。会展之所以和旅游联系在一起，主要是因为会展活动通常会带来人员的异地流动，从而引发对"吃、住、行、游、购、娱"等旅游产品的消费。参加会展活动的人虽然不像观光客人那样单纯因"游"而"旅"，但他们在参加贸易展览、体育赛事、国际会议等过程中，吃、住、行等行为与一般游客没有本质区别。可以说，会展为城市提供了旅游资源、旅游产品展示的良

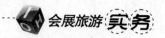

机,有利于带动城市功能的提升、增加城市的知名度,这些都为旅游业的进一步发展提供了有利环境。而从另一方面来看,离开了交通、住宿、餐饮等旅游业务的支持,会展活动寸步难行。

会展业作为对旅游具有直接推动作用的特殊行业,旅游企业能否成功介入会展业并把各种旅游资源有效衔接起来,已经成为评价旅游企业组织化程度高低和竞争力强弱的重要标准之一。

(资料来源:世博网,http://www.expo2010china.com.)

【分析】

结合实际,试分析上海世博会在会展旅游服务方面有何独特之处?

 **实战演练**

展会宴请实训

一、实训目的

掌握展会宴请的基本程序及各自的特点。

二、实训步骤

1. 迎客:由于是大型宴会,普通客人要提前进入宴会厅。主人迎接主要客人。

2. 入场:主要客人到齐后,由主人陪同按礼宾次序排列先后进入宴会厅。全场起立,鼓掌欢迎。主人及主宾入席后其他人才能坐下。然后由主持人宣布宴会开始。

3. 介绍嘉宾:主持人向大家介绍嘉宾,全场鼓掌欢迎。

4. 致辞:欢迎及欢送宴会,主宾都要致辞。顺序为:先是主办者后是宾客。致辞前,主持人要介绍致辞人身份。

5. 敬酒。

6. 散宴:主持人发表祝词,宣布宴会结束。主人及嘉宾先退席,其他客人相互告别离去。

第九章
会展旅游危机与安全管理

【知识目标】
- 了解会展旅游安全管理内容；
- 掌握会展旅游危机的概念、特点及类型；
- 理解会展旅游安全管理的管理策略。

【能力目标】
- 能够理论联系实际综合分析会展旅游安全管理的策略；
- 能够分析有代表性的旅游危机的类型和管理程序。

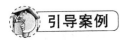 引导案例

保护会展利益，有效化解风险

近期以来，关于展馆塌顶、雨雪侵袭、展场失窃、因故停办等报道屡见报端，展会因此蒙受重大损失，而且由此给各方造成的损失无从弥补。业内呼吁，建立有效的危机应急管理机制势在必行，如何利用保险责任规避风险，大连市会展管理机构进行了积极的探索，研究会展业与保险业的结合，化解会展风险，有效保护展商和观众利益，为业内走出一条新路。

为适应大连市会展业的快速发展，提高会展业应急公共管理的能力，加快与国际会展业的接轨，推广展会赔偿责任保险，有效化解风险，保护参展商和参观者的利益，由大连市贸促会与日本财产保险（中国）有限公司共同主办的"大连市展会赔偿责任保险研讨会"近日在大连举行。

大连市贸促会会长、市展览办主任李泊洲在致辞中介绍了大连市展览业的发展情况，强调在会展环境不断改善、会展业持续发展的情况下，会展活动作为一种特殊的重大经贸活动，人流、物流、信息流高度集中，可变因素较多，对此必须有着清醒的认识。国际上一些成熟的展览会市场，展会主办者的风险管理意识非常强，懂得怎样通过保险转移财物损失、责任赔付以及经营损失等各类风险。

而我国会展业对危机管理和应急管理认识不足，不论是展会的主办方或者承办方，还是会展场馆，都缺乏常规的风险意识，加之，展览会的环节很多，存在很多不确定性，没有统一

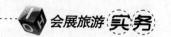

的计算标准,精算困难,所以,保险公司一直没有专门针对展会的险种。大连市贸促会、大连市展览办与日本财产保险(中国)有限公司共同组织这个研讨会,详细介绍"展览会活动的保险",是在全国会展业率先引进国外会展业成功经验的尝试,希望大家共同研讨,提高会展业处理危机、化解风险的能力和水平。

大连市政府金融办副主任左振平表示,会展业是大连的一个重要产业,多年来,市委、市政府给予了很大的投入,将其扶植为大连市现代服务业的重要组成部分,而展会赔偿责任保险是办好这项产业不可或缺的重要一环。目前,该险种在国内基本上处于空白,前景十分广阔,希望大家通过这次研讨会,能够对展会赔偿责任保险有所了解和启发,相信展会赔偿责任保险这个新的险种能在大连生根、发芽、开花、结果。

大连市保险监督局副局长朱进元认为,这次展会赔偿责任保险研讨会是大连会展业解放思想,加快与国际接轨的创新之举,也是保险业贯彻"国十条",充分发挥保险功能和作用、服务于社会之举。这次会议促进了保险业和会展业加强合作、共同发展、实现共赢,也会推动大连保险业的快速发展。他认为,保险是市场经济条件下的一种损害补偿机制、风险管理机制和社会救助机制,在促进改革、保障经济、造福人民等诸多方面发挥着重要作用。

他希望日本财产保险(中国)有限公司充分发挥外资公司的优势,克服影响因素多、技术要求高、经验和数据缺乏的不利条件,与中国人民财产保险股份有限公司合作,率先在全国推出展会赔偿责任保险,并且进一步加大产品创新力度,拓宽服务领域,加大宣传力度。中外合资保险企业不仅要在展会责任保险开展合作,树立典范,还要在其他保险领域扩大合作,更好地服务于大连经济社会的发展。

日本财产保险(中国)有限公司营业第一部总经理小林孝先生以"展会赔偿责任保险"为主题,对展会赔偿责任保险、国内外案例、日本财产保险(中国)有限公司业务等方面进行了全面推介。小林孝先生认为,今年9月,大连市将举办夏季达沃斯论坛,大连会展业的规模、档次都在迅速提高。但这也对大连会展业的组织能力、保障能力提出了严峻的考验。对经营者或管理者来说,为了规避责任范围的扩大以及赔偿金额的增加,建议会展业的经营者或管理者投保公众责任保险来规避风险。

在大连市率先开展的会展责任险由日本财产保险(中国)有限公司和中国人民财产保险股份有限公司共同开发,该险种在2007年中国(大连)服装纺织品博览会上已试推行,并获得了好评。会展业责任险除包括工作人员及参展人员的人身意外伤害保险和设备、器材损害的财产保险外,一个重要特色就是,当展览会因事故中止或延期时,对已支出的会场设置费、广告宣传费等,提供活动中止的补偿。

日本财产保险(中国)有限公司(SJIC)日本的母公司成立于1888年,有将近120年的历史,在各种展览会承保方面拥有丰富的经验。尤其是2005年日本爱知世界博览会期间,日本财产保险(中国)有限公司的母公司参与了所有强制险种的保险安排,并且被确定为财产保险的主承保公司。日本财产保险(中国)有限公司同中国最大的保险公司中国人民财产保险股份有限公司共同协作,借鉴其母公司自创业以来承保展览会保险的先进经验,根据2010年上海世界博览会的强制保险的赔偿责任保险办法,设计并提出了非常适合大连展会的以补偿为基准的专门保险——赔偿责任保险。

(资料来源:郑岩,曾武灵.会展与事件旅游.北京:中国科学技术出版社,2008.)

172

第一节　会展旅游危机管理

目前,中国会展旅游业已呈快速发展之态势,但仍存在着一些问题。其中危机管理能力是制约会展旅游业发展的瓶颈之一。由于各种原因,在管理、协调、安全、知识产权等诸多方面,经常爆发一些紧急事件。这些事件,小则影响参展商、参观观众或主办方的人身安全和经济利益,大则影响到地方政府的声誉。对于会展旅游主办者来说,具体会展旅游危机管理能力就必不可少了。

一、会展旅游危机管理的内涵

1. 会展旅游危机的概念

世界旅游组织将危机概括为:能够影响旅游者对一个旅游目的地的信心和扰乱继续正常经营的非预期性事件。据此,我们可以将会展旅游危机定义为:影响旅游参展商、专业观众、相关媒体等利益相关主体对会展旅游的信心或扰乱会展组织者继续正常经营的非预期性事件,并可能以多种形式在较长时期内不断发生。

2. 会展旅游危机管理的概念

会展旅游危机管理是指为了避免或减轻危机事件给会展旅游业带来的严重威胁所进行的计划、组织、协调、控制、指挥活动。

会展旅游危机管理必须借助政府、会展旅游主管部门、会展旅游企业、会展旅游行业协会等众多部门或组织通力合作、具体分工,通过已建立的会展旅游危机防范体系,不断提高经营管理水平来预防和控制会展旅游危机事件的发生。

二、会展旅游危机的特点

一般的,会展旅游危机具有如下特点。

1. 意外性

意外性是会展旅游危机的起因性特征。如 2001 年美国的"9·11"事件以及中国 2003年经历的"非典"医疗风波等重大意外性事件。它令人感到意外和突然,也给人们带来惊恐和不安。

2. 危害性

危害性是会展旅游危机的结果性特征。重大的会展旅游危机往往造成会展终止,有的还会造成巨大经济损失和社会负面影响。

3. 紧急性

紧急性是会展旅游危机的实践性特征。其应急性实践往往令与会者应接不暇和终身难忘。

4. 不确定性

不确定性是会展旅游危机的本质性特征。具体到某届展会,组展者很难预料危机何时

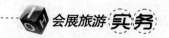

发生,从何处发起,其危害有多大,范围有多广,持续时间有多长,损失有多少等,真可谓"危机无处不在,危机随时可能发生",只有树立全面的危机管理理念,创建科学的会展危机应急管理体系,着力于从"大处着眼,小处着手",加强预测预报,加强综合治理,才能使会展防患于未然,并能顺利举办和可持续发展。

三、会展旅游危机的类型

每当会展旅游拉开序幕,来自四面八方的人群相聚而至,从此刻开始,会展旅游危机也就相伴而来。诸如会展活动场馆的规模和区位(如社会治安状况,周边交通环境,场馆设施条件等);当地的气候条件和变化;会展活动的时间、性质和特征;会场的食品、水、饮品、与会人数、现场消防和动力安全等。随着各种变量因素的积累和变异,将会产生各种难以预测和控制的后果。为此,人们把会展危机分为两大类:一类为可控制会展危机;另一类为不可控制会展危机。具体有以下几种危机因素。

1. 社会因素

社会因素主要指经济秩序和社会宏观环境变化而导致的危机。如社会经济衰退、通货膨胀、游行示威、罢工罢市、政治动乱以及恐怖威胁和战争波及等。这些来自社会环境的巨大冲击,是任何办会者都难以抗拒的,故称之为不可控制的危机。但组展者如能从国家政府部门提前获得危机信息,则可采取应急措施把危害降到最低点。

2. 运作因素

运作因素指在会展运作中,由于项目经理经营不善,管理不当;主办机构财力不足以及参会合作者严重失误或中途退出等诸多原因,造成管理失控和混乱,导致整个会展活动陷入困境。这些都属于运营层面上的管理危机,也有学者把它称为经营危机、财务危机和合作危机。值得指出的是,目前国内会展业中尚存在盲目扩张、恶性竞争、弄虚作假等错误倾向,这更是造成会展危机产生的祸根,应该引起高度重视和坚决根治,这方面的沉痛教训比比皆是,笔者就不多述了。

3. 自然因素

自然因素指由自然因素引起的危机,诸如突然发生地震、海啸、飓风或暴雨、洪水等重大自然灾害。这是办展者无法抗拒的,当属不可控制范畴。为了防范这些危机,办展者一定要加强与政府相关管理部门的信息沟通,一旦获悉定要"宁可信其有,不可信其无"。会展活动要做好时间调整,及时更改会展日期或变更场地,直至被迫终止而避开危机的发生。

4. 安全因素

安全因素指除社会因素和自然因素外的安全问题。诸如工作粗心大意,场馆和展位设施所引起的危险、盗窃、抢劫、爆炸等,其他如突发性的食物中毒,观众参观时人流拥堵造成倒塌伤害以及火灾、漏电、严重污染等。这些危机的产生大多属于管理层面上的问题,理应加强管理,制订出会展各项管理职能和规章制度,不断提高会展管理人员的综合素质和与会者的文明素质。由于这方面的典型案例很多,也就点到为止。

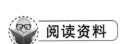 阅读资料

会展旅游危机事件

1. 航展空难事故

2002年7月27日,乌克兰一架苏—27战斗机在进行特技表演时坠毁,造成83人死亡,116人受伤,酿成了人类历史上最为惨重的一次航展空难事故。

2. 2004年香港国际珠宝展被盗

香港国际珠宝展2004年6月24日在湾仔会展中心开幕,但首日即发生多宗离奇失窃案,全天至少有4名珠宝商被窃,损失总值逾100万元;期间,警方破获一个以伪证入场的南美帮成员,怀疑其为"珠宝大盗",拘捕5男2女,另有2名内地男子在场内偷窃后被捕。

四、会展旅游危机管理的必要性

就当前会展旅游发展状况而言,各种类型的会展旅游危机依旧是影响会展旅游能否顺利举办的最重要影响因素。而会展旅游主办者也更加重视对会展旅游危机的全程管理,以保障会展旅游项目的顺利举办,同时,会展旅游危机管理的水平也在一定程度上影响了会展旅游与会者的参与程度。

1. 是确保会展旅游能按期举办的有效措施

英国危机管理专家迈克尔·里杰斯特指出:"预防是解决危机的最好办法。"对会展旅游危机进行有效管理最重要的作用就是将可能发生的危机控制在萌芽状态,以确保会展旅游活动能够如期顺利举办。

2. 是确保展会安全举办的有力手段

当前,会展活动面临的危机风险越来越大,而且很多风险都是预料不到,甚至是前所未有的。面对这种形势,会展旅游管理者应充分认识到危机管理的重要性和必要性,提高危机的敏感度,经常地、系统地进行危机教育,以确保展会安全有序举办。

3. 能最大限度地减少办展机构的损失

作为商业性企业,会展旅游企业举办展会的主要目的之一就是获取利润,创造良好的经济效益。但如果在展会举办期间发生了会展旅游危机事故,轻则会展旅游企业难以获取利润,重则企业需承担大量的赔偿责任,经济损失巨大。因此,加强会展旅游危机管理可控制潜在的危机风险,进而最大限度地减少办展机构的损失。

4. 是对参展商高度负责的具体表现

会展旅游企业举办展会不仅要创造效益,也要为参展商提供全面周到的服务。参展商对会展旅游活动的评价是衡量展会是否成功的重要指标之一。如果在展会期间发生了危机事故,会大大影响到参展商的利益,进而会影响到参展商对会展旅游活动的评价。因此,加强危机管理也是对参展商高度负责的具体表现。

五、会展旅游危机管理的程序

会展旅游危机管理主要包括四个主要阶段:预警阶段、处理阶段、形象再塑阶段和评估阶段。

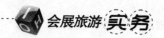

（一）预警阶段

会展旅游预警阶段指的是会展旅游企业通过对政治环境指数、经济环境指数、自然环境指数、商业环境风险等危机预警指标，定期或不定期地进行自我诊断，找出薄弱环节，并利用科学有效的措施和方法对危机进行全方位的监控、分析和判断，以便及时捕捉到可能发生的危机征兆。在有信号显示危机来临时，及时发布并警示，从而有利于企业自身和会展旅游者预见问题，并主动采取积极的安全措施。

加强会展旅游危机管理，首先要增强危机意识，及时察觉危机的征兆，将可能发生的危机控制在萌芽状态，在危机发生时，尽可能把损失控制在一定的范围之内。

（二）处理阶段

会展旅游处理阶段指的是发生旅游危机事件后，会展旅游举办方运用公关宣传、新闻发布会等方式或渠道，与相关部门保持沟通，采用主动说明和积极赔偿等手段来处理危机。处理阶段主要有四个方面的工作需要注意。

1. 及时发布危机信息

在会展旅游危机事故发生以后，组织方和旅游企业以诚信、透明的态度与各类媒体沟通，设立新闻中心适时向社会公众发布客观、准确、透明的危机信息，同时防止谣言和小道消息的散布，最大限度地消除会展旅游者的恐惧心理。

2. 控制危机发展，加强保障措施

对于有重要人物参加的会展旅游活动必须对现场和旅游线路进行安全检查，布置好安全保卫工作，同时应配备专业医护人员和救护设备。对于会展旅游者的安全也应采取必要的保障措施。对于比较敏感的政治危机事件，必须保持与政府和会展旅游主管部门的联系和合作，通报危机事件的进展情况，配合政府的权威危机措施。

3. 加强客户沟通，巩固企业形象

通过与客户有效沟通，保持和增强与新闻媒体、游客、政府机构之间的良好关系。通过各种联系方式与客户保持沟通，向其通报事件情况，争取客户的理解和支持，保持客户对企业的信心，为危机后开展新的会展旅游业务做好准备。

根据自身实际情况，配合政府和媒体，做大量有利于树立企业形象的广告宣传，吸引公众的关注，巩固甚至提升企业形象。同时尽力搞好企业内部沟通，调动员工的积极性。以上这些措施都是减少危机损失的基础性工作。

4. 转危机态势为机遇

会展旅游危机给会展旅游企业带来的可能不仅仅是损失，在危机中也有可能蕴藏着机遇。会展旅游企业应把握好这些机遇，转危机为生机，使企业获得新的发展，如在危机期间的经营淡季，可以抓紧时间对员工进行培训，提高综合素质，危机过后，企业的服务与管理就能够上一个新的台阶，从而弥补在危机中的损失。

（三）形象再塑阶段

会展旅游危机的应急和处理主要是为了阻止危机蔓延以及减少其造成的损失，同时也使已经造成的损失恢复到危机前的状态，即重塑会展旅游目的地的形象和恢复会展旅游企业的信心。

发生会展旅游危机后,会展旅游企业要配合会展旅游举办地政府和主管部门尽快有效地利用报纸、电视等大众媒体,积极宣传会展旅游目的地的安全形象,尽快恢复国内外会展旅游者对旅游目的地的信心。同时会展旅游企业也要通过科学的市场调查和资料分析,对目标市场采取有针对性的营销措施,做好会展旅游企业的形象宣传,引导会展旅游消费,从而刺激并帮助客源市场和营销渠道复苏和繁荣。

最后,也要使危机事件造成损失的企业尽快恢复,重塑企业内部信心,增强凝聚力,制定新的发展战略,抓住新的客源,实现企业振兴。

(四) 评估阶段

会展旅游危机事件消除或告一段落以后,会展旅游企业应对危机事件进行详细而全面的评估,主要针对危机预控管理和对危机事件管理的评估。在评估的过程中,一方面应有科学规范的评估体系;另一方面也要对现有危机预防机制进行有效完善。

总结工作做完后,会展旅游企业要认真回顾危机处理过程中的每一环节,针对前面的预警系统进行反馈,帮助危机管理机构重新修正预警系统的失误,进行相应的改进或调整,以便建立一个更有效的预防机制,从而加强危机管理预案的指导性和可操作性,具体环节如图 9-1 所示。

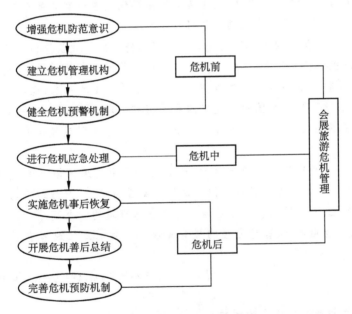

图 9-1　会展旅游危机管理流程

(资料来源:郑岩,曾武岩. 会展与事件旅游. 北京:中国科学技术出版社,2008.)

案例讨论

印刷包装等产业地方展会的信誉危机

对于印包企业来说,展会不仅可以展现公司品牌、形象与实力,更为企业之间信息交流、开拓商机、探讨学习搭建了一个开放的平台。借此平台,同行业还可以通过交流,学人所长,补己之短。然而,笔者通过参加国际性的展会和地方性的展销会后,也有一番自己的心得体会。

最近,参加由湖北省某印刷物资有限公司举办的 2010 年展销会时,来自上海一家做印

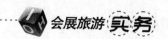

刷机械代理的地区经理一筹莫展:这里的展销会已经连续参加好几届了,规模是越来越小,虽然专业观众不少,但是有意向客户却还没有一个。火的是主办方,带来了不少的观众和参展商,冷的是参展商,签约性仪式几乎为零。很多企业对这样的展会都放弃了希望,都将目光投向了北京、上海等地举办的大型展会了,这也是为什么参展商会越来越少的原因。

目前,展销会在许多地方还被视为展示当地形象的一个窗口。在各种展会中,我们经常可以看到这样的模式:各级领导亲自莅临,开幕式轰轰烈烈、签约仪式热热闹闹,最后再举行一个成果发布会。在这种模式下,展会出现了种种怪现象:意向性项目被视为合同项目,一些正常引进的项目往往纳入展会成果,更有甚者,把一些早已签订过的项目合同重新在展会上再签一次……

据了解,在我国,由各级地方政府举办的展会几乎每周都有,而此类展会不少都是"赔钱赚吃喝",而办展费用往往由地方财政"买单"。而这只是会展业的"冰山一角"。印刷包装行业的会展业也存在着诸多问题:办展准入门槛低,业内良莠不齐;相关管理不到位,骗展事件屡屡发生;展馆建设风风火火,利用水平不高;展会名目不胜枚举,内容重复严重……会展业在促进各地经贸交流、带动相关行业快速发展的同时也出现了虚热迹象。

展会作为买家与卖家的交流平台,最重要的就是要保证专业客户的邀请,若只是为展会寻找参观者,那么它本身就没有存在的价值可言了。

应该说,地方性、专业性的印机展还是有一定市场需求的。武汉飞洋印务总经理岳良华在接受记者采访时就说:"对于用户企业而言,我们既有购买设备的需求,同时也非常重视技术改造,很关注与主机配套的零部件的相关信息,而且出于成本考虑,也会关注一些中小印机企业的产品情况。但是,大型国际印包展的参展商有一定的准入门槛,一些小的配件和器材制造企业往往在展会上看不到。也许多元化、专业化的小型展览会能够满足这方面的需求。"

此外,了解到一些印刷包装工业发达的、产业集群集中的地区举办的地方性展会,印机企业也会有选择性地参加。因为展会为他们提供了贴近用户、巩固当地市场的机会,特别是新兴的中小民营企业,地方性展会往往是他们开拓当地市场的一个突破口。

但是,用户企业也强调,这些地方性的展会应该有明确的定位或者专业化的特色,才能成为综合性展会的有益补充。

(资料来源:新浪网,http://news.sina.com.cn.)

【讨论】

1. 试评价本案例展会中遇到的问题。

2. 如果你是展会主办者,面对案例中出现的危机,应如何解决?

第二节　会展旅游安全管理

一、会展旅游安全管理的内涵

1. 会展旅游安全的概念

会展旅游安全主要是指会展旅游平安、无事故、无威胁、无危机,是会展旅游者在旅游活动过程中平安,不受威胁,不受伤害,不受损害,无事故,无危险,是会展旅游经营者为会展旅游者提供的会展旅游产品和服务无危险、无危害。

2. 会展旅游安全的内涵

会展旅游安全内涵主要体现在以下三方面:①客人、员工生命和财产及企业财产安全;②客人的商业秘密及隐私安全;③企业服务和经营秩序、公共场所秩序安全。

3. 会展旅游安全管理

会展旅游安全管理是指为保障客人、员工生命财产而进行的一系列计划、组织、指挥、协调、控制等管理活动,其主体是会议场所和展览场馆的安全。

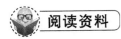 阅读资料

广交会安全保卫工作

广交会就非常重视安全保卫工作,专门成立了大会保卫办公室,负责交易会展览场所和重要活动安全保卫工作的组织领导,包括制订广交会各种保卫方案和措施,协调各级公安部门行动,为广交会创造安全良好的社会环境;指导各交易团做好本团的安全保卫工作;维护展馆的防火安全;维护广交会大院及其附近道路交通秩序,保障交通畅顺;负责发放内宾证件和车证等。人员构成包括商务部人事司、广东省公安厅、广州市公安局、广州市国家安全局、武警广东省总队、外贸中心保卫处等。

(资料来源:金华对外贸易合作局,http://www.jhftec.gov.cn.)

二、会展旅游安全事故的类型

由于市场变化的不可预知性,以及各种主客观因素,导致会展旅游的举办过程中发生各种类型的安全事故,这些安全事故有时单一出现,有时交替出现,有时甚至同时出现。对于会展旅游管理者来说,深入了解各种会展旅游安全事故的类型,了解其发展过程中的特点以及趋势就显得非常必要了。目前主要有以下几种常见的旅游安全事故。

1. 火灾事故

这类事故往往会造成严重的后果,不仅造成各种基础设施、人员财产的损失,更重要的是会造成整个会展旅游经济系统的紊乱,大大打击会展旅游者的信心。

2. 卫生事故

卫生事故,特别是其中的疾病或食物中毒事故,主要是由于异地性因素、旅游劳累或者食品卫生等问题而诱发的,对于会展旅游举办地的形象会造成很大的损害。

3. 犯罪

各种犯罪行为由于其主要针对会展旅游者,往往成为最受人关注的会展旅游安全表现形态之一。犯罪在旅游业中具有特定的规律和特点,主要可分为侵犯公司财产类犯罪、危害人身安全犯罪、性犯罪和与毒品、赌博、淫秽有关的犯罪。

4. 工程事故

这类事故往往具有一定的毁灭性,主要可分为道路交通事故、航空事故、水难事故、景区事故等。

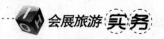

5. 其他不可预知的安全事故

这类事故包括各种自然因素导致的安全事故,如地震、滑坡等。

三、会展旅游安全管理的内容

会展旅游安全的管理对于会展旅游活动的顺利开展具有无比重要的作用,其工作的好坏,直接关系到会展旅游者的人身、财产安全以及会展旅游举办地的声誉。因此,必须随时关注会展旅游安全并保持警惕,把安全管理工作作为会展旅游运作的首要工作来看待。

会展旅游安全管理主要包括以下几方面的内容。

（一）选择会展旅游场所

会展旅游场所是会展旅游安全管理的一项十分重要的工作,其贯穿于会展旅游活动举办的始终,没有安全的会场,也谈不上安全的服务和安全的产品。同时,选择会展旅游场馆也是一项比较专业、复杂的工作,需要考虑很多方面的事宜。会展场所的安全管理主要体现为以下特点。

1. 不安全因素多

会展场所以高层建筑居多,尤其是展览场所,展览用品多,用电量大,易燃易爆危险品多,潜在不安全因素多。

2. 责任重,影响大

会展接待服务企业对保证与会者的生命财产安全,具有义不容辞的责任。与会者在参加会议或参观游览期间发生意外事故,不仅使客户蒙受损失,更主要的是会给会展接待服务企业及会展场所带来极恶劣的影响,无论是政治上,还是经济上的损失都是难以估计的。因此,作为与会者在会展期间的主要活动区域,包括会展场所、饭店客房、就餐场所等,其安全要求的标准高,责任重大,必须加强各种防范措施。

3. 服务人员安全意识强

会展场所安全管理以防火、防盗、防暴、防偷、防自燃事故为主,由于客户停留时间短,流动性大,破案时间急,因而要求服务人员安全意识强,业务水平高。

（二）制定安全规章制度

会展旅游企业应根据自身企业特点,制定严格、规范的安全规章制度,保障会展旅游活动的顺利开展。一般而言,要制定健全的消防制度,如会展场所使用的耐火材料,及其搭建和运输。制定预防传染性疾病、重特大旅游事故等安全生产应急预案等制度。

（三）成立管理组织

安全事关会展旅游企业生存,关系到会展旅游举办地的声誉和形象,关系到社会稳定和发展的大局,因此,必须将会展旅游安全工作放到中心位置,建立专业的管理组织进行有效的管理。如确定会展旅游安全管理的总负责人和每个员工的责任,确定安全管理小组成员的构成,及时对成员进行专业培训,以便更好地服务于会展旅游活动。

（四）保险

为了转移会展旅游企业的经营风险,保障会展旅游者合法权益,会展旅游举办地和会展旅游企业往往会投保。但是,在具体的实施过程中还存在一些问题,如相关法规不健全,导致旅游安全事故责任难界定,纠纷频发;会展旅游和保险市场不规范竞争的现象较突出;投保方式不科学,会展旅游企业分散投保不利于整合资源等。随着会展旅游企业业务范围不断扩大,各种经营风险明显增加,安全保障要求不断提高,亟须进一步完善相关责任保险制度。

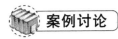

会展保险的必要性

2001年9月25日,香港珠宝钟表展览会在香港会议展览中心闭幕,但是就在这最后一天,一个参展摊位有价值500万港元的钻石不翼而飞。

2002年7月27日的乌克兰国际航展,一架战斗机在进行特技表演时坠毁,酿成了人类历史上最为严重的一次航展空难事故。"会展安全"也以放大的形式来到人们面前。

2004年5月13日,第四届上海国际珠宝展在上海虹桥地区的世贸商城拉开帷幕。当天下午发生失窃事件,失窃的钻石大多为0.01~0.15克拉小颗粒成品钻石,总重量约为2100克拉,总价值约为69万美元。

2004年6月24日,在香港湾仔会展中心开幕的国际珠宝展,在首日便发生两宗钻石失窃案件,共损失22 000美元。

由此可见,会展风险是客观存在的,风险的存在让人们领悟到了风险管理的重要性。要确保会展安全,有必要投保,通过保险转移会展风险。因此,如何在展览业乃至整个服务业中建立、健全风险保障体系成为我们必须面对的严峻现实。

(资料来源:华安国际,http://chinasiib.com.)

【讨论】

会展保险对会展旅游的重要性体现在哪些方面?

(五)会展工作人员安全操作的注意事项

为了保障会展旅游的顺利举办,主办方往往会对相应的工作进行必要的培训,特别是针对容易发生安全事故的环节,主要有以下几方面。

(1)真空吸尘器、磨光机等器具的连接装置必须安放到地上。

(2)工作台车应装有宽大的车轮,以便推行。装载较重物品时,应用双手推车,特别在铺有厚地毯的走廊上更是如此。

(3)搬运笨重物品时,应有两人以上合作。

(4)擦洗地面时,应在擦洗区域设置标志,如"谨防地滑"的标牌,或用醒目的绳子将该区域围住。

(5)高空作业一定要系安全带。

(6)当使用较浓的清洗剂时,应戴上手套,以免化学剂腐蚀皮肤。

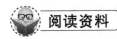

会展工作人员安全操作须知

(1)在会展场所范围内不得奔跑。

(2)对湿滑或有油污的工作地带,一经发现应立即抹去,以防滑倒。

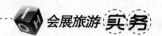

（3）员工制服不宜过长，以免走动时绊倒。发现鞋底过分平滑时要换鞋。

（4）取高处物品，应使用梯架。

（5）保持各种设备和用具完整无缺。有损坏的物件切不可再用，要及时报告上级，尽快修理。

（6）发现公共区域照明系统发生故障，要立即报告有关部门，尽快修复。

（7）在公共区域设置的工作车、吸尘器等，应靠边停放，电线要整理好，不能妨碍客人和员工行走。

（8）所有玻璃或镜子，如发现有破裂，必须立即报告有关部门，及时更换；如暂时不能更换的，也要用强力胶纸贴上，以防坠下。

（9）清洗地毯、地板时，切勿弄湿电源插头和插座，以防发生漏电。

（10）卫生间内及露天花园的地板、楼梯等处不宜打蜡，以防滑倒。

（11）在玻璃门显眼处要贴有色条，提醒宾客或员工，以免不慎撞伤。

（12）卫生间热水龙头要有使用说明。

（13）家具或地毯如有尖钉，要拔去，以防刺伤人。

（14）清理碎玻璃及一些尖锐物品时，要用垃圾铲，勿用手捡拾。处理时，应与一般垃圾分开。

（15）开门、关门，必须用手推拉门把手，勿用手推拉门边，防止扎手。

（16）不要将燃着的香烟丢弃在垃圾桶内。

（17）手湿时，切勿接触电器，防止触电。

（18）放置清洁剂、杀虫剂的仓库，要与放食物和棉织品的仓库分开，并要做明显标记。

（资料来源：西点会展网，http://www.xdmice.com.）

四、会展旅游安全管理的管理策略

1. 会展危机意识的树立

危机意识是这样一种思想和观念，它一方面要求会展主体尤其是主办方、承办方和协办方自身要居安思危：从长远的、战略的角度出发，在日常管理和运作中就抱着遭遇和应对危机状况的心态，预先考虑和预测可能面临的各种紧急的、极度困难的形势，在心理上和物质上做好对抗困难境地的准备，预测或提出对抗危机的应急对策，以防止在会展危机发生后束手无策，遭受无法挽回的损失。另一方面要有备无患：通过模拟会展危机情势，科学的预警分析，来了解非传统威胁形成的各种可能，采取积极有效的措施并制订完善的会展危机管理方案。

2. 会展旅游安全管理机构的建立

有效的会展安全管理系统包括决策咨询参谋机构、决策中枢机构（要形成处理危机的方案、计划）、决策执行机构，人员、资金、物质资源，以及软件系统等。软件系统则是要形成处理会展危机的方案、计划等。而其中最主要的是要依法组建一个具有足够权力且能有效动员、指挥、协调、调度地区资源并进行日常的和应急的快速沟通来应对会展危机的中枢指挥结构。

这个系统是整个会展危机管理机制的灵魂，当危机发生以后，最初做出反应的就是决策中枢机构,决策中枢机构能不能在最短的时间内做出反应,做出反应的方式以及领导、指挥会展危机管理工作的灵敏程度是衡量一个会展主体危机管理的主要因素。所以我们应尽快建立综合性的决策中枢机构和常设性的会展危机管理行政部门或临时性工作小组,赋予与之对应的职能。

3. 信息披露制度的健全和完善

由于会展危机信息不对称,会展主体在处理危机事件时,如不能及时公布危机信息或故意隐瞒,就极易造成谣言四起,参展商和相关公众恐慌,使自身陷入被动,因此组展商应与媒体之间建立良性的互动机制,保持良好的合作关系,从而既能确保信息的及时发布,又能保证必要时对一些不负责的"非正式消息"驳斥。

4. 旅游会展安全氛围的营造

会展主体和学术科研部门进行合作,结合不同学科理论,从不同角度深入分析,为会展危机管理的实践提供理论基础;大力发展决策的预测技术,建立官方的、民间的或官民协作的决策智囊机构,选择实际案例,建立各类会展危机的案例库,从理论和实际全方位寻求符合会展展情的解决危机的方案。

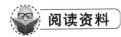 阅读资料

医疗卫生管理

国际会展管理协会(LAEM)《生命/安全指导方针》指出,每个会展或会展机构都要有合格的员工在场来处理紧急医疗事件。除了对正式员工及签约雇员进行事先培训,指导怎样应对紧急医疗事件外,还应聘请合格的医护人员在观众入场、展览期间及观众退场时值班。聘请的医护人员或场馆中可用的紧急救援人员,应当精通基本的救生常识、伤病诊断、急救方法和心肺复苏术,通晓危机通报计划的应用以及整个危机管理计划中的所有其他要素。

(资料来源:张显春.会展旅游.重庆:重庆大学出版社,2007.)

"第十届上海国际汽车工业展览会"的危机处理

2003年4月20日至24日在上海新国际博览中心隆重举行的"第十届上海国际汽车工业展览会"吸引了来自23个国家和地区的730家厂商参展,展出面积为81 000平方米,观众达到15万人次,中外媒体576家,记者3000多名。海内外媒体对上海车展投入了极大的热情,参与报道的记者人数之多,范围之广,关注程度之高也创下历届之最。主办方首次将开幕前一天设为媒体日,并首次建立起大型新闻中心。

车展主办方——上海国际展览公司(以下简称"国展")在SARS疫情压力之下开始了一场没有硝烟的战争。根据市政府防治SARS的有关要求,主办单位专门成立了防范工作领导小组,在浦东卫生疾病防治控制中心的指导下,展览会期间采取了大量防范措施,如在现场设立医学观察站,加强展馆通风及消毒,控制观众流量,减少大型活动等。

因为SARS疫情的严峻压力,上海市政府和外经贸委决定将本次车展展期由8天缩短至5天。因此,国展人员在耐心细致地做好参展商和观众工作后,面对众多媒体进行了广泛的沟通及资料发放。最终,使得本次车展获得了意想不到的成功,同时为上海国际展览公司赢得了声誉。

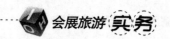

在上海国际汽车展举办期间碰到 SARS 危机,导致提前闭幕,确实留下一些遗憾。但是,"危机"是"危"与"机"的组合,一方面代表着危险;另一方面也意味着大量的机会。从积极的方面看,这为上海市贸促会、上海市国际展览有限公司提供了一个准确处理危机,顺利过渡危机的实战机会。这也是可遇不可求的。

从危机管理的角度看,我们不能完全排除危机的发生,只是尽量降低其可能性而已。即使有更完整和良好的风险管理意识及技巧,危机一样有可能发生。所以,对于危机的面对及处理,不应只侧重危机前的防御,亦应同时顾及危机中与危机后的管理。危机发生后,负责单位必须迅速防止危机的扩散及蔓延;做出适当的反应与策略,尽快收拾局面,使公司得以继续和维持正常运作。简单而言,危机后的风险管理可归纳为即时反应及善后策略两大类。

国展公司之所以能打赢这场战役,和他们在 SARS 危机处理 5 个阶段强烈的风险意识和详细的工作部署是分不开的。他们把即时反应及善后策略有效地融入到这 5 个阶段中。

1. 危机界定阶段

这是危机处理的前提,危机的界定必须清晰明确。车展开幕前 3 个月,国展就开始启动了全面预备和临战的预备工作。当时有两大因素可能会影响展览会:一是伊拉克战争;二是SARS。国展随时关注国际形势的变化,及时把握信息。到 3 月底,排除了伊拉克战争的影响,但 SARS 的问题越来越突出,明显地表现出其无法预料、无法控制的特征。

2. 风险评估阶段

危机到底会造成什么后果和影响,必须分析到位、估计准确。这是危机处理的基础。车展是一个带有明显公众参与和接触的活动,是 SARS 最容易扩散的渠道。假如控制不住的话,会对车展带来极为严重的后果。作为主办单位,将无法面对参展商、观众及几千名为车展服务的工作人员。正是因为国展全体职工都有这种清醒而充分的认识,因此在以后的行动中都能齐心协力、步调一致。

3. 方案部署阶段

这是危机处理的要害,方案部署必须全面及时。当危机发生时,每一家公司都必须有一套完善的应变措施。公司内涉及的部门均需要参与应变。它包括正常展出方案和紧急情况提前闭幕的方案。

4. 执行方案阶段

这是危机处理的根本,执行方案必须严格细致,有条不紊。

5. 善后处理阶段

这是危机处理的保证,善后处理必须有理、有利,争取共赢。善后处理主要针对部分提出赔偿要求的展商。对他们要认真做好解释工作,做到晓之以理、申明大义。

案例启示:

会展业该如何面对突发危机,如何进行有效的危机管理,车展的案例确实给中国各会展企业带来很多宝贵的经验。具体分析如下。

1. 快速反应,信息公开

综观车展期间,SARS 疫情的形势瞬息万变。主办单位反应必须迅速、快捷,处理必须及时、正确。危机处理中,很重要的就是广泛沟通,保持信息的公开度、透明度和正确性。我们不难见到,无论在危机前、危机中及危机后期,有关公司对内对外均要做出大量沟通及资料发放。

上述行动可以避免外界做出无谓的预测并影响内部员工的士气及情绪。因此,公司需要以最短的时间将发生的事情立刻向公众解释。需要肯定的是,在危机发生后采取正面的态度,可以使公司在一个有利的位置上控制其消息的传播。另一方面,发言人所扮演的角色极为重要,因为怎样发布信息及与大众沟通往往比信息本身的意义更为重要。其要点在于,必须让外界相信及知道公司处理危机的方针及办法,从而建立公众对公司的信心。

2. 正确处理与展商、媒体、观众的关系

首先要从大局出发,讲清道理。必须清晰地意识到,在 SARS 面前,展商、媒体、观众的健康安全是第一位的,我们的一切工作必须从维护公众利益这个角度出发。其次要学会换位思索,从多角度来考虑问题。危机来临时,要考虑自己若是展商、媒体和观众会怎么办?这样,才能制定出人性化的有效措施。

3. 善后策略完善有效

善后策略主要针对危机后所遗留下来的问题,以及对整体危机处理作评估与检讨。事后评估的牵连层面非常广泛,不只评估危机处理表现的好与坏,更重要的是寻求更佳的解决方法以便日后得以应对同类危机。在评估项目中应包括:

(1) 公司怎样处理危机,即评估危机管理之表现。

(2) 受危机打击后的评估,这属于危机后所导致的结果。

(3) 评估传媒的影响以及有关的沟通。

(4) 评估从有关损失带来的影响,并对受害人及有关单位做出补偿的方案。

(5) 最后,不可缺少的是分析有关危机是否有再出现的可能性。

(资料来源:博纳国际咨询,http://www.chinapgc.com.)

◀◀ 本 章 小 结 ▶▶

本章从会展旅游危机的概念入手,分析了会展旅游危机管理及其特点和类型,并着重从运作和管理的角度分析了会展旅游危机管理的程序。同时,阐述了会展旅游安全管理的内涵,并列举了常见的会展旅游安全事故,在常见的会展旅游安全事故基础上,详细介绍了会展旅游安全管理的管理策略。

复习 思考题

1. 什么是会展旅游危机? 其有何特点?

2. 常见的会展旅游危机的类型有哪些?

3. 会展旅游危机管理的程序有哪些?

4. 什么是会展旅游安全管理? 它有哪些类型?

5. 会展旅游安全管理主要包含哪些内容?

6. 联系实际,讨论会展旅游安全管理的管理策略。

7. 调查当地一家会展旅游企业,熟悉会展旅游危机管理的具体流程。

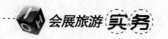

会展旅游经济需要安全保障

第七届莫斯科国际航空航天展正式闭幕,这次航展可谓规模空前,6天内共有70万人参加。9月份北京国际航展和乌克兰航空航天博览会又将揭开序幕。提到航展,不能不提及2002年7月27日的乌克兰国际航展,一架战斗机在进行特技表演时坠毁,酿成了人类历史上最为严重的一次航展空难事故。

鉴于这个事故的教训,当下,虽然数个航展正风风火火地或闭幕或开幕,人们依然在热闹之余保持了相当的警惕,而"会展安全"几个字也以放大的形式来到人们面前。

1. 安全支出知多少

不可避开不谈的是"非典"和"恐怖主义",这两个词相当重要,以至于许多经济学家用以划分历史阶段——"前非典"和"后非典"。如果说"非典"提高了会展界的风险意识的话,则恐怖主义多多少少提高了其安全意识,这种意识随各国所受其威胁的程度不同而不同,但无疑已经在世界范围内被提上日程。

美国的会展业比较成熟,"9·11"事件后,会展业总体安全支出大大增加。其一是器材费用,许多展会增加了提示牌以及用来甄别观众和危险品的金属探测仪,其严密程度有如机场安检;其二是人员支出,包括增加安全特派员和给保安提薪。美国底特律市民中心部总监帕夫勒德说:"现在,安全保障已经是一条生产线了。展览安全的开支更大了,比以前增加了20%~100%。"其实,很多展会的安全支出增加率还要超过这个数字,如今年6月在巴黎举行的航展其安全开支就是上届同类展的两倍。

对我国而言,国内展会本来就受到这样或那样的安全方面的困扰,国际大格局又在一定程度上放低会展界的安全警戒线。在今年的"香港国际珠宝展"上,仅在开幕之日就发生了两起珠宝失窃案。这类参展商被窃的事件在会展中时有发生。2002年在东莞厚街的"健康博览会"上,一开展就有小偷作案10多起,连组委会办公室都无法幸免。组展方和参展商为此忧心忡忡。

2. "后非典"与展会安全

不可否认的是,展会作为一个汇集人流、物流的公共平台,安全问题与之相伴相随,而对于现在这个特殊阶段来说,有一个问题值得注意。会展业在我国是个朝阳行业,其GDP不到国民经济生产总值的1%,其现状为:市场化程度不高、机制不健全、国际竞争力低、经验缺乏。这种不成熟的发展状况决定了其在遇到非常态事件时,应变能力和抵御能力不强。"非典"事件的到来给会展业留下了一种应对突发灾情的经验,这种经验在其发展历程中必定是一种宝贵的财富。

问题是,这次非常事件在目前究竟多大程度地激起了会展业界的风险意识,多大程度地锻炼了其在危机状态下的管理能力?会展业在未来又会多大程度地将"安全"纳入其发展大计中?当下,会展业刚从"休眠"状态中苏醒过来,专家认为,8月是会展的复苏期,9月是其高峰期。

在长达四五个月的"休眠"期中,全国会展数量和展览面积比去年同期减少60%,收入减少55%,利润减少60%以上,而在将来的几个月内,会展业很有可能为转嫁巨额的经济亏空而一拥而上疯狂一把,这时,为了能轻松上阵,一些"包袱"很可能被想当然地扔掉——诸如会展安全、会展质量等。况且,在遭受难以估量的巨大损失之后,谁愿意为会展安全再掏腰包?这样的忧虑似乎正变成现实。7—8月间,一大批展会拉开了序幕,展会过分集中、展会密度太大使展会业颇显无序。参展商似乎急于分享今年展会最后的晚餐,这种急功近利的心态如果不加以遏制,必然使不法分子有机可乘。

3. 齐心协力提高安全系数

展会是个包括参展商、承办者、主办者、布展者、观展者在内的多方利益的聚合体,其中各种利益又相互牵制、相互影响。没有谁可以称绝对是展会的主角,因为对应于其在整个展会全局中应负的责任和应享受的权利,任何一方都可说是主角。然而在现实中,参展商、主办者、承办者之间却常常互有摩擦,各自为营,或者干脆出卖某一方或某几方的利益来达到自己的目的。当安全问题出现时,总是互相推诿、互相迁怒,这种内讧削弱或瓦解了展会整体的力量。

展会这台大机器缺少了必要的润滑油——协调意识、团队意识。此时行业协会的作用应当被最大可能地发挥,对内,它能够调和各种矛盾和利益,敦促内部达成共识共避风险,共渡难关;对外,它可以作为行业代表及时向外传达各种需要和信息,成为会展业的扬声器。今年,香港珠宝商因"非典"而被拒绝入展,但通过香港的同业公会最终其利益得到保护和补偿,这让我们看到了行业协会举足轻重的分量。我们有理由相信,在将来,行业协会必然会更加完善成熟,在会展安全事务上必然会发挥更大的作用。

4. 缺乏统一的保险规划

会展经济是一种"关联经济",即一个主体经济直接或间接连接多个衍生经济,假如主体出现意外的话,其后果将波及整个经济活动链,所以会展如果没有完善的保险机制参与其中的话,其后果将不堪想象。

在我国,一些参展商会单独为自己的财产投保,然而针对会展的专业险种却十分缺乏。在国外会展保险发达的国家,会展业通过一个有代表性的、高度自律的行业协会来促成保险工作,它具有唯一性、全国性和权威性,它鼓励行业内部自办保险,如设立自保基金或组建互保机构等。而且,西方国家展览业保险十分注重专业细分和对象细分,对许多微观产品提供创新的、有特色的服务。他们的险种有:展览单位的营业延迟损失、展品和摊位的意外损害与灭失、参展人员的意外伤害等。这种明确的细分强化了保险的功能。

相比之下,我国缺乏一个统一有力的保险规划,管理制度政出多门没有权威,而且保险的种类细分还不到位。我们期待着更加健全的保险体制的出台,使展会各方免去后顾之忧。

(资料来源:中国会展网,http://www.expo365.cn.)

【分析】

结合案例,试分析会展旅游安全管理对会展旅游成功举办的重要性,并举例说明。

实战演练

运用本章所学知识,调查分析你就读的学校所在的地区或城市是否出现过旅游危机或安全事故。当地主管部门是如何解决的?试分析如何更科学地处理此类危机事件。

第十章
会展相关政策法规

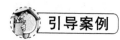 引导案例

参展合同出现纠纷怎么办

A 公司(原告)是一家机械制造公司,B 公司(被告)是一家展览公司。2001 年 2 月,被告向原告发出邀请函,邀请原告参加被告于 2001 年 10 月 22 日至 25 日在某市展览中心承办的第二届印刷、包装展览会,并向原告提供了展位平面图及往届参展企业名单等宣传资料。2001 年 4 月 21 日,双方签订合同,原告随后缴纳了参展费 40 000 元。

2001 年 10 月 20 日,原告进场布展,被告征得原告同意后代原告垫付了动力电安装费、场地使用费 1280 元。原告布展后,认为整个展览中心没有都用来举办本次印刷、包装展览,且参展企业不多,与被告的宣传相差甚远,受到被告蒙骗,于 2001 年 10 月 22 日撤走产品。后原告以此为由向法院提起诉讼,请求判令退还参展费 40 000 元,赔偿损失 70 945 元。

B 公司(即被告)的委托代理人代理被告提出如下答辩:①被告从未承诺整个展览中心都用来举办本次印刷、包装展览,也未承诺本次参展企业为数百家,合同对此也未约定,原告的主张没有事实依据;②被告已如期举办展会,已履行合同义务;③原告布展后又撤走展品,是自动放弃参展的行为,请求赔偿布展费用及广告费用没有事实和法律依据。本所律师同时代理被告提出反驳,请求判令原告支付拖欠的代垫费用 1280 元。

一审判决:一审法院经审理认为,原、被告签订的展览合同合法有效。被告收取原告展览费用并为原告提供展位,应视为已履行合同的主要义务。合同书、邀请函、展位平面图及往届参展企业名单等宣传材料不能证明被告曾向原告承诺整个展览中心只举办本次印刷、包装展览,也不能证明被告曾承诺本次参展企业为数百家,为此,原告主张被告构成欺诈和违约缺乏事实依据。

原告缴纳参展费进场布展后没有实际参展,是原告自身所做出的行为,与被告没有必然因果关系,原告认为被告应赔偿损失 70 945 元缺乏相应证据支持,不予采纳。因原告曾确认接受动力电安装费、场地使用费,所以对被告代垫的上述费用,原告应予返还。一审法院判决驳回原告的诉讼请求,判决原告向被告支付欠款 1280 元。

二审判决:原告不服一审判决,向二审法院提起上诉,要求撤销一审判决,二审法院驳回上诉,维持原判。

可见,会展是一种经济活动,经济合同纠纷是比较常见的,对此必须有心理准备和技术准备。作为参展商在决定参加某一展览前必须注意以下几点:①展览项目是否规范?是否经政府审批?②主办单位的知名度和办展能力如何?③展览项目效果如何?全国有数千个展览会,不乏有许多雷同的展览,希望你能做一个成熟的参展商。

(资料来源:胡平.会展案例.上海:华东师范大学出版社,2010.)

近年来,我国会展活动空前活跃,市场化和国际化水平不断提高。随着展览的专业化,为规范会展行业,促进我国会展业朝着健康有序的方向发展,我国制定了一系列相关的法律、法规。

通过行业规范,不仅直接促进了经贸、科技、文化、体育等事业的发展,而且有力地带动了信息通信、交通运输、城市建设、旅游休闲、广告印刷等相关服务行业的发展。

第一节 会展管理法规制度

随着会展旅游业的迅速发展,与之相匹配的法律法规也在不断完善中。全国各地不断出台、完善"以区域为核心"的会展业政策法规,如厦门在 2006 年年底推出的《厦门市展览会评估试行办法》,北京在 2007 年推出的《北京市展会知识产权保护办法》等,这些政策法规对于我国会展业发展势必引起历史上的新纪元。

一、会展组办单位的资格

目前,涉及会展管理的相关制度、法规主要包括以下内容,我国政府对各类会展的组办单位资格有着严格的规定。

1. 国内商品展销会举办单位的资格

根据《商品展销会管理办法》的规定,商品展销会的举办单位应具备下列条件。

(1) 具有法人资格,能够独立承担民事责任。

(2) 具有与展销规模相适应的资金、场地和设施。

(3) 具有相应的管理机构、人员、措施和制度。

从上述条件来看,对于国内的普通商品交易会或展销会的组办单位资格,国家并没有进行严格控制,目的是充分发挥市场的调节作用,以市场为导向进行资源配置,促进展会之间的竞争,进而通过竞争提高国内展会的竞争力。但对于涉及国外参展单位参展的对外经贸展览会及在国外参展、办展的组办单位资格,国家却有着严格的规定。

2. 境内举办对外经济技术展览会主办单位资格的规定

根据《关于审核境内举办对外经济技术展览会主办单位资格的通知》的规定,举办对外

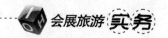

经济技术展览会的境内主办单位应具有以下资格。

（1）具有对外贸易经济合作部审核批准的主办资格。

（2）除省级、副省级市人民政府或省级外经贸主管部门以及国务院部门以外的境内主办单位，应具备以下条件：具有组织招商、招展能力及承担举办展览的民事责任能力；设有专门从事办展的部门或机构，并有相应的展览专业人员，具有完善的办展规章制度；曾参与承办或协办 5 个以上较大规模的国际性展览会。

（3）上述境内主办单位，应按部门、地区、系统所属，分别向各自上级主管部门申请主办单位资格。

原外经贸部对所报材料进行审核，对符合条件的主办单位授予其主办单位资格，并分期、分批予以公布。凡取得外经贸部批准文件的主办单位，必须在取得批准文件之日起 30 日内，持批准文件到工商行政管理部门办理登记。

二、会展举办的申报及审批

目前，国内会展活动的"申报审批制"改为由政府主管部门按"大型活动备案制"管理；国际会展活动仍由商务部、科技部按"项目申报审批制"管理。

1. 国内展审批

以前国内办会展有四个审批渠道，即贸促会、地方政府、经贸委和科委，有关审批办法规定，在国内举办超过 1000 平方米的国际性展览会均需审批。现在根据《国务院关于取消第一批行政审批项目的决定》（国发［2002］24 号）文件精神，国内会展活动的"申报审批制"改为由政府主管部门按"大型活动备案制"管理。

2. 国际展实行分级审批

2004 年 6 月 17 日，由中国贸促会、外交部、商务部、公安部和海关总署五部门会签的《关于进一步加强出国举办经济贸易展览会管理工作有关问题的通知》明确规定，具体举办单位须按举办展会的性质报商务部、科技部、贸促会等有关主管部门审批，海关凭主管部门批件办理相关手续。

面积在 1000 平方米以下的国际展，各单位可自行举办，但须报有关主管单位备案，海关凭主管部门备案证明办理相关手续。

三、会展合同法

会展合同是指会展组织者与参展商之间订立的、约定会展活动中双方权利和义务等事项的协议书，也称会展协议书。

（一）《中华人民共和国合同法》的基本原则

《中华人民共和国合同法》（以下简称《合同法》）的基本原则是合同当事人在合同活动中应当遵守的基本准则，也是人民法院、仲裁机构审理案件时应当遵循的原则。了解和掌握《合同法》的基本原则，对于正确理解其中的内涵，有着十分重要的意义。

1. 平等原则

合同当事人的法律地位平等，一方不得将自己的意志强加给另一方。法律地位平等，是当事人自愿协商达成协议的前提。当事人无论具有什么身份，在合同关系中相互之间的法律地位都是平等的，没有高低、从属之分，都必须遵守法律规定，都必须尊重对方当事人的意志。

2. 自愿原则

合同自愿原则是《合同法》中最重要的基本原则。其基本含义是：合同当事人通过协商，自愿决定和调整相互之间的权利、义务关系。自愿原则体现了民事活动的基本特征，是民事法律关系区别于行政法律关系、刑事法律关系的特有的原则。民事活动除法律有强制性规定外，一般由当事人自愿约定。

为此，《合同法》规定，当事人依法享有自愿订立合同的权利，任何单位和个人不得非法干预。当事人订立、履行合同，应当遵守法律、行政法规，遵守社会公德，不得扰乱社会经济秩序，损害社会公共利益。

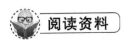 阅读资料

国际科技展览申报流程

根据科技部有关文件精神，在我国境内（不含中国港、澳、台地区）举办国际科技展览须根据展览规模向各级主管单位申报，具体流程如图 10-1 所示。

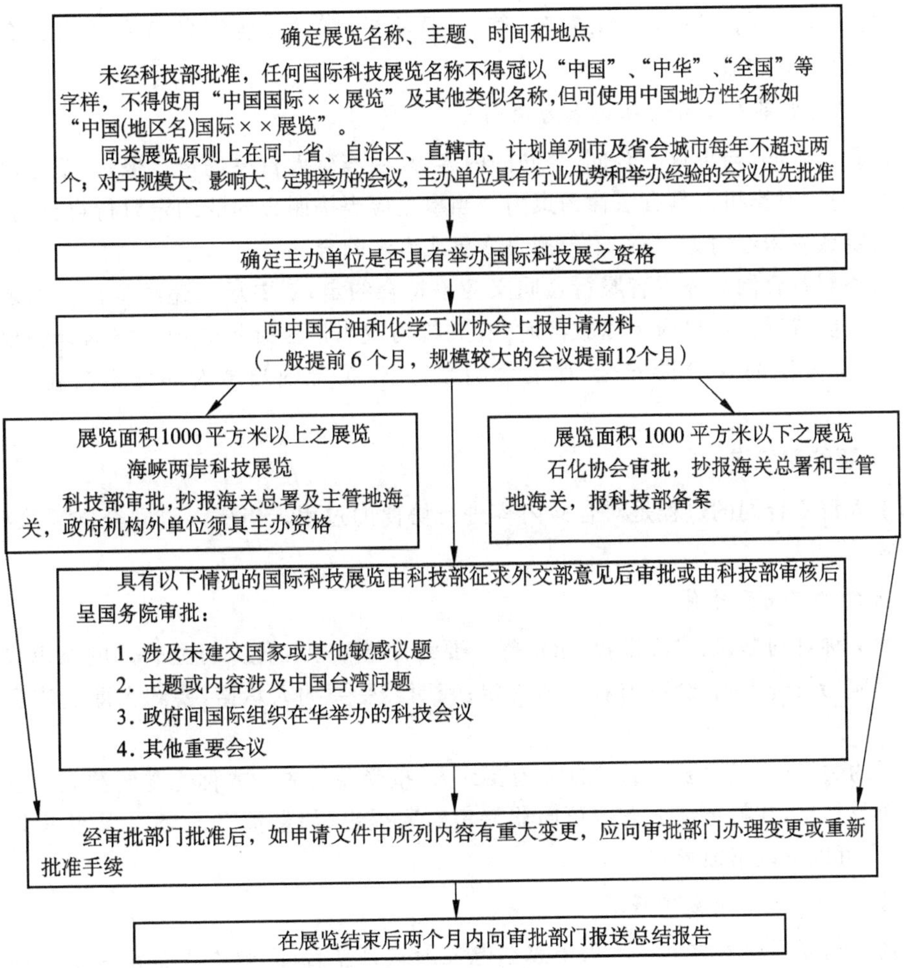

```
确定展览名称、主题、时间和地点
  未经科技部批准，任何国际科技展览名称不得冠以"中国"、"中华"、"全国"等
字样，不得使用"中国国际××展览"及其他类似名称，但可使用中国地方性名称如
"中国(地区名)国际××展览"。
  同类展览原则上在同一省、自治区、直辖市、计划单列市及省会城市每年不超过两
个；对于规模大、影响大、定期举办的会议，主办单位具有行业优势和举办经验的会议优先批准

确定主办单位是否具有举办国际科技展之资格

向中国石油和化学工业协会上报申请材料
(一般提前 6 个月，规模较大的会议提前12个月)

展览面积1000平方米以上之展览          展览面积 1000 平方米以下之展览
   海峡两岸科技展览                      石化协会审批，抄报海关总署和主管
  科技部审批，抄报海关总署及主管地海      地海关，报科技部备案
关，政府机构外单位须具主办资格

  具有以下情况的国际科技展览由科技部征求外交部意见后审批或由科技部审核后
呈国务院审批：
  1. 涉及未建交国家或其他敏感议题
  2. 主题或内容涉及中国台湾问题
  3. 政府间国际组织在华举办的科技会议
  4. 其他重要会议

  经审批部门批准后，如申请文件中所列内容有重大变更，应向审批部门办理变更或重新
批准手续

在展览结束后两个月内向审批部门报送总结报告
```

图 10-1　展览会申报流程

（资料来源：http://www.cpcia.org.cn/Picture/download.）

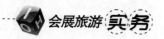

3. 公平原则

我国《合同法》规定,当事人应当遵循公平原则确定各方的权利和义务。公平是法律最基本的价值取向。法律的基本目标就是在公平和正义的基础上建立社会的秩序。合同各方当事人都应当遵循公平原则,在不损害他人合法权益的基础上实现自己的利益,不得滥用自己的权利。

4. 诚实信用原则

诚实信用原则要求当事人在订立、履行合同中应当讲诚实、守信用,善意地行使权利和履行义务,不得规避法律合同义务。具体包括:①在订立合同时应当善意行使权利,不得欺诈,不得假借订立合同恶意磋商或进行其他违背诚实信用原则的行为;②在履行合同义务时,当事人应当按照诚实信用的要求,根据合同的性质、目的和交易惯例,履行通知、协助、提供必要的条件、防止损失扩大、保密义务;③合同终止后,也应当根据合同约定或交易习惯,履行通知、协助、保密等义务。

5. 遵守法律,尊重社会公德原则

当事人订立、履行合同,应当遵守法律、行政法规,尊重社会公德,不得扰乱社会经济秩序,损害社会公共利益。

6. 合同对当事人具有法律约束力原则

是否订立合同,与谁订立合同,合同的内容等,由当事人自愿约定。但是,依法成立的合同受法律保护,对当事人具有法律约束力。当事人应当按照合同的约定履行自己的义务,非依法律规定或者未经对方同意,不得擅自变更或者解除合同。

如果不履行合同义务或者履行合同义务不符合约定,就要承担违约责任。如果受损害一方请求法院或者仲裁机构予以救济时,有关机构应当依法维护守约一方的合法权益。这对提高合同信用、保障合同安全、促进合同履行、保护合同当事人的合法权益,有着重要意义。

(二) 要约和承诺

当事人订立合同的过程是对合同内容进行协商的过程。当事人订立合同采取要约、承诺的方式。

1. 要约的概念和条件

要约又称订约提议,或称发盘、出价等。要约是指希望和他人订立合同的意思表示。该意思表示应当符合下列规定:内容具体规定;表明经受要约人承诺,要约人即受该意思表示约束。

在要约关系中,发出要约的一方称为要约人,接受要约的一方称为受要约人。要约通常向特定对象提出,在特定情况下也可向非特定对象提出(如悬赏广告等)。要约可以采取口头形式,也可以采取书面形式。

2. 要约的生效和有效期限

要约到达受要约人时生效。采用数据电文形式订立合同,收件人指定特定系统接收数据电文,该数据电文进入该特定系统的时间,视为到达时间;未指定特定系统的,该数据电文进入收件人的任何系统的首次时间,视为到达时间。

要约生效后,要约人在要约的有效期限内不得随便反悔。至于要约的有效期限,要约中确定承诺期限的,确定的期限即为要约有效期限;如果要约中没有确定期限,以对话方式做出要约的,受要约人应当即时做出承诺;以非对话方式做出的,受要约人应当在合理期限内做出承诺。

3. 要约的撤回

要约可以撤回。撤回要约的通知应当在要约到达受要约人之前或者与要约同时到达受要约人。

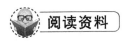 阅读资料

企业应否承担责任

某企业在一次会展看中 A 场馆,便向 A 场馆发出传真,要求确定租赁。传真发出后,企业收到了 B 场馆的广告,其价格比 A 场馆价格低 6%。于是,企业立即要求 B 场馆预留席位。签订合同后,企业想起自己曾经答应过在 A 场馆租赁展区,便打电话通知取消。

因电话没有打通,便派专人到 A 场馆联系取消场馆事宜。企业派出的人刚走,A 场馆发来一传真,称同意企业意见,确定了展区位置。企业派出的人到后,A 场馆的人表示不能取消预订。会展如期开始,可是企业拒绝参加。于是 A 场馆提起诉讼。

律师评析:

企业向 A 场馆发出的传真属于要约,A 场馆发来的传真属于承诺,本案的要约和承诺均已生效,合同已经成立,企业不能单方面解除合同。

(资料来源:中国会展网,http://www.expo-china.com.)

第二节　进出口管理法律制度

展品是会展的核心内容,随着改革开放的不断深入,与国际的会展交流日益增多,加强出入境商品检验与检疫,对会展的每一步都将起到举足轻重的作用,产生深刻的影响。

一、进出口商品检验管理

(一)进出口商品检验机构

进出口商品检验机构是进出口商品检验法律关系的主体之一,它依照《中华人民共和国宪法》的规定行使进出口商品检验权。国家进出口商品检验局主管全国进出口商品检验工作,我国还设立了特殊性检验机构,如食品卫生检验所、药品检验所、动植物检验所、计量局、锅炉及压力容器安全监察局、船舶检验局等。

中国进出口商品检验体制由以下三个层次组成。

1. 国家商检部门

国家质量监督检验检疫总局,主管全国进出口商品检验工作。

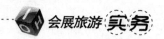

2. 各地商检机构

国家质量监督检验检疫总局在各地设立商检机构,即出入境检验检疫机构,管理各所辖地区的进出口商品检验工作。

3. 检验机构

经国家商检部门许可的检验机构,即从事检验鉴定业务的机构,可以接受对外贸易关系人或者外国检验机构的委托,办理进出口商品检验鉴定业务。

(二) 进出口商品的检验原则及分类

我国新《中华人民共和国进出口商品检验法》对进出口商品检验原则作了规定,即进出口商品检验应当根据保护人类健康和安全,保护动物或者植物的生命和健康,保护环境,防止欺诈行为,维护国家安全这五项原则进行。

进出口商品检验的分类如下。

1. 法定检验

对进出口商品划定一个必须进行检验的范围,对属于这个范围内的商品所实施的检验称为法定检验。必须实施检验的进出口商品目录是由国家商检部门依据法定目标制定、调整、公布实施的。凡是列入目录的进出口商品,属于必须实施检验的商品,由商检机构实施检验。

2. 抽查检验

抽查检验是指按照法律规定对法定检验的商品以外的进出口商品由商检机构实施抽查检验。抽查检验的组织实施原则是:国家商检部门对抽查检验实行统一管理,负责确定相应的商品种类加以实施;各地商检机构根据商检部门确定的抽查检验的商品种类,负责抽查检验的具体组织实施工作。

(三) 进出口商品检验监管制度

国家商检部门和检验机构通过出厂前的质量监管和检验制度,认证管理制度,验证管理制度,加贴商检标志和封识制度,复验、复议、诉讼制度对进出口商品检验活动进行监督管理。

进出口商品检验的监督管理工作,是对进出口商品执行检验把关和对收货、用货单位,生产、经营和储运单位,以及指定或认可的检验机构的进出口商品检验工作进行监督检查的重要方式,是通过行政管理手段,推动和组织有关部门对进出口商品按规定要求进行检验。其目的是为了保证出口商品质量和防止次质商品进口。出入境检验检疫机构进行监督检查的内容如下。

(1) 对其检验的进出口商品进行抽查检验。

(2) 对其检验组织机构、检验人员和设备、检验制度、检验标准、检验方法、检验结果等进行监督检查。

(3) 对其他与进出口商品检验有关的工作进行监督检查。对进出口商品实施质量认证、质量许可制度、加贴检验检疫标志或封识以及指定、认可、批准检验机构等工作,也属于进出口商品检验的监督管理工作范围。

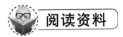

忽略检验带来了什么

某年11月,某公司与香港一公司签订了一个进口香烟生产线合同,设备是二手货,共18条生产线,由A国某公司出售,价值100多万美元。合同规定,出售商保证设备在拆卸之前均在正常运转,否则更换或退货。

设备运抵目的地后发现,这些设备在拆运前早已停止使用,在目的地装配后也因设备损坏、缺件根本无法马上投产使用。但是,由于合同规定如要索赔需商检部门在"货到现场后14天内"出证,而实际上货物运抵工厂并进行装配就已经超过14天,无法在这个期限内向外索赔。这样,工厂只能依靠自己的力量进行加工维修。经过半年多时间,花了大量人力、物力,也只运转了4条生产线。

点评:

该案例的要害问题是合同签订者把引进设备仅仅看做是订合同、交货、收货几个简单环节,完全忽略了检验、索赔这两个重要环节。特别是索赔有效期问题,合同质量条款订得再好,索赔有效期订得不合理,质量条款就成为一句空话。

大量事实说明,外商在索赔有效期上提出不合理意见,往往表明其质量上存在问题,需要设法掩盖。如果你只满足于合同中形容质量的漂亮辞藻,不注意索赔条款,就很可能发生此类事故。

(资料来源:http://jpkc.hnjmxy.cn/gmsw/onews.asp?id=292.)

二、进出口货物海关监管制度

(一)海关的组织和职能

海关是国家进出关境的监督管理机关,其基本职能是:进出关境监管,征收关税和其他税、费,查缉走私,编制海关统计,办理其他海关业务。我国实行集中统一的、垂直的海关管理体制,即海关的隶属关系,不受行政区域的限制;海关依法独立行使职权,向海关总署负责。

1. 海关总署

国务院设立海关的最高管理机关,即海关总署,统一管理全国海关。海关总署与全国的海关是领导与被领导,管理与被管理的关系。

2. 海关设置

海关设置分为直属海关和隶属海关两个层级,直属海关直接由海关总署领导,隶属海关由直属海关领导。

(二)海关监管

1. 海关监管任务

(1)执行国家外贸管制法制,监督管理运输工具、货物、物品合法进出境,保证国家对外经济贸易政策的贯彻实施。

(2)加强海关对市场经济的宏观监控,维护国家主权利益,促进经济、科技、文化交流。

(3)为海关征税、统计、稽查和查私及时提供原始单证、资料和线索。

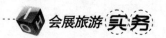

会展旅游实务

2. 监管对象与分类

（1）货物监管。货物监管分为一般贸易货物进出境监管和特殊贸易货物进出境监管。

（2）物品监管。进出境物品通常是非贸易性物品。携带、邮寄国家限制进出境物品、应税物品的，应当向海关申报，接受海关查验。

（3）运输工具监管。进出境运输工具必须向海关申报，并接受海关检查。

第三节　交通运输管理法律制度

现代交通运输业极大地推动了会展业的发展。方便快捷的交通能够保障会展的有序进行，加速经济贸易合作、推广。由于会展行业对交通运输的特殊性要求，因此，提高会展多方位交通运输的效率，安全、合理的运输需要制定会展交通运输法规来进行调整和规范。

一、会展交通运输法的特点

会展交通运输法是调整发生在会展活动中各种关系的法律、法规和规章的总称。它具有以下特点。

1. 具有规范性

规范一词含有约定俗成或明文规定的某种规格、标准、准则的意思，指人们在一定情况下应该遵守的各种规则。

交通运输法律规范调整了交通运输关系的共同规则，才使交通运输法规中所规定的行为模式在实际生活中发挥规范性作用。

2. 具有强制性

会展交通法律离不开强制性，没有强制性，会展交通运输法规就可能是一个空架子，无法实现会展运输中权益的保障。

法律就是要通过它的强制机制的设定来保障实现经济成本和道德成本。

3. 具有涉外性

会展交通运输中的国际航空、国际列车、远洋运输等，不仅与本国的权益和法律有关，而且还会涉及国际权益、国际公约和国际管理。

会展交通运输法与国际公法、国际私法、国际航空法、国际仲裁等的关系十分密切，因此会展交通运输法具有很强的涉外性。

4. 法律适用的专业性

首先体现在所适用的法律、法规具有专业性。

在民商法律方面，除了我国《合同法》分则第十七章"运输合同"、第二十章"仓储合同"外，还有众多的部门法对交通运输法律关系予以规范，属于法律层面的有《中华人民共和国海商法》、《中华人民共和国民用航空法》、《中华人民共和国铁路法》、《中华人民共和国公路法》等；属于行政法规层面的有《中华人民共和国国际海运条例》、《铁路运输安全保护条例》等。

其次,交通运输领域民商法律适用的专业性还表现在具有特定的法律关系,主要有运输、包装、装卸搬运、流通加工、仓储、委托代理等法律关系。

二、会展交通运输法的立法概述

现代交通运输的发展大大缩短了会展参与人员与展览地之间的距离,对会展业的发展起到了极大的推动作用。

我国作为调整旅行交通法律关系的法律、法规主要有:调整航空运输的《中华人民共和国民用航空法》;调整铁路运输企业与旅客和托运人之间运输关系的《中华人民共和国铁路法》;公路运输方面的重要法规《中华人民共和国公路法》;水上运输方面的重要法律法规有《国内水路货物运输规则》和《中华人民共和国内河交通安全管理条例》等。这些法律、法规和规章构成了我国的交通运输法律体系,其中包含了很多属于会展交通运输的条款。

第四节　知识产权法律制度

展会的知识产权保护已成为展会的组织者和参与者为维护自身权益而密切关注的一个问题。由于我国有关知识产权工作起步较晚、基础较弱,不能满足国际经济一体化形式发展的需要;又由于利益驱动,监管不严等原因,知识产权侵权、假冒和盗用的现象时有发生,尤其在我国各类展览会中,涉及知识产权的问题更加突出。

这种知识产权侵权、假冒和盗用行为,不仅给知识产权所有者和广大消费者造成损害,而且还扰乱了会展行业的正常秩序。如何保护知识产权已经成为展会主办者必须面对和研究的一个课题。会展活动是展示创新成果、开拓产品市场、招商引资和促进生产力转化的重要环节与场所,是知识产权保护的重要窗口之一。

加强会展业知识产权保护是整顿和规范市场经济秩序的重要内容,只有建立和完善会展知识产权保护规则,规范会展知识产权行为,营造良好的知识产权保护环境,才能更好地维护会展市场秩序,促进会展产业健康发展。

一、展会期间专利保护

1. 地方专利管理部门的职责

地方知识产权局在展会期间的工作包括以下几项。

(1) 接受展会投诉机构移交的关于涉嫌侵犯专利权的投诉,依照专利法律法规的有关规定进行处理。

(2) 受理展出项目涉嫌侵犯专利权的专利侵权纠纷处理请求,依照《中华人民共和国专利法》(以下简称《专利法》)第五十七条的规定进行处理。

(3) 受理展出项目涉嫌假冒他人专利和冒充专利的举报,或者依职权查处展出项目中假冒他人专利和冒充专利的行为,依据《专利法》第五十八条和第五十九条的规定进行处罚。

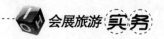

2．对侵权专利不予受理的条件

有下列情形之一的，地方知识产权局对侵犯专利权的投诉或者处理请求不予受理：

（1）投诉人或者请求人已经向人民法院提起专利侵权诉讼的；

（2）专利权正处于无效宣告请求程序之中的；

（3）专利权存在权属纠纷，正处于人民法院的审理程序或者管理专利工作的部门的调解程序之中的；

（4）专利权已经终止，专利权人正在办理恢复的。

3．地方专利管理部门的调查职能

地方知识产权局在通知被投诉人或者被请求人时，可以即行调查取证、查阅、复制与案件有关的文件，询问当事人，采用拍照、摄像等方式进行现场勘验，也可以抽样取证。

地方知识产权局搜集证据应当制作笔录，由承办人员、被调查取证的当事人签名盖章。被调查取证的当事人拒绝签名盖章的，应当在笔录上注明原因；有其他人在现场的，也可同时由其他人签名。

二、展会期间商标保护

1．地方工商行政管理部门职责

地方工商行政管理部门在展会期间的工作包括：接受会展投诉机构移交的关于涉嫌侵犯商标权的投诉，依照商标法律法规的有关规定进行处理；受理符合《中华人民共和国商标法》（以下简称《商标法》）第五十二条规定的侵犯商标专用权的投诉；依职权查处商标违法案件。

2．地方工商行政管理部门受理范围

有下列情形之一的，地方工商行政管理部门对侵犯商标专用权的投诉或者处理请求不予受理。

（1）投诉人或者请求人已经向人民法院提起商标侵权诉讼的。

（2）商标权已经无效或者被撤销的。

地方工商行政管理部门决定受理后，可以根据商标法律法规等相关规定进行调查和处理。

三、展会期间著作权保护

1．地方著作权行政管理部门职责

地方著作权行政管理部门在展会期间的工作包括：

（1）接受展会投诉机构移交的关于涉嫌侵犯著作权的投诉，依照著作权法律法规的有关规定进行处理。

（2）受理符合《中华人民共和国著作权法》（以下简称《著作权法》）第四十七条规定的侵犯著作权的投诉，根据《著作权法》的有关规定进行处罚。

2．地方著作权行政管理部门的保护手段

地方著作权行政管理部门在受理投诉或请求后，可以采取以下手段搜集证据。

（1）查阅、复制与涉嫌侵权行为有关的文件档案、账簿和其他书面材料。

（2）对涉嫌侵权复制品进行抽样取证。

（3）对涉嫌侵权复制品进行登记保护。

四、投诉处理

（一）投诉机构的设置及职责

1. 投诉机构的设置

展会时间在 3 天以上（含），展会管理部门认为有必要的，展会主办方应在展会期间设立知识产权投诉机构。

设立投诉机构的，展会举办地知识产权行政管理部门应当派专员进入，并依法对侵权案件进行处理。

未设立投诉机构的，展会举办地知识产权行政管理部门应当加强对展会知识产权保护的指导、监督和有关案件的处理，展会主办方应当将展会举办地的相关知识产权行政管理部门的联系人、联系方式等在展会场馆的显著位置予以公示。

2. 投诉机构的组成及职责

展会知识产权投诉机构应由展会主办方、展会管理部门及专利、商标、版权等知识产权行政管理部门的人员组成。其具体职责如下。

（1）接受知识产权权利人的投诉，暂停涉嫌侵犯知识产权的展品在展会期间展出。

（2）将有关投诉材料移交相关知识产权行政管理部门。

（3）协调和督促投诉的管理。

（4）对展会知识产权保护信息进行统计和分析。

（5）其他相关事项。

（二）投诉的程序

1. 投诉的材料

知识产权权利人可以向展会知识产权投诉机构投诉，也可直接向知识产权行政管理部门投诉。权利人向投诉机构投诉的，应当提交以下材料。

（1）合法有效的知识产权权属证明：涉及专利的，应当提交专利证书、专利公告文本、专利权人的身份证明、专利法律状态证明；涉及商标的，应当提交商标注册证明文件，并由投诉人签章确认，提交商标权利人的身份证明；涉及著作权的，应当提交著作权权利证明、著作权人身份证明。

（2）涉嫌侵权当事人的基本信息。

（3）涉嫌侵权的理由和证据。

（4）委托代理人投诉的，应提交授权委托书。

不符合上述规定的，展会知识产权投诉机构应当及时通知投诉人或者请求人补充有关材料。未予补充的，不予接受。

2. 投诉的受理

地方知识产权行政管理部门受理投诉或者处理请求的，应当通知展会主办方，并及时通

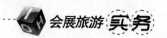

知被投诉人或者被请求人。在处理侵犯知识产权的投诉或者请求程序中,地方知识产权行政管理部门可以根据展会的展期指定被投诉人或者被请求人的答辩期限。

被投诉人或者被请求人提交答辩书后,除非有必要作进一步调查,地方知识产权行政管理部门应当及时做出决定并送交双方当事人。被投诉人或者被请求人逾期未提交答辩书的,不影响地方知识产权行政管理部门做出决定。

展会结束后,相关知识产权行政管理部门应当及时将有关处理结果通告展会主办方。展会主办方应当做好展会知识产权保护的统计分析工作,并将有关情况及时报展会管理部门。

3. 投诉的移送

投诉人提交虚假投诉材料或其他因投诉不实给被投诉人带来损失的,应当承担相应法律责任。

展会知识产权投诉机构在收到符合《展会知识产权保护办法》第八条规定的投诉材料后,应于 24 小时内将其移交有关知识产权行政管理部门。

五、法律责任

1. 侵犯专利权的法律责任

对涉嫌侵犯发明或者实用新型专利权的处理请求,地方知识产权局认定侵权成立的,应当依据《专利法》第十一条第一款关于禁止许诺销售行为的规定以及《专利法》第五十七条关于责令侵权人立即停止侵权行为的规定做出处理决定,责令被请求人从展会上撤出侵权作品,销毁介绍侵权展品的宣传材料,更换介绍侵权项目的展板。

对涉嫌侵犯外观设计专利权的处理请求,被请求人在展会上销售其产品,地方知识产权局认定侵权成立的,应当依据《专利法》第十一条第二款关于禁止销售行为的规定以及第五十七条关于责令侵权人立即停止侵权行为的规定做出处理决定,责令被请求人从展会上撤出侵权展品。

在展会期间假冒他人专利或以非专利产品冒充专利产品,以非专利方法冒充专利方法的,地方知识产权局应当依据《专利法》第五十八条和第五十九条规定进行处罚。

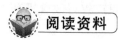 阅读资料

展会知识产权侵权案例

某年,中国国际建筑贸易博览会第一天,会展主办方就收到了浙江某知名装饰品公司和德国某品牌卫浴公司的投诉公函,两家公司声称有十几家参展企业的产品侵犯了他们的专利权,要求主办方给予妥善处理。

界定:

主办方首先请两家公司出示他们的专利权属文件,两家公司出示的专利权属文件表明他们的专利均是外观设计专利。按照《专利法》的规定,"外观设计专利权被授予后,任何单位或者个人未经专利权人许可,都不得实施其专利,即不得为生产经营目的制造、销售、进口其外观设计专利产品"。

主办方律师认为参展企业单纯地展览商品属于许诺销售行为,是一种销售的要约邀请,并不在《专利法》明确禁止之列,而参展企业一旦在展会上与客户达成订单,则属于销售行

为,构成对专利权人的侵权。

处理:

鉴于此,如果两家企业与其他企业僵持下去,则两家企业暂时并不能控告其他企业侵权,任由其他企业大肆宣传产品,两家企业的利益显然将受到损害,而其他企业也不能在展会上销售其产品,有动辄遭受侵权控诉之虞,处于进退两难之中。

因此主办方建议两家企业邀请上海市知识产权局执法部门出面与其他企业共同协商由其他企业撤除在展会上可能侵权的产品,两家企业不在展会中追究其他企业的责任,最终事情得以妥善解决、展会圆满结束。

(资料来源:http://www.ch-lawyer.com.)

2. 侵犯商标权的法律责任

对有关商标案件的处理请求,地方工商行政管理部门认定侵权成立的,应当根据《商标法》、《中华人民共和国商标法实施条例》等相关规定进行处罚。

3. 侵犯著作权的法律责任

对侵犯著作权及相关权利的处理请求,地方著作权行政管理部门认定侵权成立的,应当根据《著作法权》第四十七条的规定进行处罚、没收、销毁侵权展品及介绍侵权展品的宣传材料,更换介绍展出项目的展板。

第五节　广告管理法律制度

一、广告准则的一般标准

1. 广告准则的概念

广告准则是指一切广告都应当遵循的广告发布标准,是发布广告的一般原则和限制,是判断广告是否能发布的依据。广告准则的一般标准就广告内容而言,《中华人民共和国广告法》(以下简称《广告法》)第七条作出了具体规定:"广告内容应当有利于人民身心健康,促进商品和服务质量提高,保护消费者合法权益,遵守社会公德和职业道德,维护国家尊严和利益。"

2. 广告中不得有下列情形

(1) 使用中华人民共和国国旗、国徽、国歌。

(2) 使用国家机关和国家机关工作人员名义。

(3) 使用国家级、最高级、最佳等用语。

(4) 妨碍社会安定和危害人身、财产安全,损害社会公共利益。

(5) 妨碍社会公共秩序和违背社会良好风尚。

(6) 含有淫秽、迷信、恐怖、暴力、丑恶内容。

(7) 含有民族、种族、宗教、性别歧视内容。

(8) 妨碍环境和自然资源保护。

(9) 法律、行政法规规定禁止的其他情形。

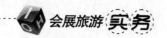

二、广告准则的其他规定

1. 广告不得损害未成年人和残疾人的身心健康

（1）关于涉及未成年人的规定

未成年人是指未满 18 周岁的公民。

广告协会在对 1996 年 10 月的《广告宣传精神文明自律规则》解释中就提到"广告应当有利于儿童的身心健康,注意培养儿童优秀的思想品德,不能出现和含有任何不利于儿童成长的内容"。

（2）关于涉及残疾人的规定

残疾人是指在心理、生理、人体结构上,某种组织、功能丧失或者不正常,全部或者部分丧失以正常方式从事某种活动能力的人。

《广告法》规定,广告不得损害残疾人的身心健康,不得利用残疾人的心理和生理的残疾作为广告宣传的内容,这是为保障残疾人的合法权益和人格尊严,使其不因其身体、智力和精神上的缺陷而被人歧视、侮辱。

2. 广告中关于商品要客观真实

广告中对商品性能、产地、用途、质量、价格、生产者、有效期限、允诺或者对服务内容、形式、质量、价格、允诺有标示,应当清楚、明白。

广告中表明推销商品、提供服务的附带赠送礼品,应当标明赠送品种和数量。

3. 广告中禁止虚假信息

广告使用数据、统计资料、调查结果、文摘、引用语,应当真实、准确,并标明出处。广告中涉及专利产品或者专利方法,应当标明专利号和专利种类。

未取得专利权,不得在广告中谎称取得专利权。

禁止使用未授予专利权、专利申请和已经终止、撤销、失效专利做广告。

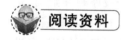 阅读资料

违法广告案例

"苗毅韧牌胰衡片"食品广告（广告主：云南恩红药业有限公司）,该广告使用"大约有 98.7％的糖尿病人病情得到控制,89％的糖尿病人胰岛功能有不同程度的恢复,持续用药 6 个月后,糖尿病惊现 36％恢复正常"等易与药品相混淆的用语,属非药品宣传对疾病有治疗作用,误导消费者,违反了《药品广告审查办法》第二十条的规定。

4. 广告不得贬低其他生产经营者的商品或者服务

贬低广告是指在广告中采用不公正、不客观,捏造、恶意歪曲事实、影射、中伤等不正当手法,损害他人商业信誉和商品信誉,进而削弱其他竞争对手能力的广告。

5. 广告具有可识别性

广告应当具有可识别性,能够使消费者辨明其为广告。

大众传播媒介不得以新闻报道形式发布广告。

通过大众传播媒介发布广告应当有广告标记,与其他非广告信息相区别,不得使消费者

产生误解。

第六节　消费者权益保护法律制度

我国的会展经济尚处于起步阶段,展览会是以展示商品为主要目的的经济活动,由于展览的短期时效性,场地商又只能对展览期间的纠纷负责,参展商和消费者的正当权益难以得到有效保护。

因此,只有通过法律保护参展商权益,保障消费者依法行使权利,维护会展主体和消费者的合法权益,才能避免无序竞争,规范经营行为,营造公平、公开、公正的市场环境,逐步形成符合市场经济要求的行业运行机制和行业自律机制,促进会展业的健康发展。

一、消费者的权利

根据《中华人民共和国消费者权益保护法》(以下简称《消费者权益保护法》),消费者有以下九项权利。

(一)安全权

1. 安全权的定义

消费者在购买、使用商品和接受服务时享有人身、财产安全不受损害的权利,简称安全权。

2. 安全权包括的内容

安全权包括两方面的内容。

(1) 人身安全权

人身安全权在这里是指生命健康权不受损害,即享有保持身体各器官及其机能的完整以及生命不受危害的权利。

(2) 财产安全权

财产安全权,是指消费者购买、使用的商品或接受的服务本身的安全,并包括除购买、使用的商品或接受服务之外的其他财产的安全。

为了能使这一权利得到实现,消费者有权要求经营者提供的商品或服务符合保障人身、财产安全的要求。也就是说,有国家标准、行业标准的,消费者有权要求商品和服务符合该国家标准、行业标准。如家用电器不允许有漏电、爆炸、自燃等潜在危险存在。对于没有国家标准、行业标准的,必须符合社会普遍公认的安全、卫生要求。

(二)知情权

1. 知情权的定义

消费者享有知悉其购买、使用的商品或者接受的服务的真实情况的权利,简称知情权。

2. 知情权包括的内容

随着经济的发展,特别是现代科学技术的广泛应用,新的消费品品种日益增多,一些商品的使用要求越来越复杂,消费者需要对商品和服务作必要的了解。

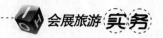

他们有权根据商品或者服务的不同情况,要求经营者提供商品的价格、产地、生产者、用途、性能、规格、等级、主要成分、生产日期、有效期限、检验合格证明、使用方法说明书、售后服务,以及服务的内容、规格、费用等有关情况。

(三)自主选择权

1. 自主选择权的定义

消费者享有自主选择商品或者接受服务的权利,简称自主选择权。

2. 自主选择权包括的内容

消费者权根据自己的消费愿望、兴趣、爱好和需要,自主地、充分地选择商品或者服务。其主要内容有:

(1)有权自主选择经营者;

(2)有权自主选择商品品种或服务方式;

(3)有权自主决定是否购买或接受服务;

(4)自主选择商品或服务时,有权进行比较、鉴别和挑选。

(四)公平交易权

1. 公平交易权的定义

消费者享有公平交易的权利,简称公平交易权。

2. 公平交易权包括的内容

消费者购买商品或接受服务,是一种市场交易行为,如果经营者违背自愿、平等、公平、诚实信用等原则进行交易,则侵犯了消费者的公平交易权。消费者的公平交易权主要表现在:一是有权获得公平交易条件。如有权获得质量保障、价格合理、计量正确等交易条件。二是有权拒绝经营者的强制交易行为。如强迫消费者购物或接受服务、强迫搭售等。

(五)依法求偿权

1. 依法求偿权的定义

消费者享有依法获得赔偿的权利,简称依法求偿权。

2. 依法求偿权包括的内容

消费者在购买、使用商品或接受服务时,既可能人身权受到侵害,也可能财产权受到侵害。人身权受到的侵害,包括生命健康权,人格方面的姓名权、名誉权、荣誉权等受到侵害。财产损害,包括财产上的直接损失和间接损失。

直接损失指现有财产上的损失。如财物被毁损,伤残后花费的医药费等。

间接损失指可以得到的利益没有得到。如因侵害住院而减少的劳动收入或伤残后丧失劳动能力而得不到劳动报酬等。

3. 享有依法求偿权的受害者

享有依法求偿权的主体,是指因购买、使用商品或者接受服务的受害者。受害者包括:

(1)购买者,即购买商品为己所用的消费者;

(2)商品的使用者,即不是直接购买商品为己所用的消费者;

(3)直接接受服务者;

（4）第三人，即在别人购买、使用商品或接受服务的过程中受到人身或财产损害的其他消费者。

（六）结社权

1. 结社权的定义

消费者享有依法成立维护自身合法权益的社会团体的权利，简称结社权。

2. 结社权包括的内容

虽然我国有很多政府机关从不同的侧面履行保护消费者权益的职责，但是消费者依法成立维护自身合法权益的社团组织仍有不可替代的重要作用。

在我国，目前消费者社会团体主要是中国消费者协会和地方各级消费者协会（或消费者委员会）。

消费者依法成立的各级消费者协会，使消费者通过有组织的活动，在维护自身合法权益方面正发挥着越来越大的作用。

（七）有关知识权

1. 有关知识权的定义

消费者享有获得有关消费和消费者权益保护方面的知识的权利，简称获得有关知识权。

2. 有关知识权包括的内容

消费者获得有关知识的权利，有利于提高消费者的自我保护能力，而且也是实现消费者其他权利的重要条件。特别是获得消费者权益保护方面的知识，可以使消费者合法权益受到侵害时，有效地寻求解决消费纠纷的途径，及时获得赔偿。

（八）受尊重权

1. 受尊重权的定义

消费者在购买、使用商品和接受服务时，享有其人格尊严、民族风俗习惯得到尊重的权利，简称受尊重权。

2. 受尊重权包括的内容

市场交易过程中，消费者的人格尊严受到尊重，是消费者应享有的最起码的权利。人格尊严指人的自尊心和自爱心。

其权利包括消费者的姓名权、名誉权、荣誉权、肖像权等。民族风俗习惯受尊重的权利，关系到各民族平等，加强民族团结，处理好民族关系，促进国家安定的大问题，对此，必须引起高度重视。

（九）监督权

1. 监督权的定义

消费者享有对商品和服务以及保护消费者权益工作进行监督的权利，简称监督权。

2. 监督权包括的内容

消费者监督具体表现为：有权检举、控告侵害消费者权益的行为；有权检举、控告消费者权益的保护者的违法失职行为；有权对保护消费者权益的工作提出批评、建议。

二、经营者的义务

《消费者权益保护法》第三章规定，在保护消费者权益方面，经营者负有下列义务。

1. 守法和守约的义务

经营者向消费者提供商品或者服务，应当依照《中华人民共和国产品质量法》和其他有关法律、法规的规定履行义务。

消费者有约定的，应当按照约定履行义务，但双方的约定不得违背法律、法规的规定。

2. 接受监督的义务

经营者应当听取消费者对其提供的商品或者服务的意见，接受消费者的监督。

3. 保证消费者安全的义务

经营者应当保证其提供的商品或者服务符合保障人身、财产安全的要求。对可能危及人身、财产安全的商品和服务，应当向消费者做出真实的说明和明确的警示，并说明和标明正确使用商品或者接受服务的方法以及防止危害发生的方法。

经营者提供的商品或者服务存在严重缺陷，即使正确使用商品或者接受服务仍然可能对人身、财产安全造成危害的，应当立即向有关行政部门报告和告知消费者，并采取防止危害发生的措施。

4. 真实信息告知义务

经营者应当向消费者提供有关商品或者服务的真实信息，不得作引人误解的虚假宣传。经营者对消费者就其提供的商品或者服务的质量和使用方法等问题提出的询问，应当做出真实、明确的答复。

商店提供商品应当明码标价。

5. 真实标识义务

经营者应当标明其真实名称和标记。租赁他人柜台或者场地的经营者，应当标明其真实名称的标记。

6. 出具单据的义务

经营者提供商品或者服务，应当按照国家有关规定或者商业惯例向消费者出具购货凭证或者服务单据；消费者索要购货凭证或者服务单据的，经营者必须出具。

7. 保证质量的义务

经营者应当保证在正常使用商品或者接受服务的情况下其提供的商品或者服务应当具有的质量、性能、用途和有效期限；但消费者在购买该商品或者接受该服务前已经知道其存在瑕疵的除外。

经营者以广告、产品说明、实物样品或者其他方式表明商品或者服务的质量状况的，应当保证其提供的商品或者服务的实际质量与表明的质量状况相符。

8. 售后服务义务

经营者提供商品或者服务，按照国家规定或者与消费者的约定，承担包修、包换、包退或者其他责任的，应当按照国家规定或者约定履行，不得故意拖延或者无理拒绝。

9. 禁止经营者以告示免责

经营者不得以格式合同、通知、声明、店堂告示等方式做出对消费者不公平、不合理的规定,或者减轻、免除其损害消费者合法权并应当承担的民事责任。格式合同、通知、声明、店堂告示等含有前款所列内容的,其内容无效。

10. 禁止侵犯消费者人身权

经营者不得对消费者进行侮辱、诽谤,不得搜查消费者的身体及其携带的物品,不得侵犯消费者的人身自由。

◀◀ **本 章 小 结** ▶▶

会展政策法规是我国社会主义市场经济法律体系的重要组成部分,其对规范市场经济中正快速发展的会展业有至关重要的作用。本章从进出口管理、交通运输管理法律制度、知识产权法律制度、广告管理法律制度等几个方面向大家展示了会展政策发展、完善的历程。

复习 思考题 ✎

1. 简述会展交通运输法的特点。
2. 消费者有哪些基本权益?
3. 讨论题:你如何看待明星代言广告现象。

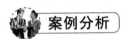 案例分析

打造以企业为主体的中国会展自主创新体系

一、中国会展企业的发展现状

1. 会展企业的数量增长快

改革开放以前,我国的展览活动主要由政府和半官方机构主导,除 1957 年的广交会开贸易展先河之外,大部分展会呈现汇报展和成就展的形式,主办方多为政府、商会、协会。我国政府主导型展会的数目占世界第一。我国展览主办企业的兴起,源于 20 世纪 80 年代。

在展览主办方多元化的格局中,企业(包括国有企业、民营企业、外资企业)主办的展会大约只占 5%～10%,政府主办的占 25%,商会协会主办的占 55%,其他主办约为 10%～15%。随着改革开放的深入发展,特别是 21 世纪以来,全国范围内展览企业数以万计,如雨后春笋般拔地而起。北京、上海、广州三地新注册的展览企业都呈现上千家的局面。异军突起的大量民营企业虽然能独立举办或联名举办展会的还不多,但对 20 世纪称霸展览界的国营会展企业已形成分吃蛋糕的竞争态势。

2. 会展企业的知名展和品牌展数目少

多年来,在我国展览一直作为各级政府促进贸易、发展经济、加大投资、繁荣文化的手段,致使会展业的发展模式基本上是政府办展,商会、协会、贸促会协作组展模式,绝大部分经过时间磨炼的知名展和品牌展都是由政府和半官方机构的运作行为打造的。一部分品牌展由外资企业移植国内,少部分品牌展则由原外经贸部所属进出口公司和工贸公司下属的展览广告公司、各级地方外贸公司和南方极少数的民营企业所掌握。

由于我国会展统计工作的滞后,尚缺少对品牌展会翔实数据的分析和报道,从我国100个较大规模、具备知名和品牌效应的展会主办方和承办方来看,由企业运作的不到五分之一。经国际展览业协会(UFI)认证的我国27个展会中由企业运作的约占四分之一。每个展会的平均产值较低。会展企业不具备较多的品牌展览说明我国会展企业的总体实力不足,经济效益和社会效益也不高,未形成会展产业的中坚力量。

3. 会展企业的创新能力低

近年来,我国会展企业的快速发展较多注重占领市场份额和经济利益,重复办展、资源分散、无序竞争的现象普遍。会展企业对知识产权的保护意识差,在展会上践踏专利、展品侵权、盗版软件、冒牌招展的现象时有发生。大多数会展企业都处于资本原始积累和挖掘第一桶金的阶段,在遵守游戏规则和适应国际竞争环境方面能力较差。盲目办展、克隆展会、没有策划理念、缺少办展特色、创新能力极低,表露出国内会展企业的普遍弱点。

4. 会展企业人才培养缺失

企业没有创新的人才,企业创新的主体就没有基础。国内大多数展览公司规模在20~60人之间,存在项目过多、工作繁杂、淡旺季不分、无暇分身的境地;人员处于捉襟见肘、缺少培训、素质不高、进门就用的现状。大部分会展企业基本未开展系统的人力资源管理工作,也不注重职业培训。从对十几家公司的摸底,员工参加短期培训的只占10%,长期培训的占3%,脱产培训的几乎没有。

在培训内容上注重的主要是操作层面的知识,如会展实务、营销技巧、展会流程等。系统性培养策划、创意能力方面的人才非常少。总体来讲,中国会展企业目前培养人才的重点在于培养市场营销型的初、中级层次的人才,而如何结合中国国情和文化特点培养具有新思维的创意型人才和具有复合型知识的高层次管理型人才,将是未来会展企业人才培养的方向之一。

二、建立以会展企业为主体的中国会展创新体系

1. 中国会展企业应大力提倡创新文化的建设

胡锦涛主席在全国科学技术大会上的讲话中说:"创新文化孕育创新事业,创新事业激励创新文化。中华文化历来包含鼓励创新的丰富内涵,强调推陈出新、革故鼎新,强调'天行健,君子以自强不息'。"中国会展企业市场化、法制化、产业化、国际化方面的进程缓慢,革新力度不够,究其根本原因是以创新为主导的价值观未形成普遍风尚,传统文化中的趋同一致、粗放经营和计划经济的思维定式影响着企业家的创新精神。

一些人片面地认为中国会展业起步晚,在奋力追赶和努力学习海外办展经验的过程中带有盲目性和实用主义。因此在业界特别需要提倡在引进和吸收后的再创新,提倡鼓励原始创新的企业文化,提倡拓展国际空间的新思维,无论从会展业科学规划、合理布局、增长方式、服务手段、人才培训、资源配置、资产运作方面都应走自己的路,建立符合中国国情的会展创新体系,打造具有中国特色竞争力的会展企业。

2. 建立企业知识产权战略是企业自主创新的方向

对于企业来说,知识产权保护是关系到自己切身利益的大事,它是企业创新的源泉,使企业获得核心竞争力的重要基础,也是企业最大限度获取效益的重要因素之一。在全球500强企业中都有自己明晰的知识产权战略,而我国的500强企业却少有建立完整自主的知识产权战略,从中不难看出我国企业拥有自主的专利、专有技术、商业机密、著作权等知识产权不多,因此也谈不上对自己的知识产权的保护意识。

在这方面我国的会展企业也存在同样的表现,他们虽然也担忧自己的展会会不会被别人克隆办展,自己的名义会不会被别人盗用冒牌招展,自己的客户会不会被别人挖走,自己的客户会不会在展会上发生侵权事件,而会展企业积极考虑建立自主知识产权战略的却很少,特别是那些具有品牌展览会的企业,很少去注册展会商标,不聘请常年律师和法律顾问,不投入精力制定维护品牌的措施,不投入资金加大品牌增值服务,不考虑如何经营知识产权,没有强强联合冲出国门的方略,直接影响着企业的发展和壮大。

随着中国在未来的全球经济一体化的作用愈来愈大,会展产业亦会日趋壮大,会展企业亦会逐渐成长,中国如何实现国家的知识产权战略和企业的知识产权战略的紧密结合,以确保国家和企业的核心竞争力,这个问题迟早要提到议事日程。

在不同的行业、不同的经济发展水平阶段,企业必定要制定和实施不同的知识产权战略。一个企业首先具有自主知识产权的创新能力,树立了保护自己知识产权的意识,才有可能进一步树立尊重他人知识产权的意识。中国会展企业要立即开始认真地对待此问题。

3. 会展企业的体制改革是建立会展创新体系的根本保证

由于我国政府主导型的展会居多,市场化的运作机制尚不健全,会展企业体制创新的问题很少受人关注。加之会展企业一般投资回报率较高,与其他领域的国有企业相比,一向被认为是效益好、能赚钱的单位。由于企业的上级主管部门领导的思维定式和传统观念,认为效益好的企业不需要改制,不积极考虑企业的改制问题,企业本身也没有改制的紧迫感和积极性。

但是企业体制和机制的缺陷是不争的事实,随着国际会展界大举进攻中国,国内会展市场份额缩水、客户数量减少、人才储备流失等问题相应显现,暴露出企业现有体制引发的弊病:规模不大、实力不强、竞争力不强、画地为牢、创新意识差、不与国际接轨,阻碍了会展企业自身的发展。从科学发展观和可持续发展观出发,会展企业体制改革的推进是不能回避的实际问题。

4. 重企业创新主体人才的培养

高速发展的中国会展业,未来最大的瓶颈一定是人才的匮乏。成长壮大的会展企业,后劲不足必定受员工素质的局限。会展教育的重要性不言而喻。在培养人才方面,也应树立创新教育观,改革教育模式。我国会展教育师资不足,教育与实践脱节,缺少系统的学科体系,教材不规范等弊病有待改善。

会展企业应积极介入会展教育行列,与院校接轨,形成产、学、研的教育模式,构成多层次的教育体系,采用模块化的课程设置,坚持短期培训和职业培训的良好结合,一定会取得事半功倍的效用。中国会展企业人才济济的一天,也是中国会展业创新体系日臻完善的时日。

(资料来源:中国国际贸易促进委员会,http://www.ccpit.org.)

【分析】

结合案例,试分析你所在城市会展旅游的发展情况及存在哪些问题。

会展旅游实务

实战演练

违反知识产权法律的案例收集

1. 项目背景

与有形财产权相同,知识产权也是一种专有权,就是说,不经财产权的权利人许可,其他人不能使用或者利用它。通过收集违反知识产权法律的案例,深入了解相关内容,为从事会展相关工作打下法律、法规的基础。

2. 项目要求

收集会展活动中违反知识产权法律的案例,学生每3~5人一组,将收集的资料以PPT的形式加以阐述。

3. 项目分析

参展商品的包装和装潢设计、促销商品的广告(包括广告画、广告词、广告影视等内容)等都有版权保护问题,在收集案例时,如有涉及上述方面的内容,应对案例做较深入的分析。

附　录

专业性展览会等级的划分及评定
Rating standard for professional exhibitions

（中华人民共和国商业行业标准 SB/T 10358—2002。原中华人民共和国国家经济贸易委员会 2002 年第 90 号公告，于 2002 年 12 月 2 日发布，自 2003 年 3 月 1 日起实施。）

1. 范围

本标准规定了对专业性展览会等级划分和评定的原则、要求和方法。

本标准适用于在中国境内举办的以经济贸易活动为目的的专业性展览会的等级划分及评定。

2. 术语和定义

下列术语和定义适用于本标准。

2.1　专业性展览会 professional exhibition(show,fair,exposition)

在固定或规定的地点、规定的日期和期限内，由主办者组织、若干参展商参与的通过展示促进产品、服务的推广和信息、技术交流的社会活动。

2.2　特殊装修展位 raw space with special decoration

由参展商自行或委托专业机构专门设计并特别装修的展览位置及其所覆盖的面积。

2.3　展出净面积 exhibition net area

专业性展览会用于展出的展位面积总和。以平方米表示。

2.4　特殊装修展位面积比 ratio of area for special booth

特殊装修展位面积总和与展出净面积的比值。以百分比表示。

2.5　参展商 exhibitor

参加展览并租用展位的组织或个人。

2.6　境外参展商 overseas exhibitor

以境外注册企业或境外品牌名义参加展览的参展商。

2.7　专业观众 professional visitor

从事专业性展览会上所展示产品的设计、开发、生产、销售、服务的观众，以及用户观众。

注：这里所指的产品可以是有形的产品（如机械零件），也可以是无形的产品（如软件、服务等）。

2.8　等级 grade

用于划分专业性展览会质量差异的级别设定。用英文大写字母 A、B、C、D 表示。

3. 等级的划分、依据和评定方式

3.1 专业性展览会的等级评定分为四个级别,由高到低依次为 A 级、B 级、C 级、D 级。

3.2 等级的划分是以专业性展览会的主要构成要素为依据,包括展览面积、参展商、观众、展览的连续性、参展商满意率和相关活动等方面。

3.3 专业性展览会等级的具体评定标准,按照附表执行。

3.4 专业性展览会的等级是由专业机构依据统一的评定标准及方法评定产生,其评定结果表示该专业性展览会当前的等级状况,有效期为三年。具体的评定方式按专业性展览会评定机构制定的评审程序和评定实施细则执行。

3.5 专业性展览会等级的评定采取自愿的原则,主办(承办)方按有关程序向评定机构提出申请,由评定机构予以评定。

4. 安全、卫生、环境和建筑的要求

专业性展览会举办场馆的建筑、附属设施和管理应符合现行的国家、行业和地方的消防、安全、卫生、环境保护等有关法规和标准。

5. 专业性展览会等级评定条件

5.1 A 级

5.1.1 展览面积

5.1.1.1 展出净面积不少于 5000 平方米。

5.1.1.2 特殊装修展位面积比至少达到 20%。

5.1.2 参展商

境外参展商展位面积与展出净面积的比值不少于 20%。

5.1.3 观众

5.1.3.1 展览期间专业观众人次与观众总人次的比值不少于 60%。

5.1.3.2 境外观众人次不少于观众总人次的 5%。

5.1.4 展览的连续性

同一个专业性展览会连续举办不少于 5 次。

5.1.5 参展商满意率

参展商满意率的评价按"参展商满意率调查表"的调查结果进行,其中总体评价结论为"很满意"和"满意"的数量总和,应不低于参展商总数的 80%。

5.1.6 相关活动

专业性展览会期间组织与专业性展览会主题相关的活动。

5.2 B 级

5.2.1 展览面积

5.2.1.1 展出净面积不少于 3000 平方米。

5.2.1.2 特殊装修展位面积比至少达到 10%。

5.2.2 参展商

境外参展商展位面积与展出净面积的比值不少于 10%。

5.2.3 观众

5.2.3.1 展览期间专业观众人次与观众总人次的比值不少于 50%。

5.2.3.2 境外观众人次不少于观众总人次的 2%。

5.2.4 展览的连续性

同一个专业性展览会连续举办不少于 4 次。

5.2.5 参展商满意率

参展商满意率的评价按"参展商满意率调查表"的调查结果进行,其中总体评价结论为"很满意"和"满意"的数量总和,应不低于参展商总数的 75％。

5.2.6 相关活动

专业性展览会期间组织与专业性展览会主题相关的活动。

5.3 C 级

5.3.1 展览面积

5.3.1.1 展出净面积不少于 2000 平方米。

5.3.1.2 特殊装修展位面积比至少达到 5％。

5.3.2 参展商

境外参展商展位面积与展出净面积的比值不少于 5％。

5.3.3 观众

5.3.3.1 展览期间专业观众人次与观众总人次的比值不少于 40％。

5.3.3.2 境外观众人次不少于观众总人次的 1％。

5.3.4 展览的连续性

同一个专业性展览会连续举办不少于 3 次。

5.3.5 参展商满意率

参展商满意率的评价按"参展商满意率调查表"的调查结果进行,其中总体评价结论为"很满意"和"满意"的数量总和,应不低于参展商总数的 70％。

5.4 D 级

5.4.1 展览面积

展出净面积不少于 1000 平方米。

5.4.2 观众

展览期间专业观众人次与观众总人次的比值不少于 30％。

5.4.3 展览的连续性

同一个专业性展览会连续举办不少于 2 次。

5.4.4 参展商满意率

参展商满意率的评价按"参展商满意率调查表"的调查结果进行,其中总体评价结论为"很满意"和"满意"的数量总和,应不低于参展商总数的 65％。

6. 专业性展览会等级评定附加项

6.1 管理体系状况

6.1.1 负责专业性展览会具体组织管理工作的主办(承办)方通过 GB/T 19001—2000 质量管理体系认证。

6.1.2 展馆方通过 GB/T 19001—2000 质量管理体系认证、GB/T 28001—2001 职业健康安全管理体系认证。

6.1.3 装修和搭建的主要承办方通过 GB/T 19001—2000 质量管理体系认证、GB/T 28001—2001 职业健康安全管理体系认证。

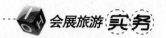

6.1.4 展览运输的主要承办方通过 GB/T 19001—2000 质量管理体系认证、GB/T 28001—2001 职业健康安全管理体系认证。

注:专业性展览会等级评定附加项不作为专业性展览会等级评定的必要条件,达到的项目在评定规定时可以加分。

附表:专业性展览会等级划分及评定标准

1. 评分说明			
1.1 本标准满分为 720 分			
1.2 各等级应达到的最低分数			
A 级:546 分			
B 级:420 分			
C 级:216 分			
D 级:108 分			

2. 评分标准	各大项的得分汇总栏	各分项的得分汇总栏	计分栏
2.1 展出净面积及特殊装修展位面积比	150		
2.1.1 展出净面积不少于 15 000 平方米		75	75
展出净面积不少于 10 000 平方米			65
展出净面积不少于 5000 平方米			50
展出净面积不少于 3000 平方米			35
展出净面积不少于 2000 平方米			20
展出净面积不少于 1000 平方米			10
2.1.2 特殊装修展位面积比不少于 30%		75	75
特殊装修展位面积比不少于 20%			55
特殊装修展位面积比不少于 10%			35
特殊装修展位面积比不少于 5%			15
2.2 参展商	70		
境外参展商展位面积与展出净面积的比值不少于 40%		70	70
境外参展商展位面积与展出净面积的比值不少于 30%			55
境外参展商展位面积与展出净面积的比值不少于 20%			40
境外参展商展位面积与展出净面积的比值不少于 10%			30
境外参展商展位面积与展出净面积的比值不少于 5%			20
2.3 观众	100		
2.3.1 展览期间专业观众人次与观众总人次的比值不少于 70%		50	50
展览期间专业观众人次与观众总人次的比值不少于 60%			40
展览期间专业观众人次与观众总人次的比值不少于 50%			30
展览期间专业观众人次与观众总人次的比值不少于 40%			20
展览期间专业观众人次与观众总人次的比值不少于 30%			10
2.3.2 境外观众人次不少于观众总人次的 4%		50	50
境外观众人次不少于观众总人次的 1%			35
境外观众人次不少于观众总人次的 5‰			20
境外观众人次不少于观众总人次的 2‰			10
境外观众人次不少于观众总人次的 1‰			5
2.4 展览的连续性	50		
同一个专业性展览会连续举办不少于 5 次			50

2.　评分标准	各大项的得分汇总栏	各分项的得分汇总栏	计分栏
同一个专业性展览会连续举办不少于4次			40
同一个专业性展览会连续举办不少于3次			30
同一个专业性展览会连续举办不少于2次			20
2.5　参展商满意率	150		
"参展商满意率调查表"中对展览会的总体评价结论为"很满意"和"满意"的数量总和不低于参展商总数的85％			150
"参展商满意率调查表"中对展览会的总体评价结论为"很满意"和"满意"的数量总和不低于参展商总数的80％			120
"参展商满意率调查表"中对展览会的总体评价结论为"很满意"和"满意"的数量总和不低于参展商总数的75％			90
"参展商满意率调查表"中对展览会的总体评价结论为"很满意"和"满意"的数量总和不低于参展商总数的70％			70
"参展商满意率调查表"中对展览会的总体评价结论为"很满意"和"满意"的数量总和不低于参展商总数的65％			50
2.6　相关活动	80		
展览会期间组织与展览会主题相关的各种活动			80
2.7　附加评定项	120		
2.7.1　主办（承办）方通过 GB/T 19001—2000 质量管理体系认证			20
2.7.2　展馆方通过 GB/T 19001—2000 质量管理体系认证			20
2.7.3　展馆方通过 GB/T 28001—2001 职业健康安全管理体系认证			20
2.7.4　装修和搭建的主要承办方通过 GB/T 19001—2000 质量管理体系认证			15
2.7.5　装修和搭建的主要承办方通过 GB/T 28001—2001 职业健康安全管理体系认证			15
2.7.6　展览运输的主要承办方通过 GB/T 19001—2000 质量管理体系认证			15
2.7.7　展览运输的主要承办方通过 GB/T 28001—2001 职业健康安全管理体系认			15

参考文献及网站

[1] 李天元. 旅游学概论[M]. 天津:南开大学出版社,2000.

[2] 周彬. 会展旅游管理[M]. 上海:华东理工大学出版社,2003.

[3] 胡平. 会展旅游概论[M]. 上海:立信会计出版社,2003.

[4] 吴信菊. 会展概论[M]. 上海:上海交通大学出版社,2003.

[5] 刘大可. 会展活动概论[M]. 北京:清华大学出版社,2004.

[6] 刘大可. 中国会展业:理论、现状与政策[M]. 北京:中国商务出版社,2004.

[7] 马勇. 会展概论[M]. 北京:中国商务出版社,2005.

[8] 戴光全. 节庆、节事与事件旅游概论·案例·策划[M]. 北京:科学出版社,2005.

[9] 张红. 会展概论[M]. 北京:高等教育出版社,2006.

[10] 王保伦. 会展旅游[M]. 北京:中国商务出版社,2006.

[11] 邓玲. 会展旅游实务[M]. 北京:中国劳动社会保障出版社,2006.

[12] 张红. 会展概论[M]. 北京:高等教育出版社,2006.

[13] 卢晓. 节事活动策划与管理[M]. 上海:上海人民出版社,2006.

[14] 张显春. 会展旅游[M]. 重庆:重庆大学出版社,2007.

[15] 赵春霞. 会展旅游管理实务[M]. 北京:对外经济贸易大学出版社,2007.

[16] 傅广海. 会展与节事旅游管理概论[M]. 北京:北京大学出版社,2007.

[17] 周爱国. 会展营销[M]. 北京:电子工业出版社,2007.

[18] 郑岩. 会展与事件[M]. 北京:旅游中国科学技术出版社,2008.

[19] 张艳玲. 会展管理[M]. 北京:清华大学出版社,2009.

[20] 沈金辉. 会展旅游[M]. 大连:东北财经大学出版社,2009.

[21] 刘松萍. 会展营销与策划[M]. 北京:首都经济贸易大学出版社,2009.

[22] 中国国际贸易促进委员会北京市分会等. 北京会展业发展报告(2008—2009)[M]. 北京:对外经济贸易大学出版社,2010.

[23] 王华. 会展概论[M]. 广州:暨南大学出版社,2010.

[24] 李思慧. 会展旅游发展模式研究[D]. 天津商业大学,2010.

[25] 中华人民共和国国家旅游局官方网站:http://www.cnta.com.

[26] 中国会展在线:http://www.cce.net.cn.

[27] 环球会展网:http://fair.mofcom.gov.cn.

[28] 上海世博会官方网站:http://www.expo2010.cn.

[29] 会展旅游集团官方网站:http://www.etgcn.com.

[30] 新华网会展频道:http://www.xinhuanet.com/expo.

[31] 展会中国网:http://www.expoc.net.

[32] 中国行业会展网:http://www.31expo.com.